广视角·全方位·多品种

权威·前沿·原创

皮书系列为

“十二五”国家重点图书出版规划项目

中国城市发展研究会城市研究所
城市创新年度重点课题

城市创新蓝皮书

BLUE BOOK OF
CITY INNOVATION

中国城市创新报告
（2014）

ANNUAL REPORT OF CHINA'S CITY INNOVATION
(2014)

主　编／周天勇　旷建伟
副主编／潘　悦　周　济

社会科学文献出版社
SOCIAL SCIENCES ACADEMIC PRESS (CHINA)

图书在版编目（CIP）数据

中国城市创新报告. 2014/周天勇，旷建伟主编. —北京：社会科学文献出版社，2014.8
（城市创新蓝皮书）
ISBN 978-7-5097-6186-1

Ⅰ.①中… Ⅱ.①周… ②旷… Ⅲ.①城市经济-国家创新系统-研究报告-中国-2014 Ⅳ.①F299.2

中国版本图书馆 CIP 数据核字（2014）第 133675 号

城市创新蓝皮书
中国城市创新报告（2014）

主　　编 / 周天勇　旷建伟
副 主 编 / 潘　悦　周　济

出 版 人 / 谢寿光
出 版 者 / 社会科学文献出版社
地　　址 / 北京市西城区北三环中路甲29号院3号楼华龙大厦
邮政编码 / 100029

责任部门 / 皮书出版分社（010）59367127　　责任编辑 / 张丽丽　王　颉
电子信箱 / pishubu@ssap.cn　　责任校对 / 谢　敏
项目统筹 / 任文武　张丽丽　　责任印制 / 岳　阳
经　　销 / 社会科学文献出版社市场营销中心（010）59367081　59367089
读者服务 / 读者服务中心（010）59367028

印　　装 / 北京季蜂印刷有限公司
开　　本 / 787mm×1092mm　1/16　　印　　张 / 18.25
版　　次 / 2014年8月第1版　　字　　数 / 233千字
印　　次 / 2014年8月第1次印刷
书　　号 / ISBN 978-7-5097-6186-1
定　　价 / 69.00元

《中国城市创新报告（2014）》编辑委员会

中国城市创新能力科学评价
课　题　组

组　长　周天勇　旷建伟

副组长　潘　悦　周　济

成　员　（以姓氏笔画为序）

牛靖楠　田少庸　朱俊成　任文武　刘正山
刘亚娟　刘培荣　许碧文　孙博林　李举昌
张　弥　陆　桦　周　文　胡　锋　夏徐迁
郭雪剑　彭　鹏　谢　谦

主要编撰者简介

周天勇 经济学博士，教授。中共中央党校国际战略研究所副所长、中国城市发展研究会副理事长、北京科技大学博士生导师。研究领域主要有宏观经济、经济发展和增长、劳动经济、金融风险、城市经济、国际战略与国际关系、农业经济等 。主要专著包括《攻坚：中国政治体制改革研究报告》、《中国向何处去》、《中国梦与中国道路》和《艰难的复兴》等。

旷建伟 中国社会科学院经济研究所副编审，中国城市发展研究会副理事长兼秘书长（法人代表），中国城市年鉴社社长、总编辑，孙冶方经济科学基金会副理事长。主要研究领域为城市经济。主持编撰《中国城市年鉴》20 年（卷），参与主持编撰《城市生态经济知识全书》、《21 世纪中国城市发展》、《城市现代化指标体系探讨》、《城市发展研究丛书》和《走向城市现代化》等。

摘　要

建立和优化城市创新体系，全面提高城市自主创新能力，推动城市发展从要素驱动向创新驱动转变，是实现进入创新型国家行列目标的关键。立足推动创新型城市建设，促进城市创新能力提高，中国城市发展研究会从 2006 年开始，组织有关专家学者，开展了“中国城市创新能力科学评价”课题连续研究，并从 2008 年开始，以出版年度中国城市创新报告和召开年度中国城市创新论坛的形式，发布研究成果，已在国内外形成较大的影响力。

本书构建了以创新基础条件与支撑能力、技术产业化能力、品牌创新能力为主体框架的城市创新能力评价指标体系，进一步优化了评价模型和方法，对中国城市创新能力进行了综合评价，形成了城市创新能力的综合及专项排名。针对城市信息化这一年度主题，在总报告中的理论与实践案例研究基础上，围绕城市信息化战略路径、电子政务、智能制造、无线网络基础设施建设、电子商务、物联网、三网融合、智慧城市和移动信息时代城市空间结构等方面分别进行了专题研究，进一步深化了本书的主题。此外，相关优秀企业的科技创新案例也一并收入了本书。

Abstract

It's the key to become an innovative country that building and optimizing the urban innovative system, promoting the city developing depend on from elements to innovation. In order to promote building innovative cities, China Research Society of Urban Development starts and keeps on studying on scientific review of Chinese urban innovation from 2006, and publishing annual research report and hosting forums. With evaluative system as its main body, the report for this year optimizes the method of urban innovation ability and makes comprehensive evaluation by getting ranking results for comprehensive ability and three kinds of single ability. According to the annual theme of "Urban Informatization", on the basis of theoretical and practical cases in the general report, eight special reports are conducted on the following subjects, which are: Strategic Path of Urban Informatization, E-government Affairs, Intelligent Manufacturing, Wireless Network Infrastructure, E-commerce, Internet of Things, Triple Play, Smart City, and Urban Spatial Structure under Mobile Information. Moreover, the cases of excellent enterprises that have achieved good effect and influence promoting urban innovation are also touched.

目录

𝔹Ⅲ 专题研究

𝔹Ⅳ 企业案例

CONTENTS

BⅢ Monographic Studies

BⅣ Case Studies on Enterprises

序

中共十八届三中全会为我国在新时期全面深化改革开放做出了重要部署，为推动创新型国家建设指明了前进方向并提供了政策保障。提高自主创新能力，建设创新型国家，是新时期国家发展战略的核心，是我国摆脱以高投入、高消耗、高污染、低效率等为特征的粗放式发展模式，加快转变经济发展方式的根本出路，是坚持中国特色社会主义道路、增强道路自信的必然要求。

城市作为国家区域发展的核心节点，是国家战略推进和落实的重要载体，建设创新型城市是建设创新型国家战略的任务分解。因此，构建城市创新体系，提高城市自主创新能力，推动城市发展从要素驱动型向创新驱动型转变，是实现国家创新能力建设目标的关键。自主创新国家战略提出以来，我国的城市普遍在健全创新体制、完善创新体系、培育创新主体、弘扬创新文化等方面做出了较大努力并取得了一定突破，一批初具形态的创新型城市涌现出来。但受制于观念和体制等多方面的原因，在整体上，我国城市综合创新能力还未得到明显改善，国际竞争力还有待提升。

本着推动创新型城市建设、促进城市创新能力提高的目的，中国城市发展研究会从 2006 年开始，组织有关专家学者，开展了“中国城市创新能力科学评价”课题连续研究，并从 2008 年开始，以出版《中国城市创新报告》和召开中国城市创新论坛的形式，发布研究成果，已形成较大的影响力。2013 年，研究会以“城市信息化”为主题，继续深化城市创新实践评价和理论研究，对城市创新能力进行了综合评价，深入探讨了城市信息化建设。研究成果已编制成《中国城市创新报告（2014）》（以下简称“《报告》”）正式出版，向国内外公开发布。

《报告》以平实、严谨和简洁的语言，深入浅出的形式，依托以“创新基础条件与支撑能力、技术产业化能力、品牌创新能力”为主体框架的城市创新能力评价指标体系，对中国城市创新能力进行了综合评价，形成了城市创新能力的综合及专项排名，并对课题研究方法、城市创新指标体系设定以及评价方法做了详细说明。在此基础上，《报告》针对城市信息化，分专题做了深入透彻的分析，突出了《报告》的年度特点。此外，《报告》还收入了优秀创新城市以及相关优秀创新企业典型案例。

建设创新型城市，提高国家自主创新能力建设是一项长期而艰巨的任务。我们将持续关注我国城市创新进程，优化和完善城市创新能力评价方法和体系，科学评价城市创新能力，探讨研究城市创新难点和热点问题。但因我们能力所限，缺点和错漏在所难免，加之实践发展快于理论研究的现实，需要我们不断更新、修订和完善，也希望城市领导和广大读者给予关心、支持和指正，让我们共同为提高我国城市创新能力做出新的贡献。

2013 年 12 月于北京

总 报 告

General Report

B.1

2013～2014年中国城市创新能力总体评价与城市信息化建设

摘 要：

本文根据创新基础条件与支撑能力、技术产业化能力和品牌创新能力这三个维度，共以二十二项指标构建了我国城市创新能力评价体系。总报告对我国城市2013～2014年的创新能力综合评测结果及对三个创新能力维度分别评测的结果进行了概要性介绍；总结当年我国城市创新的总体特征为“各级政府重视程度不断加大、企业主体作用日益突出、领先城市创新能力显著增强、大批城市广泛跟进”的总体态势。在对我国东、中、西不同区域的创新实践分别进行总结后，本文提出，信息化既是衡量城市经济社会发展综合实力和文明程度的重要标准，也是地区与国家科技能力的核心。在此基础上，报告结合当年关于城市创新的驱动政策与体制环境情况，探讨了我国城市创新所面临的问题、挑战，以及未来的发展方向。

关键词：

创新能力评价　创新特征　信息化

一　城市创新能力年度测评结果综述

本文从创新基础条件与支撑能力、技术产业化能力和品牌创新能力三个维度共二十二项指标构建了城市创新能力评价体系，旨在通过简明有效的科学方法对中国城市创新能力进行综合评价。课题组遵循该指标体系，对全国600多个城市的海量数据进行采集、处理和计算，按照副省级以上城市、地级市和县级市三大类进行了创新能力综合测评和三个单项创新能力测评。本部分仅列示综合指标及各单项指标排名的前十位，指标体系设计及全部排名见测评篇。

通过对城市创新能力进行评价，可以从总体上概括中国创新型城市建设的阶段性成果，为下一步创新型城市的建设提供借鉴。

（一）城市创新能力综合测评结果

城市创新能力是城市创新体系中所有要素和行为主体有机组合的总体能力，主要表现为一种城市创新体系的配套协调、整合能力。本文城市创新能力综合测评结果是综合创新基础条件与支撑能力、技术产业化能力和品牌创新能力三个方面得出来的。在这三者中，创新基础条件与支撑能力既是推动城市创新的原动力之所在，也是技术产业化能力、品牌创新的重要基础；技术产业化能力是科技生产力转化效率；品牌创新能力则是新技术产业化的永久体现。根据综合测评结果，按三类城市级别排在前十名的城市见表1。

表1　中国城市创新能力综合测评前十名

序次	副省级(含)以上城市	地级城市	县级城市
1	北京市	苏州市	昆山市
2	上海市	佛山市	江阴市
3	深圳市	无锡市	义乌市
4	广州市	中山市	常熟市
5	杭州市	长沙市	张家港市
6	天津市	常州市	晋江市
7	南京市	福州市	诸暨市
8	宁波市	绍兴市	蓬莱市
9	重庆市	嘉兴市	华阴市
10	成都市	泉州市	慈溪市

从综合测评排名的前十名城市分布可以看出：中国创新型城市仍然呈现出三大集群分布特征。从区域分布来看，东部城市占有绝对优势，综合测评前十名的副省级（含）以上城市、地级城市和县级城市主要为东部城市，中部和西部只有3个进入前十名的行列。长三角城市依然是中国城市创新的中坚力量，在副省级城市中，有2个隶属于浙江，1个隶属于江苏，加上上海市共4个城市位于长三角地区。在地级城市中，有3个隶属江苏省，2个隶属浙江省，共有5个城市位于长三角地区。在县级城市中有8个城市位于长三角地区，该区域创新力明显较强。其次就是珠三角地区，地级城市中有4个城市。这进一步强化了京津冀、长三角、珠三角构成的中国由北至南三大城市创新集群的总体格局。

城市创新综合能力评价是以三大单项能力评价为基础的，这三大单项能力包括创新基础条件与支撑能力、技术产业化能力和品牌创新能力。本文仅对副省级（含）以上城市和地级城市进行了单项排名。

（二）创新基础条件与支撑能力测评结果

创新基础条件与支撑能力测评指标由 9 个子指标构成，分别为教育支出占 GDP 比重、科学支出占 GDP 比重、科学技术人员占从业人员比重、信息技术人员占从业人员比重、每万人国际互联网用户数、每万人移动电话用户数、空气质量达标天数、建成区绿化覆盖率、污水集中处理率。其中，后三项数值直接反映现代城市的绿化的生态环境，是对于气候调节、宜居状态的反映，是留住高级科技人才的条件之一，所以且支撑参数。

根据城市创新基础条件与支撑能力测评结果，排在前十名的城市见表 2。

表 2　创新基础条件与支撑能力前十名城市

序次	副省级(含)以上城市	地级城市
1	北京市	苏州市
2	上海市	无锡市
3	深圳市	佛山市
4	天津市	长沙市
5	杭州市	昆明市
6	重庆市	中山市
7	广州市	合肥市
8	大连市	郑州市
9	西安市	石家庄市
10	沈阳市	南通市

创新基础条件和支撑能力主要体现了城市对人员配备、科技研发经费、固定资产投资等方面的投入力度以及科技园区建设，集中反映了城市创新的基础能力。在副省级（含）以上城市中，在创新基础条件与支撑能力方面，上海、北京和深圳占据前三名，与上

年度排名结果相同。从地区分布看，东部沿海城市仍然占据主要地位，但是副省级（含）以上城市中西安、沈阳和地级城市中的昆明市、合肥市和郑州市等城市也进入排名前列，这在一定程度上反映了创新型国家战略在全国范围的推行效果。

（三）技术产业化能力测评结果

技术产业化能力测评指标由 7 个子指标构成，分别为每千人工业企业数、每万人吸引外商投资额、人均地区生产总值、沪深 A 股数量及市值、电信业务收入、第三产业占 GDP 的比重、人均工业总产值。根据城市的技术产业化能力测评结果，排在前十名的城市见表 3。

表 3　技术产业化能力测评排序前十名城市

序次	副省级(含)以上城市	地级城市
1	深圳市	苏州市
2	北京市	佛山市
3	上海市	无锡市
4	广州市	中山市
5	天津市	珠海市
6	杭州市	东莞市
7	大连市	常州市
8	厦门市	长沙市
9	宁波市	嘉兴市
10	南京市	福州市

技术产业化能力是组成城市综合创新能力的重要内容，集中反映了将创新投入和成果转化为现实生产力的能力，是推动创新型国家战略落地的重要体现。副省级（含）以上城市和地级市排名靠前的城市基本上是高新技术产业较为密集的城市，技术产业化及人才聚集能力较强，科技园区发展水平也较高。尤其是东部沿海城

市，依托改革开放30多年以来积累的经验，与内陆城市相比，在技术产业化能力塑造上有更高的平台、更深厚的积累。因此，东部沿海城市能在中国城市技术产业化能力排名中处于较为靠前的地位。从排名结果看，副省级（含）以上城市的前3名分别为深圳市、北京市和上海市，地级城市的前3名分别为苏州市、佛山市和无锡市，与上年度排名前三名的城市相同。总的来看，仅个别城市位次稍有变化。

（四）品牌创新能力测评结果

品牌创新能力测评指标由6个子指标构成，分别为城市综合知名度、A级景区数量及知名度、驰名商标数量及知名度、非物质文化遗产数量及知名度、中国历史文化名村镇数量及知名度、全国重点文物保护单位数量及知名度。根据城市品牌创新能力测评结果，排前十名的城市见表4。

表4　品牌创新能力测评排序前十名城市

序次	副省级(含)以上城市	地级城市
1	北京市	苏州市
2	上海市	佛山市
3	杭州市	泉州市
4	广州市	无锡市
5	天津市	中山市
6	深圳市	绍兴市
7	重庆市	金华市
8	南京市	石家庄市
9	宁波市	长沙市
10	成都市	常州市

品牌创新能力主要体现的是城市知名度以及商标和品牌影响力，是城市将创新成果在技术产业化的同时提升品牌影响力的水

平。在副省级（含）以上城市和地级城市分类排名中，北京和苏州分别仍然处于相对领先地位，沿海城市，特别是地处珠三角和长三角的城市在该项指标中领先于其他区域的城市，在一定程度上也折射出品牌创新与技术产业化能力、创新基础条件和支撑能力的密切关系。

二　中国城市创新总体特征分析

根据对城市创新能力的量化评价以及课题组的综合调查研究，本文认为，中国城市创新整体上正在向一个新的阶段迈进，创新驱动正在成为城市发展的现实诉求，总体上呈现出各级政府重视程度不断加大、企业主体作用日益突出、领先城市创新能力显著增强、大批城市广泛跟进的城市创新态势。

（一）城市创新投入持续加大

建设创新型城市是落实我国创新型国家战略的主要途径。近年来，中国各大城市不断加大在城市创新方面的投入，各级政府和创新主体对创新活动的重视程度不断增加。科技部统计数据显示，2012 年，全国共投入研究与试验发展（R&D）经费 10240 亿元，比上年增加 1553 亿元，增长 17.88%（见图 1）；研究与试验发展（R&D）经费投入强度（与国内生产总值之比）为 1.98%，比上年的 1.84% 提高 0.14 个百分点。按照汇率计算，中国 R&D 经费投入总量目前位居世界第三，R&D 经费投入强度在新兴发展国家中居领先地位，与发达国家的差距正在逐步缩小。其中，R&D 经费中政府资金占比保持稳定。2012 年中国 R&D 经费中政府资金 2221.4 亿元，比上年增长 18%，占全社会 R&D 经费的比重为 21.7%，与上年基本持平。基础研究经费稳步增长。2012 年中国基础研究经费为498.8亿元，比上年增长21.1%，增速高于全社会R&D经费投入增长18.5%的水平。在中国基础研究经费中，高等学校为275.7亿元，比上年增长21.6%，占全国基础研究经费的55.3%；政府属研究机构为197.9亿元，比上年增长23.6%，占36.7%。

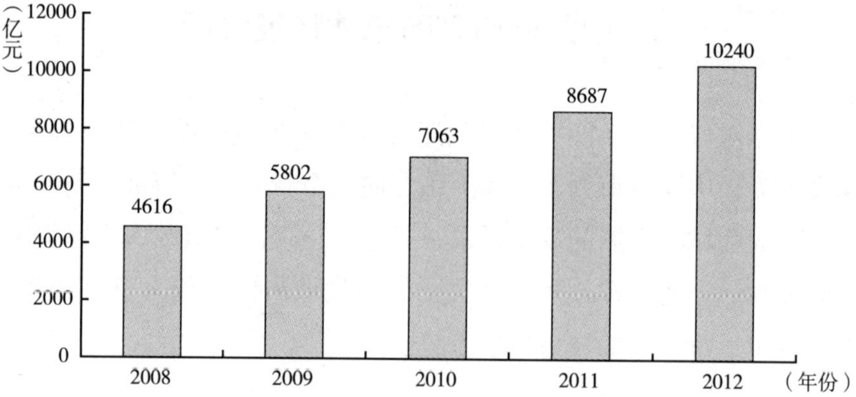

图1　2008～2012年全国研究与试验发展（R&D）经费支出

从典型城市来看，北京市全年研究与试验发展（R&D）经费支出1031.1亿元，比上年增长10.1%，相当于地区生产总值的5.79%；上海市全年用于研究与试验发展（R&D）的经费支出为635亿元，相当于地区生产总值的比例为3.16%；苏州市研究与试验发展（R&D）经费支出占地区生产总值的比重达到2.6%。

（二）企业技术创新体系建设取得积极进展

企业是城市创新的主体。2012年中国企业R&D经费投入力度不断加大，企业办研发机构建设得到加强，企业创新产出规模不断扩大，反映出企业技术创新体系建设取得积极进展。一是企业R&D经费投入力度不断加大。2012年中国各类企业R&D经费投入

7842.2亿元，比上年增长19.2%，占全社会R&D经费的比重达76.6%，比上年提高0.5个百分点；全年各类企业R&D经费投入净增1262.9亿元，对全社会R&D经费增长的贡献率达78.4%。2012年规模以上高技术工业企业R&D经费投入为1733.8亿元，比上年增长20.3%，占规模以上工业企业R&D经费的24.1%。二是企业办研发机构建设得到加强。2012年中国规模以上工业企业共拥有研发机构（以下简称机构）4.6万个，比上年增加1.5万个；机构人员226.8万人，比上年增加45.1万人；机构经费支出5233.4亿元，比上年增加1276.4亿元。三是企业创新产出规模不断扩大。2012年全国规模以上工业企业实现新产品销售收入110529.8亿元，比上年增长9.9%；其中新产品出口21894.2亿元，比上年增长8.3%。2012年全国规模以上工业企业新产品销售收入占主营业务收入的比重为11.9%，与上年基本持平。

（三）城市创新成效显著

统计资料显示，2012年中国受理境内外专利申请205万件，其中，境内申请189万件，占91.2%；发明专利申请65万件，其中境内52万件，占比80%。全年共授予专利权126万件，其中，境内114万件，占90.5%。授予发明专利权21.7万件，其中境内13.7万件，占63.1%。截至2012年底，有效专利351万件，其中境内占82.6%；有效发明专利88万件，其中境内占49.7%。全年共签订技术合同28万项，技术合同成交金额达到6437亿元，同比增长35.1%。全国产品检测实验室达到2.8万个，其中，国家检测中心509个。全年制定、修订国家标准1986项，其中，制定1375项新标准。此外，产学研合作力度进一步加强。2012年政府部门属研究机构和高等学校R&D经费中来自企业的资金分别为47亿元和261亿元，分别比上年增长18.8%和7.2%。

以大连市为例，2012 年大连市高新技术产业产值为 8210 亿元，同比增长 26%，其中，规模以上工业企业高新技术产品产值达到 5650 亿元，同比增长 25%；全市高新技术产业增加值为 2265 亿元，同比增长 26%，其中，规模以上工业企业高新技术产品增加值 1478 亿元，同比增长 26.3%。2012 年，新认定高新技术企业和技术先进型服务企业分别为 72 家和 13 家，企业总数分别达到 388 家和 98 家。全年技术交易金额达到 180 亿元，其中，吸纳技术合同成交金额为 131 亿元，同比增长 1.1 倍。全市获国家创新型（试点）企业称号的企业达到 12 家，获得国家级科技奖励项目 9 个，获得省级科技奖励项目 47 个，其中，获得省自然科学、技术发明、科技进步一等奖项目共 8 个。全市共拥有 20 个中国名牌、127 个辽宁名牌。大连科技创新园共形成由理工科技产业园、中科院产业园等 9 个分园构成的发展格局，入驻园区企业已经达到 40 家。截至 2012 年底，大连市有国家级科技企业孵化器 12 家；另外，19 家企业的商标被认定为中国驰名商标。

（四）城市创新能力东中西部差异较大，但有所改善

根据本年度的城市创新能力测评结果，不管是综合创新能力，还是基础支撑、技术产业化、品牌创新等单项能力，中国城市创新能力仍然呈现东强西弱的总体格局。从副省级（含）以上和地级城市来看，北京市、上海市、深圳市仍然处于中国城市创新的领先阵营，广州、杭州、天津、苏州、佛山、无锡等城市处于第二梯队。但中西部城市在城市创新投入和产出方面均在向东部地区跟进，部分城市还呈现赶超迹象。以重庆、西安市为例。重庆市 2012 年研究与试验发展经费支出 162 亿元，同比增长 26%，占全市地区生产总值的 1.4%。市级及以上重点实验室 73 个，其中国家重点实验室 8 个；工程技术研究中心 123 个，其中国家级中心 10

个。6项科技成果获国家科技奖励。高技术制造业总产值3495.56亿元，软件业总产值129.01亿元。中国驰名商标69件，增长27.8%；著名商标1196件，增长47.5%；地理标志量129件，增长48.3%。西安市2012年全年实施市级科技计划项目337项，其中，高新技术专项26项，科技创新和成果转化项目216项。重点扶持高新技术企业118家，支持建设农业科技示范园19家，实施区县工业科技引导项目10个。全年技术市场交易额303.75亿元。申请专利量15029件，专利授权量3475件。

（五）获得国家支持的创新型城市范围不断扩大

在国家创新型试点城市方面，国家发改委2010年提出要创建国家创新型城市。主要任务是要以全面提升自主创新能力为核心，营造创新友好环境，实现创新驱动发展，创新体制机制，健全创新体系、会聚创新资源、着眼示范引领、突出质量效益，探索区域创新模式，大力培育一批特色鲜明的国家创新型城市，形成一批优势互补的区域创新发展增长极，全面增强中国综合实力及国际竞争能力，为实现创新型国家建设目标提供有力支撑。国家发改委同意2010年在16个城市，即厦门、沈阳、西安、广州、成都、南京、杭州、济南、合肥、郑州、长沙、苏州、大连、青岛、无锡、烟台开展创建国家创新型城市试点。2012年，扬州市、泰州市、盐城市、杭州市、湖州市、萍乡市、青岛市、济宁市、宜昌市、南阳市、襄阳市、遵义市12个城市成为国家创新型试点城市。国家创新型试点城市总数达到57个。这些城市根据自身科技基础、资源禀赋、产业特征、区位优势和发展水平等条件，突出优势特色，深入扎实推进创新型城市建设，继续发挥探路子、出经验、做示范的重要作用。

——在国家级高新技术产业开发区方面。自1988年8月以来，在火炬计划的推动下，各城市纷纷结合当地特点和条件，积极创办高新技术产业开发区（以下简称高新区），成为城市创新的重要载体。高新区是以智力密集和开放环境条件为依托，主要依靠国内的科技和经济实力，充分吸收和借鉴国外先进科技资源、资金和管理手段，通过实施高新技术产业的优惠政策和各项改革措施，实现软硬环境的局部优化，最大限度地把科技成果转化为现实生产力而建立起来的集中区域。科技部部长万钢强调，国家高新区是推动转变发展方式和调整经济结构的强大动力，是培育和发展战略性新兴产业的关键载体，是实现区域创新驱动与科学发展的先行先试区域，是抢占世界高新技术产业竞争制高点的前沿阵地，将成为中国自主创新的战略高地。国家高新区在改革深水区率先实现突围，为新一轮改革创新闯出了一条坚实大道，承载了社会各界的厚望。据统计，2012 年，国家高新区共创造生产总值 5.2 万亿元，占全国比重逾 10%。高新区企业研发经费支出合计达 2749 亿元，研发经费投入占生产总值比重已经达到 5.26%。高新区合计总收入超过 16 万亿元，共计上缴税费近万亿元。

——在国家自主创新示范区方面。2009 年 3 月、2009 年 12 月、2011 年 3 月，国务院先后批复建设北京市中关村、武汉市东湖、上海市张江三个国家自主创新示范区和合芜蚌自主创新综合试验区的“3+1”试验示范区序列，列入国家“十二五”科技发展规划和国家自主创新能力建设规划。

——在国家财政科学技术支出方面。2012 年国家财政科学技术支出 5600.1 亿元，比上年增加 803.1 亿元，增长 16.7%；财政科学技术支出占当年国家财政支出的比重为 4.45%，高于上年 4.39% 的水平。

除此之外，国家高技术产业基地、国家新型工业化示范基地、信息化与工业化融合示范区、国家农业科技园区、国家级文化和科技融合示范基地、国家现代服务业产业化基地等国家级创新成果产业化基地快速发展，成为推动城市创新发展的重要力量。

三　中国城市创新区域实践

由于城市创新水平与经济发展水平存在较为密切的关联关系，结合中国的地理经济特征和城市创新水平，在大的区域划分上，中国城市创新可分为东部、中部、西部、东北地区四大创新区域网络。在这四大地区中均有更为紧密的城市创新子网络。从城市创新联动的紧密性来看，以长三角、珠三角地区最为明显。

（一）东部地区

改革开放以来东部地区经济社会发展取得了巨大成就，城市发展领先于全国中西部和东北地区。从城市创新能力评价结果中可以看出，东部地区城市创新水平整体领先于其他地区，城市创新的区域联动发展态势也较其他地区更为突出，尤其是长三角、珠三角、京津冀三大区域。

1. 长三角地区

长江三角洲地区，简称长三角地区，是中国综合竞争实力最强的区域，在中国的经济社会发展全局中具有重要的战略地位和十分突出的带动作用。改革开放以来，长三角地区经济社会发展实现了历史性跨越，已成为提升国家综合实力和增强国际竞争力、带动全国经济又好又快发展的重要引擎。2012年长三角地区经济总量突破11万亿元。长三角地区25个地级及地级以上城市中有20个城市的经济总量超过2000亿元。上海、苏州的经济总量更是超过万亿元，杭州、无锡、南京、宁波4个城市的经济总量则超过6000亿元。

2008年，《国务院关于进一步推进长江三角洲地区改革开放和经济社会发展的指导意见》（国发〔2008〕30号）首次从国家层面以中央文件形式对区域经济发展做出指导。为进一步落实该意见，2010年5月，国务院正式批准实施《长江三角洲地区区域规划（2009～2015年）》，统筹两省一市发展，辐射泛长三角地区。规划的范围包括上海市、江苏省和浙江省，区域面积21.07万平方公里，核心区为上海市和江苏省的南京、苏州、无锡、镇江、常州、扬州、泰州、南通，浙江省的杭州、宁波、绍兴、舟山、湖州、嘉兴、台州16个城市。该规划成为指导长三角地区发展改革的纲领性文件。战略定位有三个：一是亚太地区重要的国际门户；二是全球重要的现代服务业和先进制造业中心；三是具有较强国际竞争力的世界级城市群。该规划明确要发挥上海的龙头作用，提升南京、杭州、苏州、宁波、无锡等区域性中心城市的国际化水平，走新型城市化发展道路，全面加快城市现代化、一体化进程，形成以特大城市、大城市为主体，中小城市和小城镇共同发展的网络化城镇体系，成为中国最具发展活力和国际竞争力的世界级城市群（见表5、表6）。

表5　2012年长三角地区主要城市创新能力综合测评结果

城　市	排名范围	创新能力综合得分	排名
上海市	副省级以上	94.5043	2
杭州市	副省级以上	85.3627	5
南京市	副省级以上	77.8880	7
宁波市	副省级以上	77.1420	8
苏州市	地级市	98.5784	1
无锡市	地级市	96.0247	3
常州市	地级市	89.4685	6
绍兴市	地级市	87.3914	8
嘉兴市	地级市	84.9160	9
台州市	地级市	79.8640	19
扬州市	地级市	77.9532	21

续表

城　市	排名范围	创新能力综合得分	排名
南通市	地级市	77.7677	22
镇江市	地级市	74.7279	25
湖州市	地级市	71.3928	36
泰州市	地级市	68.3792	46
舟山市	地级市	65.2037	61

表 6　2012 年长三角地区部分城市经济指标

城市	地区生产总值（亿元）	第三产业增加值（亿元）	全社会固定资产投资（亿元）	出口总值（亿美元）	社会消费品零售总额（亿元）	到位注册外资（亿美元）	公共财政预算收入（亿元）
上海市	20101.33	12060.76	5254.38	2068.07	7387.32	151.85	3743.71
南京市	7201.57	3846.15	4558.49	319.01	3080.58	41.30	733.02
无锡市	7568.15	3418.90	3618.07	413.14	2427.94	40.10	658.03
常州市	3969.75	1742.69	2621.56	199.60	1404.53	33.61	378.99
苏州市	12011.65	5314.32	5142.51	1746.89	3213.10	91.65	1204.33
南通市	4558.67	1825.47	2886.47	187.86	1708.65	22.05	419.72
扬州市	2933.20	1173.56	1783.65	81.72	967.87	21.38	225.00
镇江市	2630.05	1093.79	1500.67	77.37	761.70	22.14	215.48
泰州市	2701.67	1075.39	1454.59	69.45	737.60	14.50	223.62
杭州市	7803.98	3921.17	3722.75	412.62	2944.63	46.61	859.99
宁波市	6524.70	2738.00	2901.43	614.45	2329.30	29.13	725.50
嘉兴市	2884.94	1114.07	1642.31	196.03	1083.74	17.82	257.73
湖州市	1661.97	650.46	970.73	73.96	703.87	10.26	138.55
绍兴市	3620.10	1486.31	1722.56	255.57	1158.66	9.54	265.76
舟山市	851.95	383.48	600.81	92.24	290.54	1.83	85.56
台州市	2927.34	1291.18	1242.56	172.39	1304.30	4.75	220.42

2009 年，上海市、江苏省、浙江省、安徽省建立了长三角地区合作与发展联席会议。每年三省一市轮值担任主席，已有 4 年

多。区域内一系列国家战略加快联动实施，交通、环保等 11 个重点领域的专题合作逐步深化。

上海张江国家自主创新示范区是 2011 年国务院批准建设的第三个国家自主创新示范区。2011 年的技工贸总收入达到 8231.84 亿元，增加值 1903.72 亿元，税收 551.54 亿元。上海张江约 3 万家企业中，世界 500 强企业 300 多个；1000 多个研发机构中，外资研发机构 300 多个，形成生物医药、电子信息、文化创意、航空航天、先进装备制造、汽车及零部件等主导产业。

2. 珠三角地区

珠江三角洲地区是中国改革开放的先行地区，是中国重要的经济中心区域，在全国经济社会发展和改革开放大局中具有突出的带动作用和举足轻重的战略地位。2008 年 12 月，国务院批复同意实施《珠江三角洲地区改革发展规划纲要（2008～2020 年）》（简称《规划纲要》），规划范围是，以广东省的广州、深圳、珠海、佛山、江门、东莞、中山、惠州和肇庆市为主体，辐射泛珠江三角洲区域，并将与港澳紧密合作的相关内容纳入规划。广东改革发展进入新的历史时期。为推动此项工作，广东省每年对珠三角各市实施《规划纲要》的情况进行评估考核。为能更广泛听取社会各界意见，并吸引更多的社会公众关注和参与推动《规划纲要》的实施，广东省规划纲要办自 2010 年起连续三年会同南方新闻网实施网络调查，请公众对珠三角九市政府落实《规划纲要》各个主要方面的工作进行评价。

根据 2012 年度珠三角 9 市实施《规划纲要》的评估考核情况，珠三角经济总量占广东省的近八成，成为广东省转型升级的主体。经过 4 年的发展，珠三角转型升级取得显著成效，现代产业核心区基本形成，三次产业比重变化为 2.1∶46.3∶51.6；先进制造业增加值占规模以上工业增加值比重、现代服务业增加值占服务业增加值比重分别达52.2%、61.7%；战略性新兴产业总产值冲破万亿元，形成了6大年产值超千亿元的新兴产业群；一批具有国际影响力的传统优势产业集群实现快速发展，加工贸易转型升级成效显著。深圳前海、广州南沙、珠海横琴等重大平台建设得到快速推进。特别是，珠三角地区自主创新能力明显提升，R&D支出占GDP比重上升到2.4%，已超过国际公认的研发强度达到2%即进入技术创新阶段的标准，正朝发达国家3%左右的水平挺进（见表7）。

表7　2012年珠三角地区主要城市创新能力综合测评结果

城　市	排名范围	创新能力综合得分	排名
深圳市	副省级以上	94.3179	3
广州市	副省级以上	87.1399	4
佛山市	地级市	97.2686	2
中山市	地级市	93.1983	4
东莞市	地级市	84.6846	12
珠海市	地级市	82.3441	15
惠州市	地级市	72.1455	35
江门市	地级市	67.1633	52
肇　庆	地级市	60.2676	102

在转型实现新突破的同时，珠三角地区包括节能减排在内的生态环境建设成效明显。珠三角地区成为受惠人口最多、覆盖面积最大的国家环境保护模范城市群，也是国内首个按新《环境空气质量标准》公布监测指标并评价空气质量的城市群，其氮氧化物、化学需氧量、氨氮等减排均优于广东省平均水平。

在改革方面，2008~2012年，广东不断取得新突破，其中，珠三角地区一直担当改革先锋和改革主体的角色。国务院正式批复同意广东省“十二五”时期行政审批制度改革先行先试，加快推进了深圳、珠海横琴、东莞等地商事登记制度改革试点。珠三角地区投资、财政税收、金融等经济体制改革及社会管理体制改革得到有序推进。

在协同发展方面，推进珠三角一体化一直是《规划纲要》实施的重要内容。《规划纲要》出台以来，珠三角地区通过全面推进实施基础设施建设、环境保护、城乡规划、产业布局和基本公共服务“五个一体化”规划，促进了深莞惠、广佛肇、珠中江三大经济圈合作不断深化、领域不断扩大，签署了150多项合作协议。截至2012年底，珠三角地区9个城市实现年票互认，广佛肇经济圈顺利实现通信资费一体化，深莞惠经济圈区域发展总体规划及各专项规划编制工作顺利启动，珠中江经济圈三地医疗机构间医学检验影像检查互认。与此同时，珠三角地区产业转移扎实推进，对粤东、粤西北地区的辐射带动能力明显增强。

2012年7月，国务院批准并由中国人民银行等八部委共同印发的《广东省建设珠江三角洲金融改革创新综合试验区总体方案》，包括三个部分：一是在珠三角地区建设城市金融改革创新综合试验区；二是在环珠三角的梅州市建设农村金融改革创新综合试验区；三是在环珠三角的湛江市建设统筹城乡发展金融改革创新综合试验区等。

2013年5月，为进一步落实《规划纲要》，广东省制订了《“九年大跨越”（2013～2020年）工作方案》，提出要巩固广州、深圳的中心城市地位，壮大佛山、东莞为代表的第二梯队的城市数量和规模，推动珠三角一体化，建设世界级城市群，提升珠三角地区的整体实力。特别是提出了将珠三角地区率先建成全国创新性区域，到2017年，要基本建成开放型区域创新体系，主要创新环境指数达到中等创新型国家和地区水平，突破一批产业核心关键技术。其中，研发人员投入将达45万人，百万人口发明专利申请量达1300件，每万人发明专利拥有量达25件，科技服务机构达4.8万家，高新技术产品产值占规模以上工业总产值比重达45%。要突出企业技术创新的主体作用，优化产学研合作机制，组建产学研创新联盟。支持深圳、广州建设国家创新型城市，着力推动珠三角地区率先建成全国创新型区域。重点支持大中型企业设立研发机构，提高企业自身研发能力，高新技术企业要率先实现研发机构全覆盖，引导推动10家创新型企业成立研究开发院。此外，加强核心关键技术创新转化。实施国家和省重大科技专项，突破100项具有自主知识产权的重大核心技术，研发一批带动性强、效益好的战略产品与核心装备。实施创新成果产业化，重点建设下一代移动通信芯片、电动汽车用电力电池等100个重大科技成果产业化示范工程。

3. 京津冀地区

京津冀地区是中国北方最大的城市聚集区，经过多年的建设，已经成为中国北方地区促进对外开放和国际交流的门户地区，已成为建设创新型国家的重要支撑区域。京津冀地区主要包括北京市、天津市和河北省的石家庄、唐山、保定、秦皇岛、廊坊、沧州、承德、张家口8个地级市及其所属区域（见表8）。

表8　2012年京津冀地区主要城市创新能力综合测评结果

城　市	排名范围	创新能力综合得分	排名
北京市	副省级以上	97.8762	1
天津市	副省级以上	84.1253	6
石家庄市	地级市	81.9270	18
保定市	地级市	73.7953	27
唐山市	地级市	72.2098	34
廊坊市	地级市	65.4583	59
沧州市	地级市	65.0409	63
秦皇岛市	地级市	63.9828	67
承德市	地级市	61.8288	79
张家口市	地级市	60.9959	91

关于中关村国家自主创新示范区。2009年3月，国务院批复建设中关村国家自主创新示范区，提出要把中关村建设成为具有全球影响力的科技创新中心。2011年1月，《中关村国家自主创新示范区发展规划纲要（2011～2020年）》获得国务院批复同意；2012年10月，国务院再次批复同意调整中关村国家自主创新示范区空间规模和布局，成为中关村发展新的里程碑。经过多年发展，中关村已经会聚高新技术企业近2万家，包括联想、百度等世界级企业，形成了移动互联网，新一代移动通信，下一代互联网和生物、健康、卫星应用，节能环保以及轨道交通六大优势产业集群；形成了以集成电路，高端装备与通用航空，新材料、新能源和新能源汽车四大潜力产业集群为代表的高新技术产业集群和现代高端服务业；形成了“一区多园”各具特色的发展格局，成为跨行政区的高端产业功能区。中关村每年创业投资案例、投资金额均占全国1/3左右；截至2012年底，上市公司总数达到224家，其中，境内企业145家，境外企业79家，62家企业在境内创业板上市。2012年，中关村自主创新示范区实现总收入2.5万亿元，同比增长25%；高新技术企业增加值达到3600亿元，占北京市GDP比重20%；企业实缴税费达到1500亿元，同比增长超过60%；企业从业人员达到156万人，同比增加18万人；企业科技活动经费支出超过900亿元，同比增长25%；企业利润总额1730亿元，同比增长13%。

（二）中部地区

中部地区主要由河南、安徽、湖南、湖北、江西、山西六省组成。近年来，中部地区的城市发展也较为迅速，城市创新能力也逐渐得到提高，但相较东部城市而言，整体创新实力还较弱。从综合测评结果来看，武汉、长沙城市创新能力较强。创新活跃的城市主要在武汉、长株潭地区、合芜蚌等区域（见表9）。

表 9　2012 年中部地区主要城市创新能力综合测评结果

城市	排名范围	创新能力综合得分	排名
武汉市	副省级以上	74.8534	13
长沙市	地级市	91.7159	5
郑州市	地级市	83.8023	14
合肥市	地级市	81.9369	17
太原市	地级市	76.4288	24
南昌市	地级市	72.8777	30
洛阳市	地级市	72.7452	32
黄山市	地级市	68.6609	44
宜昌市	地级市	68.3775	47
芜湖市	地级市	67.3737	51
株洲市	地级市	66.5235	56
晋中市	地级市	64.3597	64
大同市	地级市	62.0132	77
晋城市	地级市	61.8236	80
岳阳市	地级市	61.4363	85
九江市	地级市	61.3589	86
安庆市	地级市	61.0244	90
长治市	地级市	60.6738	96
新乡市	地级市	60.6585	97
上饶市	地级市	60.6130	98

武汉市 2012 年末拥有国家级孵化器 15 家，国家“863”计划成果产业化基地 10 个，高新技术企业 819 家，新增 237 家。2012 年实现高新技术产业产值 4556.00 亿元，增长 32.1%；高新技术产业增加值 1353.40 亿元，增长 26.0%。其中，武汉东湖国家自主创新示范区是中国第二个自主创新示范区。近年来，该区大力借鉴硅谷等地区的经验，深入开展先行先试，勇于承担国家试点任务，推动科技体制改革，以改革驱动创新，以创新驱动发展。“十二五”时期以

来，东湖国家自主创新示范区主要经济指标保持年均30%的增长速度。预计到2015年，高新区企业总收入11000亿元，超过规划目标1000亿元；全口径财政收入500亿元，超规划目标150亿元。

长株潭地区很早之前就是一个综合配套试验区，产生了一批重大创新成果，如超级水稻、天河一号、天河二号。在各方面共同推动发展的大背景下，科技和经济的结合，政策一体化设计也十分重要。据悉，科技部正抓紧调研，按照国务院的部署来加速推进设置长株潭创新试验区问题。

（三）西部地区

在西部大开发战略实施10周年之际，国家再度提出要深入实施西部大开发战略，进一步表明了国家对发展西部的重视度。西部地区城市创新能力增长较为迅速，但整体实力依然较弱，主要创新城市群集中在成渝、关中—天水、环北部湾（广西）等区域（见表10）。

表10　2012年西部地区主要城市创新能力综合测评结果

城市	排名范围	创新能力综合得分	排名
重庆市	副省级以上	77.0634	9
成都市	副省级以上	75.6811	10
西安市	副省级以上	73.4683	16
呼和浩特市	地级市	73.8806	26
包头市	地级市	72.8516	31
南宁市	地级市	71.1353	38
贵阳市	地级市	70.2927	40
乌鲁木齐市	地级市	70.0478	41
鄂尔多斯市	地级市	68.0587	50
桂林市	地级市	66.6130	55
兰州市	地级市	65.3644	60
克拉玛依市	地级市	64.1028	66

续表

城　市	排名范围	创新能力综合得分	排名
银川市	地级市	63.2936	70
遵义市	地级市	62.0283	76
绵阳市	地级市	61.5206	84
南阳市	地级市	60.8950	92
榆林市	地级市	60.6979	93
渭南市	地级市	60.6763	95

成渝经济区是中国重要的人口、城镇、产业聚集区，自然禀赋优良，交通体系完整，人力资源丰富，在中国经济社会发展中具有重要的战略地位。在新形势下加快成渝经济区发展，对于深入推进西部大开发，促进全国区域协调发展，增强国家综合实力，具有重要意义。2011年5月，国务院批复同意《成渝经济区区域规划》，成渝经济区以成都、重庆两市为中心，包括重庆市31个区县和四川省15个市。

关中—天水经济区是《国家西部大开发“十一五”规划》确定的西部大开发三大重点经济区之一。2009年5月，国务院正式发布了《关中—天水经济区发展规划》，将把关中—天水经济区打造成为全国内陆型经济开发开放的战略高地，规划范围包括陕西省西安、铜川、宝鸡、咸阳、渭南、杨凌、商洛部分县和甘肃省天水所辖行政区域。其中，西咸新区是陕西省贯彻落实《关中—天水经济区发展规划》和《国家主体功能区规划》、加快推进西咸一体化、建设西安国际化大都市的重大战略决策。

广西北部湾经济区地处中国沿海西南端，由南宁、北海、钦州、防城港四市所辖行政区域组成，北部湾经济区统筹规划建设还同时将玉林、崇左两市的交通、物流纳入。广西北部湾经济区自2006年3月成立以来，经过7年多的发展，经济建设取得了明显成效。2012 年广西北部湾经济区 GDP 为 4316.36 亿元，占广西的 33.12%，一批重点项目相继建成投产，一批东西部产业转移项目纷纷进驻，逐步形成以石化、电子信息等为特色的产业体系；北部湾港已建成泊位 234 个，其中，万吨级以上泊位 63 个，拥有集装箱班轮航线 30 多条，2012 年完成货物吞吐量 1.74 亿吨，其中集装箱 82.43 万 TEU；保税物流体系基本建成，服务华南、西南、中南，面向东南亚的北部湾供应链日渐成形。

（四）东北地区

东北地区是中国的老工业基地，国家振兴东北战略实施以来，东北经济发展较为迅速。与中西部地区相似，尽管城市创新能力整体较低，相比东部沿海地区较弱，但城市创新能力建设步伐没有放缓，尤其以大连和沈阳较为突出。此外，区域联动创新主要出现在哈大齐等地区（见表 11）。

表 11　2010 年东北地区主要城市创新能力综合测评结果

城　市	排名范围	创新能力综合得分	排名
沈阳市	副省级以上	74.7239	14
大连市	副省级以上	74.4618	15
哈尔滨市	副省级以上	63.3893	18
长春市	副省级以上	61.6855	19
鞍山市	地级市	67.1050	53
大庆市	地级市	66.9270	54
吉林市	地级市	65.8154	58
营口市	地级市	63.3322	69
盘锦市	地级市	62.7991	72
丹东市	地级市	61.9585	78
本溪市	地级市	60.4551	99

自 2003 年中央提出振兴东北老工业基地以来，东北地区的城市创新能力不断增强。以沈阳市为例，2003～2012 年，沈阳市新增省级企业技术中心 83 户，总量达到 108 户；新增国家级企业技术中心 7 户，总量达到 13 户。新增沈阳机床等 5 户企业为国家技术创新示范企业。与之相应的是，百万吨级乙烯压缩机、百万千瓦核二级泵、百万伏输变电设备、大型 PTA 压缩机、长输管线压缩机、大型盾构机等产品已经迈入世界先进行列。目前，沈阳世界级产品已达 51 个，44 个拳头产品的国内市场占有率居同行业之首，18 种产品居国际前 10 位。2012 年沈阳市各类技贸机构技术贸易成交额 120.7 亿元。专利申请 12899 件，其中发明专利申请 5709 件；专利授权 6771 件，其中发明专利授权 1595 件。

四　城市创新年度视角：城市信息化

在信息成为社会发展主导力量的信息社会里，信息资源越来越成为整个经济活动的基本资源，信息产业越来越成为整个经济结构的基础产业。自 2000 年《亚太地区城市信息化高级论坛宣言》（上海宣言）首次明确提出“城市信息化”（City Informatization）以来，信息化已经成为衡量城市经济社会发展综合实力和文明程度的主要标志，也成为地区和国家信息化的核心。

（一）城市信息化理论内涵

城市信息化是国家信息化的重要组成部分，也是一定区域信息化的核心。城市信息化主要指现代电子信息技术在城市经济社会生活中的广泛应用，是创新开发和整合利用信息资源、突出信息服务功能、增强城市综合竞争力的过程。城市信息化的实质是城市经济社会形态发生重大转变的动态过程，是信息化在城市的全面实现。

从社会角度看，城市信息化是推动城市由工业社会向信息社会演变的动态演进过程。从技术创新和产业发展的角度看，城市信息化就是信息技术、信息产业在城市经济社会发展中的作用不断增强的过程。

目前，国外关于城市信息化的研究主要有三个方面：一是以Casl ells，J. Freid-mann 和 Peter Hall 等为主要代表的学者关于信息技术与城市空间变化的关系的研究；二是以 M. Caslell，R. Barras，J. BroLchie，Freeman 和 Malecki 等为主要代表的学者关于信息技术与城市发展的关系的研究；三是以 Caslells、萨森和 Pelra Jahnk 等为主要代表的学者关于信息技术与产业区位的研究。国内在这三个方面都有一定的研究，而且主要以实证成果居多，研究人员职业主要以高校和信息化相关管理部门为主，另外也包括部分咨询机构的从业人员。主要代表学者有：李必祥、承继成、吴伟萍等。

（二）城市信息化现状

在电子信息产业方面，2012 年，全国电子信息产业总计实现销售收入 11 万亿元，比上年增长超过 15%；其中，软件业实现收入 2.5 万亿元，同比增长 29%；规模以上电子信息制造业增加值增长 12%，相比同期工业平均增长水平，高 2%；企业利润、企业收入及税金增速相比同期工业平均水平，分别高 0.9 个、2.0 个和 9.9 个百分点，电子信息产业在工业经济中的支柱和领先作用显著增强。①软件业服务化、网络化和融合化发展明显加速。2012 年，运营服务及数据处理类业务总计实现收入 4285 亿元，比上年增长 36%，高于软件业平均增速 7.4%，占比 17%；而且，软件业与制造业进一步呈现融合发展态势，特别是在电子制造业带动下，嵌入式系统软件增速明显提高，全年实现收入 3973 亿元，比上年增长 31%，较软件业平均水平高 2.7 个百分点。②多项核心关键技术取得较大突破。2012年，中国自主开发的型号为8Gb DDRII的存储器芯片产品出货量超过430万片，智能终端芯片销售数量超过4000万片，神威蓝光千万亿次计算机技术采用国产软件和处理器，达到国际先进水平，自主开发的智能手机浏览器用户数量超过3亿户。③软件业新生力量快速成长。在数字视听方面，产业链各个关键环节呈现互动协调发展良好态势，杭州、广州等城市数字家庭应用示范工程的用户数量达到50万户，发展潜力巨大。在新型显示方面，以生产线、设备和相关材料为主的技术创新研发和产业化步伐进一步加快，国内电视面板的供应自给已突破20%，产业规模迅速成长，液晶面板全球市场占有率超过10%，市场话语权明显增强，国内骨干面板制造企业采购国产材料占比超过25%。

其中，在各区域软件产业发展上，中心城市（副省级城市）呈现持续领先发展格局。2012年，全国15个中心城市软件业实现收入总计1.4万亿元，同比增长31.4%，占全国比重55%，增速明显高于全国2.9个百分点。在软件产业构成中，中心城市软件产品的比重相比全国高1.4个百分点，增速较全国平均水平高3.2个百分点；中心城市数据处理和运营服务收入增长幅度达43.7%，高出全国平均水平7.8个百分点；中心城市软件出口占全国比重超过70%，同比增长18.8%，高出全国平均水平0.8个百分点（见表12）。

在通信方面，主要体现在移动电话用户、固定电话用户和互联网用户数量三个方面。一是移动电话用户。2012年，全国移动电话用户净增1.3万户，达到11万户。移动电话普及率达到83部/百人，每百人同比提高9部。二是固定电话用户。2012年，全国固定电话用户减少694万户。其中，城市固定电话用户减少228万户；农村固定电话用户减少466万户。固定电话普及率达到21部/百人，每百人同比下降0.6部/百人。三是互联网用户。全国互联网普及率达到42%，同比增长3.8%。2012年，网民数净增0.51亿人，总

表 12　2012 年 1～12 月副省级城市软件产业主要经济指标完成情况

城市名称	企业个数（个）	软件业务收入		软件产品收入		信息系统集成服务收入	
		本期累计（亿元）	同比增减（%）	本期累计（亿元）	同比增减（%）	本期累计（亿元）	同比增减（%）
大连市	1275	927	32	354	40	122	3
宁波市	610	175	31	20	25	29	20
厦门市	682	461	30	119	20	93	24
青岛市	281	531	51	31	33	91	36
深圳市	2142	2621	21	1085	23	432	16
沈阳市	1850	1092	55	312	60	357	53
长春市	350	131	24	48	25	31	24
哈尔滨	174	54	22	17	15	14	17
南京市	1900	2076	37	716	32	519	30
杭州市	650	1191	33	347	33	172	18
济南市	1230	1011	24	402	26	200	27
武汉市	807	266	38	127	37	76	31
广州市	1409	1351	30	381	31	182	37
成都市	826	1273	27	503	31	218	28
西安市	1160	524	37	145	39	155	37
合　计	15346	13685	31	4609	31	2691	28

资料来源：工业和信息化部。

数达到 5.64 亿人，其中，手机网民数净增 0.64 亿人，总数达到 4.20 亿人，占网民总数的 74.5%；农村网民数净增 0.2 亿人，达到 1.56 亿人，占网民总数的 27.7%。网络购物用户净增 0.48 亿户，总规模达到 2.42 亿户。微博用户数净增长 0.59 亿户，用户总规模达到 3.09 亿户。

（三）智慧城市——城市信息化高级形态

2008 年以来，随着智慧地球概念在世界范围内快速传播，许多发达国家提出建设智慧城市。主要是通过互联网将城市中的交通以及水、电、气、油等公共服务资源信息有机连接起来，智能化做出响应，以更高效、便捷地服务市民在工作、生活、教育、医疗等各方面的需求，并改善政府对交通、治安的管理以及生态环境的控制。在中国，一些地区在前些年提出建设数字城市的基础上，逐步开始探索开展智慧城市的建设。建设智慧城市已经成为互联网信息技术时代城市发展的必然趋势，成为信息技术与区域融合发展的战略制高点。作为信息技术的深度拓展与集成应用，智慧城市是新一代信息技术孕育突破和发展壮大的重要方向。

1. 智慧城市的出现

综合国内外学者的研究，智慧城市可以理解为以云计算等新一代信息技术与传统城市发展要素融合发展而形成的一种高级城市形态。智慧城市基于物联网等新一代信息技术以及社交网络、Fab Lab、Living Lab、综合集成法等工具和方法的应用，营造有利于创新涌现的生态，实现宽带泛在的互联、全面透彻的感知、智能融合的应用以及以开放创新、用户创新、大众创新、协同创新为特征的可持续创新。主要是应用能领先的信息技术，提高城市规划、建设、运营、管理、服务的智能化水平，使城市运转更高效、更低碳，是信息时代城市建设与发展的新模式。有两种驱动力推动智慧城市的逐步形成，一种是以云计算、物联网、移动互联网等为代表的新一代信息技术，另一种是社会环境下孕育生成的开放式城市创新生态。第一种是技术创新层面的技术因素，第二种是社会创新层面的社会经济因素。

2. 智慧城市的国际实践

2006 年，欧盟发起了欧洲 Living Lab 组织，采用先进的信息和通信技术、新的工具和方法调动各方面的智慧和创造力，为解决社会问题提供方法。该组织还发起建立了欧洲智慧城市网络。Living Lab 主要是以用户为中心，借助打造开放创新空间，帮助城市居民利用信息技术、移动应用服务提高生活质量，最大限度地满足人的需求。

2006 年，新加坡启动实施“智慧国 2015”计划，旨在通过云计算、物联网等新一代信息技术的广泛应用，将新加坡建设成为经济和社会发展水平一流的国际化城市。新加坡在电子政务、泛在互联及服务民生方面，取得了令人注目的成绩。其中，智能交通系统通过各种运营信息、传感数据及丰富的用户交互体验，为城市居民出行提供实时、准确的各种交通信息。

2008 年，IBM 在纽约召开的外国关系理事会上，提出了“智慧地球”的理念，引发了智慧城市建设热潮。

2009 年，迪比克市与 IBM 合作，在美国建立了第一个智慧城市。在一个有 6 万居民的社区里，利用物联网技术将水、电、油、气、交通、公共服务等各种城市公用资源连接起来，监测、采集、分析和整合各种数据，并做出智能响应，更好、更高效地服务市民。

韩国以信息技术网络为基础，打造以数字化、绿色、无缝移动连接为主要标志的智慧型生态城市。通过整合城市公共通信平台和密集分布的网络接入，城市居民可以方便地开展远程医疗、教育和办理税务，可以对家庭建筑能耗实现智能化监控，等等。

欧洲的智慧城市更加重视信息通信技术在城市交通、医疗、生态环境、智能建筑等各种民生领域的作用，期望借助低碳战略和信息共享实现减排目标，促进城市低碳、绿色、可持续发展。发展低碳住宅、智能电网、智能交通，提升能源效率，应对气候变化，建设绿色智慧城市。

美国麻省理工学院比特和原子研究中心 Fab Lab（微观装配实验室），主要是基于从个人通信到个人计算再到个人制造的技术发展脉络，构建以用户为中心、面向应用的用户创新制造环境，使人们可以按照自己的想象在自己的家中随心所欲地设计并制造产品。巴塞罗那等城市从 Fab Lab 到 Fab City 的实践则从另外一个视角解读了智慧城市发展内涵。

哥本哈根采用可持续发展城市解决方案，计划在 2025 年前成为全球第一个实现碳中和的城市。要实现该目标，哥本哈根主要依靠市政的气候行动计划——启动 50 项举措。哥本哈根正逐渐接近目标，其首都地区绿色产业 5 年内的营业收入增长了 55%。

2010 年，瑞典首都斯德哥尔摩被欧盟委员会评定为“欧洲绿色首都”。在普华永道编制的 2012 年智慧城市报告中，斯德哥尔摩排名第五，分项排名中，创新、智能资本、安全健康、安保均排在第一，可持续能力、人口宜居程度也排名靠前。

3. 中国智慧城市建设现状

总体来看，中国“智慧城市”建设已进入高峰期。据统计，中国提出建设智慧城市的总数量已经达到 154 个，累计计划投资规模超过 1.1 万亿元。而在“十二五”规划或政府报告中提出建设智慧城市的地级以上城市共有 41 个，其中，北京、上海、天津和 10 个副省级城市均提出要建设智慧城市。上海、天津、重庆、沈阳、深圳、无锡、武汉、成都等城市建立了 RFID 产业园区，旨在发展物联网产业。中国物联网产业的市场规模 2012 年达到 3650 亿元，同比增长 38.6%。《中国智慧城市发展水平评估报告》显示：智慧城市发展水平处于全国领先水平的城市中，北京、上海（浦东新区）、广州、深圳、天津、武汉、宁波（杭州湾新区）、南京、佛山、扬州等被视为领跑者；重庆、无锡、大连、福州、杭州、青岛、昆明、成都、嘉定、莆田、江门、东莞、东营被视为追赶者；沈阳、株洲、伊犁、江阴等被视为准备者。

4. 智慧城市试点创建工作

2012 年底，全国智慧城市试点创建工作会议由住房城乡建设部组织召开，公布首批国家智慧城市试点共 90 个，其中地级市 37 个、区（县）50 个、镇 3 个，住房城乡建设部与试点城市代表及其上级人民政府签订了协议书共同推进智慧城市创建。根据会议要求，经过 3 ~5 年的创建期，住房城乡建设部将对试点城市开展评估并评级，由低到高分为一星、二星和三星共三个级别。在这之后，住房城乡建设部确定并公布了 103 个城市（包括区、县、镇）组成的 2013 年国家智慧城市试点名单，比 2012 年试点范围扩大 9 个。根据住房城乡建设部要求，试点城市要着眼于解决本地区新型城镇化推进过程中的实际问题，制定智慧城市创建目标和思路，重点做好顶层设计；确定智慧城市创建主要任务和重点项目的时间节点；重点是要创新体制机制，明确责任，落实考核制度及保障措施。要高度重视信息共享，重点抓好公共基础数据库和城市公共信息平台建设，提高各个应用系统效能；特别要注重应用体系建设，突出经济效益和社会效益兼具的标志性发展成果。除此之外，要注重编制城市创新发展重点项目投融资规划，强化“政府引导、社会参与”，逐项落实重点项目投资规模、资金来源和推进计划，确保顺利完成创建任务。

2013 年，科技部、国家标准化管理委员会确定建设国家“智慧城市”技术和标准试点城市。首批试点工作在全国共选择了 20 个城市，其中副省级城市 9 个。山东省共有两座城市入选，分别是济南和青岛，其余 18 座城市分别为南京、无锡、扬州、太原、阳泉、大连、哈尔滨、大庆、合肥、武汉、襄阳、深圳、惠州、成都、西安、延安、杨凌示范区和克拉玛依。这是科技部和国家标准委为促进中国智慧城市建设健康有序发展，推动中国自主创新成果在智慧城市中推广应用共同开展的一项示范性工作，旨在形成中国具有自主知识产权的智慧城市技术与标准体系和解决方案，为中国智慧城市建设提供科技支撑。

（四）城市信息化案例分析

根据中国城市信息化实践情况，本文选取了上海市和无锡市两个城市进行案例分析。

1. 上海

2012年，上海市信息产业实现增加值2030亿元，同比增长12%。其中，全市信息服务业增加值达到1234亿元，同比增长18%。在细分指标中，全市新增光纤到户家庭数280万户，实际光纤用户规模超过250万户；互联网普及率达到74%，用户规模达1750万人；下一代广播电视网覆盖家庭增加200万户，总计达到400万户；无线局域网场点达到1.7万个，同比增加5000个；国际互联网出口带宽分别达到550 Gbps，国内达到2400 Gbps；数字电视用户规模同比增加120万户，总计达到386万户；交互式网络电视（IPTV）用户增加25万户，总计达178万户。2012年，全市开通i-Shanghai免费上网服务试运行的公共场所达到300个。

软件产业方面。2012年，上海市实现经营收入2086亿元，248家软件企业经营收入超亿元，电信传输服务业实现经营收入663亿元，互联网信息服务业实现经营收入643亿元。全市获得计算机信息系统资质认证的企业累计有222家，其中，1级企业有12家。全市登记软件产品数量为3822个，新增认定软件企业数量达到490家。信息服务业上市企业数量达到45家。

电子商务方面。2012年，上海市电子商务交易额达到7815亿元，同比增长42%。全市口岸税费电子支付系统入网企业达到2.9万家，电子支付金额达到9948亿元，同比增长9.2%，全年电子单证传输量达到1.8万张。全市发放社会保障卡88万张，推广电子账单164万份。上海市社会公共服务领域信息化建设不断深化（见表13）。

表13　2012年上海市社会公共服务领域信息化指标

指　标	单位	绝对值	比上年
“市民信箱”累计注册用户	万人	416.76	增加7.91万人
全年“付费通”业务平台交易量	万笔	10947.14	增长14.6%
全年“付费通”业务平台交易额	亿元	72.75	增长2.6%
全年交通卡销售额	亿元	14.39	增长6.1%
全年银行卡交易额	亿元	16608.12	增长19.6%

截至2012年底，全市累计发放数字证书322万张，1159万人的信用信息被个人信用联合征信系统覆盖，全年收到市民个人信用信息查询请求数量累计1477万次，成功查询量达959万次，提供个人信用评分360万份。

2. 无锡

无锡市凭近年来在科技创新、人才引进方面的强势发力，以物联网为首的新兴产业逐渐规模化，在智慧城市建设方面走在全国的前列。2012年，无锡市相继获评第二届中国智慧城市发展水平第一名、福布斯“中国大陆最佳商业城市”第五位，同时入围全国首批“智慧旅游试点城市”和三网融合试点城市。2012年是无锡市出台政策最密集的一年，特别是发布了《关于深化“530”计划，建设“东方硅谷”的意见》，将新兴产业及高端人才引进列为核心发展目标。2012年无锡市城市信息化建设主要有以下特点。

第一，科技创新力量明显提升。无锡市国家、省级工程技术研究中心达到356家，省级公共技术服务平台达到37家，省级以上科技企业孵化器达到45家，全市共有8家国家级、省级高技术研究重点实验室，2家省级产业研究院，3家国家级国际合作基地，2家省级企业研究院，4家省级以上国际技术转移中心，25家省级以上外资研发中心。全市入选国家“千人”计划人才累计47名，共引进49名国家“千人”计划专家。

第二，高新技术产业进一步壮大。在无锡市规模以上工业总产值中，高新技术产业产值占比达到39%，同比增长2.5%。2012年，332家企业按新标准被认定为高新技术企业。全年新增18个国家级重点新产品和950个省级高新技术产品。其中，新兴产业实现较快增长。无锡市物联网、新能源、微电子、生物技术和新医药、节能环保、软件和服务外包、新材料和新型显示、工业设计和文化创意产业八大战略性新兴产业，2012年实现经营收入6044亿元，同比增长超过9%。其中，物联网产业产值快速提升，突破600亿元，软件和服务外包产业经营收入同比增长34%、工业设计和文化创意产业经营收入同比增长16.0%。

第二，科技创新成效突出。在无锡市“科技创新三年赶超行动”战略下，国内大中型工业企业在无锡建立研发机构数量实现翻番。清华大学无锡应用技术研究院、国家（无锡）外观设计专利信息中心、诺贝尔奖得主设立的生物科技中国研究院等一大批重大创新载体成功落户无锡。2012年，全市专利授权量达5.1万件，同比增长51%，其中，发明专利授权量达到2470件，同比增长36%。571项项目进入国家、省科技计划。

第四，创新人才聚集效应进一步增强。新增11名“千人计划”人才，新引进191个“530”领军人才及团队项目。

关于下一步发展，按《无锡国家传感网创新示范区发展规划纲要》，无锡市将在2013年加快“智慧城市”、国家4G试点城市和软件名城建设，重点实施一批具有全国影响力的重大应用示范项目，尽快形成物联网与云计算产业的规模优势。除核心物联网产业之外，无锡计划借“智慧城市”建设，带动微电子、新材料、节能环保、生物医药、软件服务外包等新兴产业加快发展，以此形成对经济发展的主体支撑。在具体目标方面，无锡市计划于2013年实现八大新兴产业营业收入增长15%以上，高新技术产业产值占规模以上工业总产值比重达41%，成为国内新兴产业品牌城市。同时以新兴产业带动制造业升级，加快信息化改造，使传统支柱工业加速向先进制造业升级。

五　城市创新驱动政策与体制环境

2012年以来，城市创新相关重要政策主要有中共十八届三中全会对深化科技体制改革做出的重大决策部署、《国家“十二五”科学和技术发展规划》、《“十二五”国家自主创新能力建设规划》、《关于深化科技体制改革加快国家创新体系建设的意见》等，凝聚了多年来城市创新的实践与理论研究成果，有很强的指导性。

（一）中共十八届三中全会对深化科技体制改革的重大决策部署

中共十八届三中全会通过的《中共中央关于全面深化改革若干重大问题的决定》将深化科技体制改革作为60项改革任务的第13项，内容是：“建立健全鼓励原始创新、集成创新、引进消化吸收再创新的体制机制，健全技术创新市场导向机制，发挥市场对技术研发方向、路线选择、要素价格、各类创新要素配置的导向作用。建立产学研协同创新机制，强化企业在技术创新中的主体地位，发挥大型企业创新骨干作用，激发中小企业创新活力，推进应用型技术研发机构市场化、企业化改革，建设国家创新体系。加强知识产权运用和保护，健全技术创新激励机制，探索建立知识产权法院。打破行政主导和部门分割，建立主要由市场决定技术创新项目和经费分配、评价成果的机制。发展技术市场，健全技术转移机制，改善科技型中小企业融资条件，完善风险投资机制，创新商业模式，促进科技成果资本化、产业化。整合科技规划和资源，完善政府对基础性、战略性、前沿性科学研究和共性技术研究的支持机制。国家重大科研基础设施依照规定应该开放的一律对社会开放。建立创新调查制度和创新报告制度，构建公开透明的国家科研资源管理和项目评价机制。改革院士遴选和管理体制，优化学科布局，提高中青年人才比例，实行院士退休和退出制度。”

中共十八届三中全会明确了全面深化科技和创新体制改革方向，对于发挥市场配置创新资源的决定性作用和更好发挥政府作用将产生重大、深远的影响。目前中国正处在从投资驱动发展转向创新驱动发展的关键时期，政府引导创新的方式也要进行改变。建立一个适合科技创新的管理体制，对于实施创新驱动发展战略、支撑引领经济社会发展具有重要意义。

（二）《国家“十二五”科学和技术发展规划》及人才规划

2011年7月，科技部正式发布实施《国家“十二五”科学和技术发展规划》（简称《规划》），明确提出，“十二五”时期国家综合创新能力排名将由目前的第21位上升至前18位，科技进步贡献率力争达到55%，创新型国家建设取得实质性进展。《规划》提出，未来5年，中国科技发展和自主创新的战略重点是：加快实施国家科技重大专项；大力培育和发展战略性新兴产业；推进重点领域核心关键技术突破；前瞻部署基础研究和前沿技术研究；加强科技创新基地和平台建设；大力培养造就创新型科技人才；提升科技开放与合作水平；深化科技体制改革，全面推进国家创新体系建设；强化科技政策落实和制定，优化全社会创新环境。

在《规划》出台的同时，科技部、人力资源和社会保障部、教育部、中国科学院、中国工程院、国家自然科学基金委员会和中国科协联合制定发布了《国家中长期科技人才发展规划（2010～2020年)》（国科发政〔2011〕353号)。《规划》明确指出，到2020年，中国科技人才发展的主要目标是：建设一支素质优良、结构合理、规模宏大、富有活力的创新型科技人才队伍，合理提高人力成本在研发经费中的比例，确立科技人才国际竞争优势，为实现中国进入创新型国家行列和全面建设小康社会的目标提供科技人才支撑。首先，针对高层次创新型科技人才匮乏的现状，《规划》部署未来10年，中国将重点支持和培养3000名具有发展潜力的中青年科技创新领军人才。到2020年，中国高层次创新型科技人才总量将达到4万人左右，科技人才队伍规模稳步扩大。其次，针对当前科技人才在不同区域、领域和部门分布不合理的局面，《规划》要求进一步按照市场经济规律和人才规律，根据市场需求，促进科技人才顺畅有序流动。到2020年，基础研究人员占研发（R&D）人员总量的比重将由2008年的7.8%提高到12%左右；在装备制造、信息、生物技术、新材料、航空航天、海洋、生态环境保护、新能源、农业科技等重点领域，建成一批人才高地。

（三）《“十二五”国家自主创新能力建设规划》

根据国务院的总体部署，国家发展改革委和科技部牵头，联合各部委，研究编制了《“十二五”国家自主创新能力建设规划》（国发〔2013〕4号)，已经由国务院批准印发。这是中国第一部系统性部署自主创新能力建设的规划，对贯彻落实国家创新驱动发展战略具有重要指导意义。该规划围绕到2020年进入创新型国家行列的总目标，提出了中国加强自主创新能力建设的总体思路、发展方向、战略重点以及保障措施。主要内容包括建设基础、面临形势、指导思想、建设目标、总体部署和七个方面的重点任务及规划实施等。《规划》明确了自主创新能力建设重点任务是主要针对科技创新、产业发展、社会服务和区域发展需求，以独立章节形式，从基础设施、创新人才、创新主体及制度文化环境等层面，对创新能力建设进行了系统布局。

第一，提出了明确的自主创新能力建设目标。《规划》兼顾预期性和可考核性，采用定性和定量相结合的方式，明确了到“十二五”期末，重点领域创新能力、创新基础条件建设、区域创新能力布局、创新主体实力、创新环境五个方面要达到的具体目标。①形成更加合理的创新基础条件建设布局。建立一批世界一流的科学中心，重大科技基础设施总量接近50个。重点建设100家国家工程中心，新建一批国家工程实验室，认定一批国家级企业技术中心。②重点领域创新能力显著增强。制造业、战略性新兴产业、农业、能源和综合交通运输等产业创新能力大幅提升。③各类创新主体实力显著增强。企业技术创新主体地位得到进一步强化，一批创新型企业进入世界500强，大中型工业企业研发投入比重达到1.5%。建成一批一流科研机构；建设一批高水平研究型大学。④区域创新能力布局合理。形成东中西部功能互补、分工协作的区域创新体系。区域性创新服务平台建设进一步加强。⑤创新环境进一步完善。高端创新人才、工程技术人才和创新服务人才不断涌现，创新人才队伍结构更加合理。知识产权保护得到切实加强。每万人发明专利拥有量达到3.3件。

第二，对自主创新能力建设做出总体部署。《规划》明确了

“十二五”时期，要在加强政府统筹规划指导的基础上，重点发挥市场在资源配置中的基础性作用，着力引导社会创新主体积极参与，大力推进科学研究实验设施和各类创新基地建设，不断加强科技资源整合共享，建立健全国家标准、检测和认证技术体系；加速重点产业的关键核心技术研发和工程化能力建设，提高重点社会领域创新能力以及公共服务水平，特别提到要构建各具特色、协调发展的区域创新体系；加强主体能力、人才和制度等创新环境建设，强化知识产权创造、运用和管理能力，深化国际交流与合作，激发全社会的创新活力，提高创新效率和效益。

第三，明确了自主创新能力建设七个方面的重点任务。①加强科技创新基础条件建设。重点加强科学研究实验设施、科技资源与信息平台和标准计量检测认证平台建设，以加快提升科技的原始创新与整体实力。②增强重点产业持续创新能力。重点是进一步强化产业的集成创新能力和引进消化吸收再创新能力，对创新能力建设进行重点布局、共享整合，为促进产业健康可持续发展提供动力。③加强重点社会领域创新能力。着力保障和改善民生，突出教育、医疗卫生、文化和公共安全等社会重点领域创新能力建设，提升政府管理和服务水平，加快建立低成本、广覆盖、高质量的社会公共服务体系，促进基本公共服务均等化。④强化区域创新发展能力。加快促进中央和地方创新资源的共享整合，建立和完善跨区域的创新联动协作机制，逐步形成创新能力建设的合理空间格局。⑤推进创新主体能力建设。充分发挥创新主体主动性和创造性，加强相应的创新能力建设，强化企业技术创新基础能力，发挥企业在产学研用合作中的主导作用，激发高校及科研院所创新活力，增强创新中介机构服务能力，确保国家创新体系创新主体定位清晰、能力突出、充满活力。⑥加强创新人才队伍建设。组织实施重大人才工程，加大科技创新领军人才、产业创新紧缺人才、创新创业服务人才等的培养开发与选拔任用力度，进一步完善创新人才的激励机制。⑦完善创新能力建设环境。重点是共享整合创新资源，加强知识产权创造与管理，加强科学普及能力建设，培育强化创新文化，加强国际合作，激发全社会的创新动力和活力。

（四）加快国家创新体系建设的重要制度

2012年9月，中共中央、国务院印发了《关于深化科技体制改革加快国家创新体系建设的意见》，旨在落实《国家中长期科学和技术发展规划纲要（2006～2020年）》，进一步发挥科技对经济社会发展的支撑引领作用，加快推进创新型国家建设。该文件分析了深化科技体制改革、加快国家创新体系建设的重要性和紧迫性，明确了深化科技体制改革，加快国家创新体系建设的指导思想、主要原则和主要目标，从强化企业技术创新主体地位、加强统筹部署和协同创新、改革科技管理体制、完善人才发展机制、营造良好环境等方面对国家创新体系建设做出了部署。文件重点突出了以下三方面的内容。

第一，科研院所和高等学校科研体制机制改革。重点是要建立适应不同类型科研活动特点的管理制度和运行机制。加快建设一批一流科研机构和高水平研究型大学，创新能力和研究成果达到世界先进水平，一批优势学科达到世界一流水平。促进技术、人才等创新要素向企业研发机构流动，科研院所和高等学校要更多地为企业技术创新提供支持和服务。支持行业骨干企业与高等学校、科研院所组建技术研发平台和创新战略联盟，共同开展技术研发和基础研究，联合培养人才，共享科研成果。鼓励高等学校和科研院所科技人员创办科技型企业，促进科技研发成果转化。

第二，增强科研院所和高等学校服务能力。落实和扩大高等学校办学自主权。根据经济社会发展需要和学科专业优势，突出办学特色，明确各类高等学校定位，以服务需求和提升创新能力为导向，建立科技评价和科技服务体系。充分发挥高等学校的基础和生力军作用。高等学校要注重对学科专业实行动态调整，人才培养要强化与产业需求相结合，促进交叉学科发展。以学科建设和协同创新为重点，发挥学科人才优势，提升高等学校创新能力，促进高等学校在基础研究和前沿技术领域取得原创性突破。加快建立与产业、区域经济紧密结合的成果转化机制，加大对高等学校教师科研成果转化的支持力度。加快推进科技与教育相结合的改革，以促进科研与人才培养紧密结合、科研与教学互动，着力培育跨学科、跨领域的科研教学团队，不断增强学生创新精神和创业能力，提升毕业生就业率。

第三，统筹各类创新人才发展和完善人才激励制度。着眼于培养造就世界水平的科学家、科技领军人才、卓越工程师和高水平创新团队，深入实施重大人才工程和政策。大力引进海外优秀人才特别是顶尖人才。改进和完善院士制度。大力加强科研生产一线高层次专业技术人才和高技能人才培养力度。支持创新人才到西部地区尤其是边疆民族地区工作。支持优秀青年科技人才主持科研项目。鼓励在创新实践中脱颖而出的人才成长和创业。鼓励大学生自主创新创业。改变将论文数量、专利数量、项目和经费数量等与科研人员评价直接挂钩的做法，加快建立以科研能力、创新成果等为导向的科技人才评价标准。健全科技人才流动机制，加快建设人才公共服务体系。探索建立科研关键岗位和重大科研项目负责人公开招聘制度。完善专业技术职务聘任和岗位聘用制度，进一步扩大用人单位自主权。不断完善科技人员收入分配政策，探索实施有利于创新人才发挥作用的多种分配方式，健全鼓励创新创造的分配激励机制。

六 城市创新面临的问题、挑战与未来方向

虽然，政府、企业等各个方面对城市创新的关注和重视越来越广泛和深入，取得了难能可贵的成绩，但是受制于创新基础薄弱、观念转换迟缓、粗放式发展惯性强大等因素，加上世界经济社会环境日趋复杂，城市创新仍然存在诸多问题和挑战。与此同时，城市创新后续演进与发展方向将在于如何解决当前面临的问题，化解挑战与危机，把握好新的历史机遇。

（一）城市创新面临的障碍和问题

总体来看，中国城市创新实践面临综合创新能力仍然不强、企业创新主体地位仍然不牢、城市创新体制机制仍然不活、城市创新人才资源仍然不足和“宽容失败”的创新文化仍然不够五个方面的突出问题。

1. 城市综合创新能力仍然不强

科技部公布的数据显示，这几年中国在创新中的投入非常大，IND经费占到全世界的9%，专利的授权占到全世界的20%左右。但中国在全世界的创新指数排名只有第35位，关键技术对外依存度高达到50%。大量的科研投入并没有使得中国在综合创新力上达到世界前列水平。主要有三个方面的问题：一是颠覆性技术比较少；二是创新主体之间趋同性多，差异化不足，跟风创新多；三是科技创新还不能满足经济社会发展需要，原始创新能力不强，部分关键技术与国际先进水平仍有很大的差距。其深层次原因在于创新缺乏整个社会系统的高效支持。学校、社会组织以及企业自身都应转变观念，真正在创新上用功夫，而非争取政府资源。而政府也应坚持市场化的导向，避免给企业提供远超过必需的扶

持和支持，让市场成为检验创新的唯一场所，让资本成为推动创新的最终力量。

2. 企业创新主体地位尚不牢固

尽管从城市创新投入和产出来看，企业都已经处于主体地位，但总体来说企业缺乏核心关键技术和自主知识产权，创新动力仍然不足，缺乏自主品牌。与发达国家的企业相比，创新能力差距仍然较大，特别是企业创新能力依然薄弱。企业在创新决策、研发投入、科研组织和成果应用等方面技术创新主体地位需要进一步强化，在许多领域，具有自主知识产权的核心技术严重缺乏。一是相比国际领先企业，中国城市企业研发投入强度不高，难以培育出具有国际竞争力的企业。一方面是大企业创新动力不足，另一方面是中小企业创新风险承受能力不足。二是技术引进是发展中国家城市创新和技术进步的重要渠道，但企业在技术引进基础上的消化吸收再创新能力十分薄弱，对引进的技术进行消化吸收再创新方面做得不够，部分技术形成了对国外技术的依赖，陷入了“引进—落后—再引进—再落后”的恶性循环。三是在城市创新实践中，多数企业对企业创新能力进行投资的意愿不足，绝大多数中小企业和七成以上的大中型企业没有独立技术开发机构。四是政府在鼓励和引导企业加大研发投入和充分发挥其对技术创新的示范引领作用方面普遍有待进一步加强。

3. 城市创新体制与机制活力不足

体制机制不畅仍然是制约城市创新活力的重要因素。一是创新活动的物质基础薄弱，供血不足，政府引导下的多层次科技投入体系有待进一步健全。特别是在促进科技金融结合方面（买方信贷、卖方信贷、融资租赁、创业投资、资本市场、科技保险等）还有待强化。二是政府各部门在推动城市创新方面缺乏有效的协调机制，没有形成足够强的城市创新合力。三是科技创新人才考核激励机制过于僵化，面临强大的体制惯性。目前科技人才评价存在论文导向和过度量化倾向的突出问题，无论是基础研究还是应用研究，都以论文数量作为核心指标，这在一定程度上导致科技人员忽视创新的真正目的。此外，很多发明者的个人激励机制还很不明确，因此不愿意把成果拿出来转化。四是产学研结合还结合不紧，产学研合作层次与科技成果转化能力较低。当前，中国产学研合作仍然停留在较低的层次，与此同时，在利用国内其他地区及国外外源性创新成果方面渠道不畅，进一步制约了对内外科教资源的开发利用。企业与科研院所之间、企业与企业之间难以建立起比较稳定的合作创新机制。五是创新服务中介体系建设实效性不强，定位与市场需要匹配性不足，作用发挥不够，特别是大部分城市的公共创新资源共享平台建设还比较落后，城市创新公共信息资源还没有做到有效共享。特别是成果转化中介组织发育不完善，许多科研机构、高校不负责成果的运用、保护和商业转化，而只承担科技计划项目，政府、单位与个人之间在技术发明和创新成果转化中涉及的权利与义务关系还没有完全理顺。

4. 创新型人才资源严重匮乏

城市创新的关键在人才，大力培养和吸引科技人才已成为推进城市创新、建设创新型国家、赢得国际竞争优势的必然选择。但是，中国科技人才的发展现状并不乐观，人力资源的结构性矛盾仍然非常突出，人力资源的整体素质亟待进一步提高。特别是国际一流人才严重匮乏，高层次创新型科技人才少，高层次人才创业少，高层次创新型科技人才回国少。创新型人才匮乏尤其是高层次和领军型创新人才缺乏，是人才队伍建设的突出问题，严重制约着中国经济和科技的国际竞争力，影响着国家的长远发展，也已成为制约城市创新的重大瓶颈。特别是对于北京、上海以外的二、三线城市，这个问题更为突出。在一些经济社会发展的重点领域，各个城市的人才队伍现状还远不能满足实际需求。比如，新能源、节能环保、新材料、新医药、信息产业等战略性新兴产业是“十二五”时期产业发展的重点，但目前这些领域人才的缺口相当大。

5.“鼓励创新，宽容失败”的创新文化尚未形成

创新是要冒险的，任何创新和发明都会经历失败。创新的结果很可能会推翻公认的定理、改变习以为常的惯例、打破某些条条框框，而这很可能会引起不解甚至反对。若对失败缺乏宽容的态度，创新就很难产生。社会是否包容这样的突破，是否鼓励这样的创造，就变得非常关键了。在中国还缺乏宽容、包容的创新文化环境和社会环境，成为制约城市创新有效推进的重要原因。特别是在创新的决策机制中仍然存在较为明显的“只许成功不许失败”的价值导向，违背了创新活动的客观规律，对创新实践造成较为严重的不利影响。滋生畏惧失败、怕犯错误的心理，缺乏冒险试验、开拓进取的胆识和勇气。一旦创新出现失败或问题经常是互相推诿，不敢承担失败的责任，人为束缚了自己的手脚，实际上是大大压抑了创新人才的创新动力和主动精神。缺乏“宽容失败”的创新文化还导致科研人员心态浮躁、急功近利，重形式轻质量，重结果轻过程，对于那些从事探索性强、失败风险高的项目的科研人员无疑会造成极大的压力，导致科研成果普遍流于平庸或低水平重复，难以催生有较高价值的成果。

（二）加速推进城市创新的政策建议

着眼创新型城市的后续建设与未来发展，针对突出问题以及面临异常复杂的形势，对加速推进城市创新有五点政策建议，重点要进一步加强组织领导，集成创新资源，着力营造良好的创新环境，不断加大科技创新投入，切实加强考核评估，开拓创新、扎实推进、务求实效。

1. 坚持战略引领，构建特色突出且清晰可行的创新蓝图

建设创新型城市是一个系统工程，必须系统规划，整体推进，要以战略为引领，核心是要有科学、前瞻、可行的创新蓝图，并能根据外部形势和内部条件变化动态地进行调整。一是要认真贯彻落实创新型国家战略，明确城市在国家创新体系中的方位，以城市的自主创新能力的提升来支撑国家自主创新能力的提升，重点是要认真落实《国民经济和社会发展第十二个五年规划纲要》、《国家中长期科学和技术发展规划纲要（2006～2020 年）》，中共中央、国务院《关于深化科技体制改革加快国家创新体系建设的意见》（中发〔2012〕6 号）和《“十二五”国家自主创新能力建设规划》。二是要认识到没有特色就不是创新，要深入分析挖掘城市的自身优势，把形成自身特色作为制定创新战略蓝图的重中之重，差异化发展，极力避免跟风创新，“一窝蜂”地发展。改变当前存在的千城一面的现状，特别是城市产业规划要突出城市的特点，与城市自身条件、资源禀赋实现有效匹配。三是要有战略定力，保持创新政策和行动的连续性，看准了就要坚定不移地推行，政策和方向不能变来变去。四是要统筹兼顾好城市发展当期与长远的关系，明确创新战略的阶段性、层次性，不能急于求成，尊重创新规律。五是要重视战略落地，重点是要有明确可行的保障措施以及资源配置方式，保证战略实施有牢固的根基。

2. 坚持企业为要，把夯实企业的创新主体地位摆在突出位置

要建立健全企业主导产业技术研发创新的体制机制，促进创新要素向企业集聚，加快科技成果转化和产业化，增强企业创新能力。不断完善引导企业加大技术创新投入的机制，明确企业主要负责人对技术研发的责任，加强研发能力和品牌建设，鼓励和引导企业加大研发投入，大力培育创新型企业，充分发挥其对技术创新的示范引领作用。要支持企业建立研发机构，引导企业围绕市场需求和长远发展，建立研发机构，健全组织技术研发、产品创新、科技成果转化的机制。支持企业推进重大科技成果产业化，依托国家高新技术产业开发区、国家自主创新示范区、国家创新型（试点）城市、国家新型工业化示范基地、信息化与工业化融合示范区、国家高技术产业基地、国家农业科技园区、国家级文化和科技融合示范基地、国家现代服务业产业化基地等，完善技术转移和产业化服务体系。大力培育科技型中小企业，支持中小企业技术创新和改造升级，特别是要综合采用买（卖）方信贷、知识产权和股权质押贷款、融资租赁、科技小额贷款、公司（企业）债券、集合信托、科技保险等方式，支持科技型企业开展技术创新融资。

3. 坚持改革驱动，充分释放城市创新活力及生产力

要认真落实中共中央、国务院《关于深化科技体制改革加快国家创新体系建设的意见》，坚持深化改革，创新体制机制，不断完善各具特色的城市创新体系。一要不断加快建立和完善以企业为主体、市场为导向和产学研紧密结合的技术创新体系。在技术创新决策、研发投入、科研组织和成果转化等方面充分发挥企业主体作用。二要推动创新体系协调互动发展。加快统筹推进知识创新、技术创新和科技中介服务体系建设，探索多种形式的协同创新模式；建立完善基础研究、应用研究、成果转化和产业化协调发展的机制；支持和鼓励各创新主体突出自身特色和优势。三要完善支持和鼓励企业技术创新的财税金融等政策，加大企业研发设备加速折旧、企业研发费用税前加计扣除等一系列政策的落实力度。四要面向行业技术创新需求，促进科技资源整合和优势互补，推动形成一批专业领域的技术创新服务平台，培育一批专业化、社会化、网络化的示范性科技中介服务机构。五要探索建立企业向高等学校和科研院所开放科研设施的机制。推进大型科学仪器设备、科技文献、科学数据等科技基础设施平台建设，加快建立开放共享的运行服务模式，整合利用各类科技资源。

4. 坚持以人为本，创造聚人留人的创新人才发展环境

人才是第一资源。要重视筑巢引凤，切实提高城市的创新人才的聚集能力。要改变以论文、项目、经费、专利论人才的做法，建立良好的科技评价和奖励制度，形成正确的评价导向，从而激发科研人员的创造活力。要在海外高层次人才引进计划、创新人才推进计划等相关重大人才工程和政策实施中，引导和支持归国留学人员创业，鼓励和支持企业引进海外高层次人才。着力培养科技领军人才、优秀创新团队，加快建设专业技术人才和高技能人才队伍。加强对企业科研和管理骨干的培训。健全科技人才流动机制，鼓励科研院所、高等学校和企业创新人才双向流动和兼职。利用好企业院士专家工作站、博士后工作站、科技特派员等科技人员服务企业的有效方式，不断完善评价制度，构建长效机制，对于服务企业贡献突出的科技人员，采取优先晋升职务职称等奖励措施。支持企业广泛开展技术革新、技能大赛等群众性技术创新活动，对有突出贡献的职工优先晋升技术技能等级，充分调动职工参与技术创新的积极性，提高企业职工科技素质。

人才竞争的背后，实际上是人才发展环境的竞争。良好的环境吸引人才、激励人才、造就人才；不好的环境压抑人才、埋没人才，甚至摧残人才，拒人才于千里之外。要坚持用事业、用政策、用机制聚才育才，针对各类创新人才成长特点，提供干事创业、发挥作用的平台，使各类创新人才创新有通道、创业有机会、干事有舞台、发展有空间。这也要求各地政府要坚持科技惠民，促进民生改善，建设生态良好、和谐宜居的城市环境，为创新人才提供具有吸引力的生态宜居的生活环境。

5. 坚持文化为基，积极营造崇尚创新的良好文化氛围

历史告诉我们，任何一个技术创新活跃、经济繁荣的时代，都需要重大的人文创新来导引，需要文化的繁荣。城市的文化和精神是城市创新的灵魂和基础。要把鼓励创新、宽容失败纳入城市文化体系，成为一种行为习惯，也就是重视塑造包容文化。包容是前提、是基础、是环境，更是创新的催化剂，核心是要促进从事创新活动的人们更有效地获取知识、创造知识和应用知识，全面提高他们的创新能力与创新绩效。要注重引导创新人才大力弘扬勇于创新、团结协作、服务城市的精神，营造崇尚学术自由、宽松包容、奋发向上的良好创新氛围。大力宣传优秀创新人才、创新团队的先进事迹，选树一批创新标杆人物，强化示范带动效应。注重科学普及，培育创新文化，加快培育形成尊重创造、尊重劳动、尊重知识、尊重人才的良好风气，特别是要创造一种良好的文化氛围，尊重人的自由探索，尊重人的首创精神。鼓励和激励人通过创新努力实现个人价值，让其以个人成就展现自己，真正让文化的力量深深熔铸在城市的生命力、创造力和凝聚力之中。

（执笔人：周济、夏徐迁、张弥）

测　评　篇

Evaluation

B.2

城市创新能力的分析与评价方法

摘　要：

对城市创新能力的科学分析与评价，既能够对城市创新实践提供理论指导和客观评判，同时也具备重要的政策与实践意义。本报告在对创新理论进行较为全面的梳理和总结的基础上，参考世界主要创新评价指标体系，通过构建命题的核心与理论支撑，提出了我国城市创新能力的理论框架，构建了包含三个维度、多项具体指标的城市创新能力的评价指标体系，并且提供了相关指标的具体编制过程和方法。

关键词：

城市创新能力　理论框架　评价指标体系　指标编制

目前，中国处于经济发展转型升级的关键时期，传统的资源投入依赖型发展模式不可持续，资源短缺和环境恶化的约束正在加剧。在此阶段，作为推动经济社会发展的核心驱动力的创新，其重要性日益凸显。党的十八大报告强调，要加快建设国家创新体系，把全社会智慧和力量凝聚到创新发展上来。

城市是建设国家创新体系的主战场。城市集中了人类文明进步的精髓，随着城市经济、文化等各方面功能的提升，将加速人才、资金和技术等创新资源向城市的集聚，为成果的扩散创造广阔市场，并加速科学、技术和体制机制的创新发展。在国家创新体系的创建过程中，城市创新具有关键性作用。

德国学者李斯特强调，创造财富的生产能力比财富本身更重要。同理，创新能力比创新行为本身更具有价值，它是决定创新成败的核心，是经济社会发展的核心动力，是提高城市创新能力，构建国家创新体系的关键。对城市创新能力进行科学分析与评价，不仅能够描述有关城市创新能力现状，而且能够监测和诊断城市创新能力发展中的矛盾和问题，将为城市政府制定创新能力发展规划、进行政策研究，对现状、未来做出评价从而进行科学决策提供理论基础和实证依据。

一　创新理论研究综述

如今，人类进入“人人皆言创新”的时代，“创新”已经成为政府官员、企业管理者和普通民众的日常用语。

尽管亚当·斯密在《国民财富的性质和原因的研究》（1766年）中，讨论了“技术变革和经济增长”问题，但是，他主要将技术视为经济增长的外生变量。“创新”作为一个科技与经济结合的概念却是近百年之事。1912年，熊彼特（Joseph Schumpeter）在《经济发展理论》一书中率先提出创新的基本概念和思想，讨论了技术创新与经济增长的关系，并将创新视为经济增长的动力和源泉。熊彼特被认为是当现代创新理论的开创者。后来，熊彼特相继在《经济周期》（1939 年）和《资本主义、社会主义和民主主义》（1943 年）中对创新理论进一步阐述并加以补充完善，形成了一套较为完整的有关创新的理论框架。不过，由于熊彼特侧重于构建创新的基本概念与理论框架，主要论证创新对经济发展和社会变迁的重要作用，而对创新过程本身的关注较少，这也为后来的学术研究提供了广阔的空间。

自熊彼特以来，创新问题引起了学术界的高度重视，越来越多的学者加入创新的研究之中，形成了丰硕的理论成果。

诺贝尔经济学奖得主索洛（Robert Solow）在哈罗德－多马模型的基础上，通过一系列开创性的研究（索洛，1956、1957），验证了技术进步在经济增长中的重要作用。例如，索洛利用美国 1909～1949 年的投入—产出数据分析发现，资本和劳动的贡献不到 20%。他认为，剩余的贡献（80% 以上）来自技术进步，被称为“索洛剩余”。当然，索洛模型缺点是把技术进步当作外生变量。

诺贝尔经济学奖得主道格拉斯·C. 诺斯（Douglass C. North）在 1961 年出版的《1790～1860 美国经济增长》一书中，将创新与制度变迁结合起来，研究了制度和技术创新及经济效益之间的关系。在此框架下，他分析认为由于交通运输业的发展，美国的北部、西部和南部三部分连成一体，这使各个地区得以发挥各自的比较优势，推动了经济的快速发展。

弗里曼（Chris Freeman）1974 年出版的《工业创新经济学》，对英国工业革命以来的重大产业创新实践进行了梳理，并研究了创新的微观经济学、宏观经济学和创新政策。1987 年，弗里曼对日本经济奇迹进行了深入分析，并在学术界首次提出了“国家创新系统”的概念。在 1997 年出版的《工业创新经济学》（第三版）中，弗里曼补充了创新的宏观经济学内容，还增加了有关国家创新系统、项目评估与创新等方面的内容。

演化经济学派的代表人物纳尔森（Richard R. Nelson）和温特（Sidney G. Winter）在1982年出版的《经济变迁的演化理论》中，继承了熊彼特的创新理论和西蒙的关于人类行为与组织的理论，借用了达尔文的自然选择理论，基于惯例、搜寻、创新和选择环境等核心概念，开创了一个具有变革意义的分析创新与经济增长的理论视角。1993年，纳尔森综合考量了有关创新的各类构成要素，从演化的角度研究了国家创新系统。

2005年，法格伯阁（Fagerberg）和纳尔森（Nelson）等主编的《牛津创新手册》，尝试“将不同学科联合在一起进行建设性对话”。该书会集了几十年来创新研究的代表性成果，各章的作者都是其所在研究领域中的学术大家。《牛津创新手册》作者，包括经济学家、地理学家、历史学家、心理学家和社会学家，既有社会科学的背景，又有工程学的背景，从各个角度对创新进行分析和定义，概括而全面地介绍了创新的研究成果。

2009年，法格伯阁（Fagerberg）等人在分析1979~2006年发表于《科研政策》（*Research Policy*）上的论文之后指出：当前的学术制度与组织的缺失，难以支持创新研究领域内知识的积累性演化；制度和组织的缺失，主要是学科体系不健全所致。

最近几年，有关创新的理论构建，主要集中在创新与学习方面（Da Silva，2012；Rasiah，2011），但似乎没有引起学界重视。例如，美国伊利诺伊大学芝加哥分校（University of Illinois at Chicago）2013年春季的博士研究生“技术与创新理论”（Technology and Innovation Theory）课程大纲，讨论创新理论（Innovation Theory）的章节，所列必读文献主要是《科研政策》杂志上发表的纳尔森（Nelson）等人20世纪80年代前后的文章。讨论“创新进程”（Innovation Processes）等章节，必读文献则有2012年发表的论著。

二　世界主要创新评价指标体系

经济合作与发展组织（OECD）是较早开展创新评价的国际组织。20 世纪 90 年代初期，OECD 出版了《奥斯陆手册》。此手册的出版，标志着创新评估成为一个专门的规范的评估项目。此后，其他国际组织和世界各国纷纷构建了类似的评价指标，如欧盟构建了“创新记分板”（EIS），澳大利亚也创设了“创新记分板”（AISC），INSEAD 与 WIPO 则设计了全球创新指数，中国国家统计局社科文司于 2013 年推出“中国创新指数（CII）”，等等。下文拟对上述指标体系进行介绍。

（一）OECD《奥斯陆手册》的创新测量模型

20 世纪 80 年代，关于创新的机制，在理论与实证上都获得相当程度的突破，从而，很多 OECD 会员国据此制定出促进创新的政策。但是，有关评价创新政策绩效的数据和资料却很零碎或局限很大，因为没有一套通用的横跨国度的数据收集与评价方法，无法测度企业的创新和创新活动。

《奥斯陆手册》（*Oslo Manual*）便应运而生。该手册的目的是针对技术创新的资料收集提供一套准则。第一版手册撰写时间为 20 世纪 90 年代初期。手册于 1992 年出版后不久，就被多数 OECD 会员国采用，作为测度创新的参考手册。

此后，根据研究和实践，OECD 先后于 1997 年发布第二版，2005 年发布第三版。

第三版首先扩展了创新的内涵，不再局限于技术创新，如将前面一个版本名称《技术创新的数据采集和解释指南》中去掉“技术”二字，更改为《创新的数据采集和解释指南》。其次，在创新的分类上，也将此前版本的侧重于技术的产品创新和流程创新两类，增加到产品创新、流程创新、营销创新和组织创新四类。再次，鉴于创新的非线性特征，此版本增加了与创新关联的内容，并提出三种关联类型：开放信息源、通过交易获取知识和技术、合作创新。最后，将创新测量的对象扩展至创新投入和输入、创新联系和扩散、创新效果、创新激励与障碍、市场需求、其他（人力资源和法规）等几个方面。测量模型如图 1 所示。

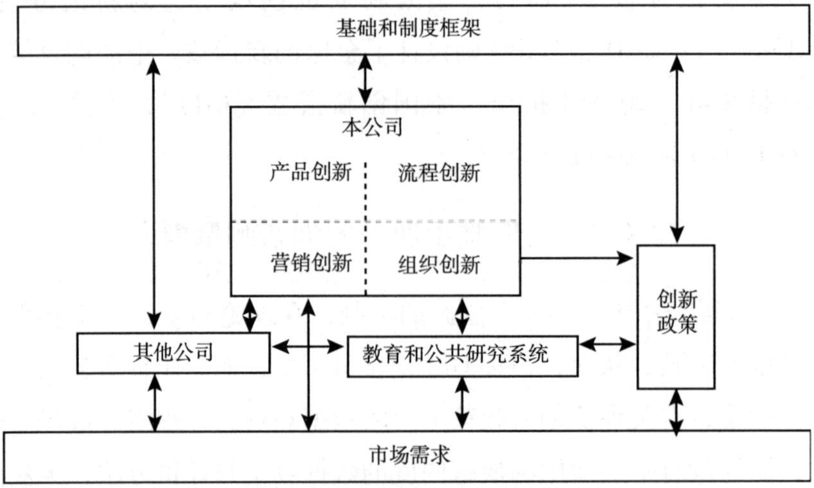

图 1　第三版《奥斯陆手册》的创新评价框架

（二）欧盟创新记分板（EIS）

欧盟创新记分板（European Innovation Scoreboard，EIS）始于欧盟里斯本会议（Lisbon European Council）。会议指出，以创新为导向的政策，目的是在响应全球化与知识经济时代的挑战，并提升欧盟各会员国的研发绩效与创新能力。欧盟将创新视为应用并扩散科技的过程，通过创造新的产品或服务，进一步实现提升国家竞争力的目标（Sajeva，Gatelli，Tarantola and Hollanders，2005）。

自2001年开始，EIS被欧盟用于衡量和比较会员国的创新能力，并将分析结果与发达国家作比较，在此基础上制订改进和提升国家创新能力的路径，并在下一年发布的评估报告中检验改进方案的成效（Sajeva，Gatelli，Tarantola and Hollanders，2005）。

2005年，欧盟与联合研究中心（Joint Research Centre）提出了新的EIS指标体系。这套体系将欧盟创新指标分为创新驱动、企业创新、知识产权、知识创造、技术应用5类，涵盖科学与工程类毕业生占20~29岁人口比重、宽带普及率、企业R&D支出占GDP比重等26个指标。

2010年，EIS更新的评价指标体系，共计29个指标，可分为“创新驱动”、“企业活动”、“创新产出”三大领域（一级指标）。该指标体系在设计思想上突出了创新过程的系统性并强调了企业的创新主体地位，在内容上既包括创新活动的投入和中间产出情况，又包括创新对经济的影响等。

（三）澳大利亚创新记分板（AISC）

澳大利亚2000年召开了以“变革的机会”（The chance to change）为主题的国家创新高峰会。会议建议成立世界级的研究机构，致力于国家创新与科学技术能力的推进与提升。

2001年，澳大利亚正式提出“提升澳洲创新能力”（Backing Australia's Ability）报告。报告中关于创新的评价，涵盖了国家整体创新体系，其中创新记分牌（AISC）的目的在于衡量澳洲国家整体创新能力，并与OECD各国以及其他发达国家（如欧盟、加拿大、新西兰、美国等）进行比较，据此了解澳洲的创新能力程度与不足（Commonwealth of Australia，2002）。

AISC选取了15个最基本、可持续进行衡量，并能与其他国家进行长期比较的指标（Commonwealth of Australia，2002）。澳大利亚首先计算出该国与其他各国的各项创新指标值，并与 OECD 中指标值最佳的国家，以及指标平均值进行比较。

AISC 共分为 6 个方面 15 项指标，包括：①知识创造（Knowledge Creation），指创造新观点与新科技的能力；②人力资源（Human Resources），指将前述新观点与新科技转化为经济产出的劳动力；③金融（Finance），指将前述新观点与新科技产业化的资金池（Pool of Funds）；④知识扩散（Knowledge Diffusion），指将新观点与新科技扩散到整个经济体系的能力；⑤国际化产学合作（International Collaboration），指与国家创新系统的连接性；⑥市场产出（Market Outcomes），指在创新上的经济报酬。

（四）INSEAD 与 WIPO 的全球创新指数

2012 年 7 月 3 日，欧洲工商管理学院（INSEAD）和世界知识产权组织（WIPO）联合发布了《2012 年全球创新指数（GII）：增强创新联动，促进全球增长》报告。该报告基于创新能力和成果对 141 个国家、地区进行排名。

此次是世界知识产权组织第 5 年发布全球创新指数报告。“全球创新指数”指标体系由 5 个创新投入次级指数和 2 个创新产出次级指数构成。这两大类次级指数的平均值构成全球创新指数，两者间的比率则构成创新效率指数。其中，5 个创新投入次级指数为：①制度环境：包括政治环境、管理环境和商业环境等；②人力资本和研发：包括教育和研发等；③基础设施条件：包括信息/通信技术、能源和一般性基础设备等；④市场化程度：包括信贷、投资和贸易竞争等；⑤企业成熟度：包括知识型工人、创新链和知识吸收等。2 个创新产出次级指数为：①知识和技术的输出：包括知识创新、知识影响和知识扩散等；②创新的输出：包括无形资产创造力、创新产品和服务以及在线创新。

（五）中国国家统计局社科文司“中国创新指数”（CII）

2013 年 4 月，国家统计局社科文司发布了《中国创新指数（CII）研究》课题组成果。该课题组研究设计了评价中国创新能力的指标体系和指数编制方法，并对 2005～2011 年中国创新指数（China Innovation Index，CII）及 4 个分指数（创新环境指数、创新投入指数、创新产出指数、创新成效指数）进行了初步测算。该课题组设计的中国创新指标体系，详见表 1。

表 1　中国国家统计局社科文司 CII 指标体系

	指标名称	计量单位	权数
创新环境（1/4）	1.1 经济活动人口中大专及以上学历人数	人/万人	1/5
	1.2 人均 GDP	元	1/5
	1.3 信息化指数	%	1/5
	1.4 科技拨款占财政拨款的比重	%	1/5
	1.5 享受加计扣除减免税企业所占比重	%	1/5
创新投入（1/4）	2.1 每万人 R&D 人员全时当量	人年	1/6
	2.2 R&D 经费占 GDP 比重	%	1/6
	2.3 基础研究人员人均经费	万元	1/6
	2.4 R&D 经费占主营业务收入的比重	%	1/6
	2.5 有研发机构的企业所占比重	%	1/6
	2.6 开展产学研合作的企业所占比重	%	1/6
创新产出（1/4）	3.1 每万人科技论文数	篇	1/5
	3.2 每万名 R&D 人员专利授权数	件	1/5
	3.3 发明专利授权数占专利授权数的比重	%	1/5
	3.4 每百家企业商标拥有量	件	1/5
	3.5 每万名科技活动人员技术市场成交额	亿元	1/5
创新成效（1/4）	4.1 新产品销售收入占主营业务收入的比重	%	1/5
	4.2 高技术产品出口额占货物出口额的比重	%	1/5
	4.3 单位 GDP 能耗	吨标准煤/万元	1/5
	4.4 劳动生产率	万元/人	1/5
	4.5 科技进步贡献率	%	1/5

三 城市创新能力的理论框架

从层级上看，创新可分为4个层级：个体、组织（企业等单位）、区域和国家。城市是区域概念但又有显著特征。将城市创新能力纳入科学研究的范畴，就需要构建波普（Popper）和库恩（Khun）所谓的研究范式，需要构建命题的核心与理论支撑。

（一）研究城市创新能力的重大意义

当今世界，创新已经成为经济与社会发展的核心驱动力。党的十八大报告强调，要实施创新驱动发展战略，将科技创新摆在国家发展全局的核心位置；要坚持走中国特色自主创新道路，以全球视野谋划和推动创新；要深化科技体制改革，加快建设国家创新体系，把全社会智慧和力量凝聚到创新发展上来。中共十八届三中全会进一步强调了“国家创新体系”的建设。

城市是建设国家创新体系的主战场。城市集中了人类文明进步的精髓，城市化实际上是人类生产方式和生活方式由乡村型向都市型转变的历程。创新发展，是现代城市的基本功能之一。一方面，科技、技术和文化的创新发展，推动着城市化的快速发展，促进城市功能和结构的变化，促使其中心地位和辐射功能的成长；另一方面，随着城市经济、文化等各方面功能的提升，人才、资金和技术等创新资源加速向城市集聚，为创新成果的扩散创造广阔市场，并加速科学、技术和创新发展。以OECD国家为例，大都市区域已经成为各国经济表现的绝对主体。伦敦、斯德哥尔摩和东京等核心城市的GDP，分别占英国、瑞典和日本GDP的31.6%、31.5%和30.4%，其专利申请量也超过全国的80%（OECD，2006）。因此，在建设国家创新体系过程中，城市创新具有不可替代的作用。

（二）创新与创新能力

当今学术界对于“创新”的理解，一是认为创新是多维度的，不仅包括技术创新，还包括组织、体制与机制等各方面的创新，涵盖研究、市场、生产、服务等各个环节；二是从非线性的角度解读创新，认为各个因素之间是互动关系。当然，这是更加广义的理解，有助于我们深刻认识“创新”的各种特性，拓展创新研究。

但是，从更直接的“效率”角度看，“创新”的界定仍应回到熊彼特1912年《经济发展理论》中的定义，创新是指经济上引入某种“新”的东西，不等同于技术上的发明，只有当新的技术发明被应用于经济活动时，才能成为“创新”。而在现实中，我们往往发现，不少学术论文和发明创造，被“创新”出来之后就被束之高阁，并无实际意义。

关于创新能力，中国城市发展研究会既往发布的《中国城市创新报告》将其界定为“在创新过程中，在充分利用现代化信息与通信技术的基础上，不断地将知识、技术、信息等要素纳入社会生产过程中所具有的一种能力”。与其他相关定义相比，此定义强调了创新的能力；一些评测创新能力的指标体系将创新产出纳入其中，显然将定义扩大化，将创新能力与创新混为一谈，因为创新能力不等于创新本身。结合相关最新文献，我们将创新能力的定义更新为：进行创新所具备的主客观条件，或者说在创新过程中，所具备的创新环境与创新基础条件，以及将创新成果转化为生产力的能力。

创新能力可划分为个体、企业、区域和国家创新能力4个层次。对不同层次、不同研究对象创新能力的定义，可以从创新能力的基本定义出发，依据不同层次、不同对象的不同特点做出相应的界定和说明。其中，城市创新能力与区域创新能力中观概念，在不同经济体中的意义不同。在发达市场经济国家中，经由自由竞争而聚集的创新群落（如“硅谷”）等，是极为重要的区域创新系统；但是，对于发展中国家而言，当政府在经济中的地位较强时，基于行政的地理范围（即城市）较之一般意义上的区域，更容易成为创新发源地和集散地。

正如李斯特所说的，创造财富的能力远比财富本身重要。对于一个城市、企业或国家而言，创新能力远比创新行为本身重要。创新，是一种创造性破坏，具有不确定性，有可能成功，也有可能失败。创新能力是体现与实现创新行为的基础，它不是创新的充分条件，却是创新的必要条件。

（三）城市创新能力的理论模式

城市为何成为创新的区域系统？一是城市能够减少交易成本。城市区域的基础背景对于创新系统的影响来自制度、文化及价值背景与邻近性。制度的影响是因为区域可以使得区域范围内的创新系统各部分相互作用时，减少摩擦与冲突；文化的影响使得潜在的知识更容易交流；邻近性的影响在于减少交流时的限制，这包括空间上的邻近性与技术上的邻近性（Kirat and Lung，1999）：空间上的邻近性是指行动者之间互动的实体物理空间，但并非邻近性的充要条件。技术上的邻近性则是在地理空间的基础上透过各种生产关系所形成的相互依赖性，这点促使各行动者间存在互动的基础，产生实际的邻近性。

二是分工的效应。城市本身是一个分工系统，被区分为各种功能区域：金融区域、商贸区域、居住区域、工业园区、文化区域等。基于地理位置的临近性，创新主体可以减少生产资源和产品的运输成本，可以减少创新知识和配套材料获得成本，等等，从而可以经由专业化的创新投入，以更少的成本获得更多的创新产出。

城市创新能力命题的核心与理论支撑，应当建立在：①将科技视为经济社会发展的核心因素；②基于科技外溢效应与城市的创新资源聚集效应，城市已经成为创新的地缘上的发源地和集散地。至于科技的作用，已经成为各界的共识；关于后者，统计及描述分析的多，理论模式构建的少。

从本质上讲，城市是一种区域创新系统。作为一个系统，创新是建立在一定创新基础条件和创新支撑能力之上的，并由创新主体的研发、市场等各种因素的交互作用，推动技术创新。这其中，品牌是既往研究中经常被忽略的一个重要因子。正如我们既往的研究所揭示的，“品牌是新技术产业化的永久体现。一个企业、一个城市只有拥有了自己的品牌，才能在日益激烈的市场竞争中占有一席之地，才能提高其自身的竞争力，才能为推进科技创新和新技术产业化占据相应的市场空间。”（见《2011 年：中国城市创新报告》）由此，我们提出城市创新能力的“钻石模型”（见图 2）。

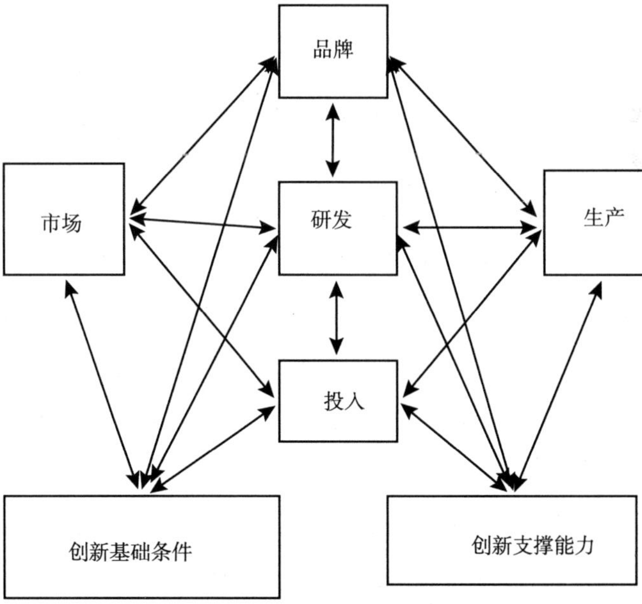

图 2　城市创新能力的“钻石模型”

（四）城市创新能力的内容及功能

科学评价城市创新能力，应首先正确认识城市创新活动，这包括以下几个基本构成要素：一是创新活动的行为主体；二是行为主体之间的联系和运行机制；三是创新环境。

1. 城市创新能力的主体

城市创新能力，依赖于执行的主体。这些主体，包括企业、科研机构、教育与培训机构、中介机构、政府部门、金融部门等。上述主体，各具不同的创新功能和创新优势，共同构成并驱动着城市创新的发展。

（1）企业。在城市创新活动中，企业是研发的主要力量，是创新的重要行为主体。无论是熊彼特的创新理论，还是罗默的新增长理论，均将企业的创新视为推动经济增长的杠杆性力量。企业的创新，是一个维度颇广的概念，不仅包括技术创新、管理创新，也包括组织创新、制度创新和文化创新等，还包括知识创新。由于企业以利润或价值最大化为目标，决定了它们必然以市场为导向，根据市场需求，从事应用技术和新产品的研发和生产。

（2）科研机构。它主要是指拥有有一定水平和数量的科研人员，依据一定的研究基本条件，有组织地从事研究与开发活动的专门机构。目前，中国科研机构在城市创新活动中的作用，主要是开发新的具有较强共用性质的知识和技术资源，为企业创新提供知识供给。因此，各类科研机构的活动，大多属于基础性、前沿性、战略性的，涉及国计民生，且具有大投入、高风险等特征。

（3）教育与培训机构。它主要包括五类：高等院校、大中专职业教育系统、初中等教育系统、继续教育系统和职业培训系统。各种类型的教育与培训机构，在城市创新活动中的作用和功能是不同的。高等院校，既培养人才，也进行知识创新和部分技术创新。

初中等教育系统，主要是为高等院校和大中专职业教育系统培养和输送人才。大中专职业教育系统、继续教育系统和职业培训系统，主要作用是传播技能型知识和培养技能型人才。

（4）中介机构。它在创新中提供桥梁作用，是为知识和技术的供方和需方提供牵线搭桥的机构。其功能主要包括向供、需双方提供有关创新的信息、技术和知识的交易场所、中介服务、资金和保险等。在城市创新活动中，作为连接其他行为主体的“桥梁”，中介机构主要起到促进知识和技术转移或扩散的作用，是不可或缺的创新组成部分。中介机构包括提供各类中介服务活动的专门机构（如公证性中介机构、代理性中介机构、信息技术服务性中介机构），也包括从事一定中介服务的高校、企业、科研机构、社团及政府部门。中介服务活动的范围广阔，且具备多样性，而且随着城市创新活动中知识和技术供求双方的要求而发展变化。

（5）政府部门。在城市创新活动中，市场起着“决定性作用”，政府的作用则主要是负责法规和政策的制定与实施，为创新工作创造一个良好的外部环境。所谓创新政策，是指能对创新活动产生影响的法律、法规和规章等，包括城市的科技政策、产业政策、财政政策、货币政策、税收政策、教育政策等。政府的具体工作包括政策和法规的制定、宏观经济周期的平滑、知识产权的保护、引导创新主体的行为等。

（6）金融部门。它对于城市创新能力的影响主要在于两个方面：一是知识流的表现方式也可以用资金流的方式表现，特别是在研发投资和购买知识产品与设备的投资方面；二是延伸影响，如金融部门对于创新产业的资金偏好，以及金融部门本身是否有足够的能力来应对创新产业所面临的高度风险。

（7）产业结构与组织。它是观察城市经济活动的重要拓扑，由于产业结构体现了产业的类型与组成，可以进一步了解其在创新方面的特征与可能的网络形态。另外，产业组织是产业群落的集中体现，从产业群落的发展可以观察企业之间的交互关系，这也是创新中重要的一环。

2. 创新主体间的互动

要提高城市的创新能力，首先要提高各个创新行为主体的创新效率，其次要促进各个创新行为主体之间的互动与合作，最后要将各种创新要素整合起来，形成一个充满活力的开放式创新系统。创新要素和创新资源，只有在各个创新的行为主体间高效流动，才有助于降低创新成本、提高创新效率，并减少创新风险，从而提高城市创新的整体效率。因此，各个创新行为主体之间的有效互动，是与城市创新活动效率密切相关的重要因素。

（1）创新要素和创新资源的流动。创新要素和创新资源的流动，主要是企业、科研机构和教育及培训机构之间的互动带来的知识、技术和人才的流转。在城市创新活动中，促进知识、技术和人才在企业、科研机构和教育及培训机构高效和快速流转，是推动各个创新行为主体自身的发展，实现科研成果迅速转化为产业成果，提高城市或区域的整体竞争能力的关键因素。

创新要素和创新资源在各个创新行为主体之间的流转方法和途径，主要包括技术转让、产学研合作、设备和软件的购置、信息传播、技术协助、人才流动、技术引进以及技术入股、文献数据库、会议、演示展示会、科技园区、孵化器等。

在创新要素和创新资源的流动中，城市政府如何研究制订合适的法规和政策，已经成为城市创新体系优化的重要因素。城市政府促进创新要素和创新资源转移和流动的政策，主要包括税收、金融、仲裁等。

（2）创新行为主体之间的互动。创新行为主体之间的互动，主要是通过科技、信息、人才和资金等的流转而实现。科技和人员的流动模式，在企业、大学和科研机构等行为主体之间有显著差别。

企业之间的互动。主要包括研发合作、技术入股、渠道合作、战略合作等。企业间的创新合作，是企业获得竞争优势、得以持续发展的重要基础。在实践中，具备长久竞争优势的企业，极少“独立”进行创新活动，而是采取开放式的思路，通过合作研究等开展创新活动，获得持久的竞争力。

企业与科研机构之间的互动。主要通过合作建立研发机构、科研人员的流动与合作、委托研究、科研机构与企业合建实验室、技术转让等形式，推进科技和人才的流动，促进研究成果的创新与转化和产业的发展。

企业与大学之间的互动。大学主要是为包括企业在内的各类组织培育人才，促进知识和技术的流动；大学与企业之间，也通过委托研究、合作研究、管理和经营人员的培训等方式，开展合作；企业也通过设置奖学金等方式，资助大学的知识创新和人才培养。

科研机构与大学之间的互动。主要包括合建实验室、联合培养研究生、联合培训高级科研和教学人员、科研和教学人员的双向流动、开展合作研究、联合举办学术活动等形式，促进科技的传播和高端人才的培养。

中介机构与其他主体之间的互动。主要为其他各种创新主体之间的供求需要，提供牵线搭桥的服务。

3. 相关基础设施建设

相关基础设施建设，是城市创新能力建设的必要条件，是各个创新主体所必需的，而且一般不可能由市场行为解决，应当由城市政府提供。

（1）城市科技基础设施。加强城市科技基础设施建设，对提高城市创新能力是必需的。城市科技基础设施，是科技的物质技术基础，主要指大型科研基础设施（实验室、实验装置等）。广义的科技基础设施，也包括公共图书馆、科学文献情报中心、科技出版、科技普及组织等。城市的科技基础设施，可以为实现科学技术创新提供科学研究系统，为突破科学和技术的瓶颈、解决关键技术问题等提供物质技术基础，在创造和传播科技与信息的过程中具有至关重要的作用。

（2）城市教育基础设施。在城市创新活动中，教育与培训机构是主要的行为主体之一。目前，教育的基础设施，主要由政府提供；培训机构，则由政府和非政府投资提供。目前，这方面的重要作用日益受到重视，但是，对教育基础设施的投入仍然显得不足。从发达国家的经验看，优先发展教育，加大教育基础设施的超前投入，是获得持久创新能力的关键基础。

（3）城市信息基础设施。信息革命为创新带来了巨大的活力。近年来，中国提出的“新四化”（新型工业化、信息化、城镇化、农业现代化），其中一个新的提法就是“信息化”。信息化主要是以智能化工具为代表的新型生产力。据《2006～2020 国家信息化发展战略》的界定，信息化是充分利用信息技术，开发利用信息资源，促进信息交流和知识共享，提高经济增长质量，推动经济社会发展转型的历史进程。可见，加强信息基础设施，将决定一个城市创新活动的整体效率。

（4）城市知识基础设施。知识基础设施，是世界银行于 1998 年提出的。在知识经济时代，一旦将知识作为基础设施来看待，那么，城市知识基础设施将是一个包含大学、科研机构、企业等组织和广大城镇就业人员在内的紧密联系的网络，通过各个主体之间的协同和互动，知识得以生产、传播与应用，生产力得以快速发展。

城市知识基础设施，主要由四部分组成：①载体：主要指高素质、高技能的人。在城市知识基础设施的网络中，每个人都能够经由“干中学”、“终身学习”等途径，不断提高知识素养、提升创新思维。②主体：包括大学、科研机构、企业和中介服务等。③渠道：主要是知识网络，如专业学会、民间社团组织等知识网络，可以促进知识和信息的流转。④手段：主要以电视、广播、通信等电信基础设施为手段，加快知识生产、传播和应用。

（5）科技工业园区。20世纪中期以来，各类经济和科技结合的园区出现在世界各国。如法国的经济园区建设始于20世纪60年代，目前主要包括四类：产业经济园区、高新科研园区、企业孵化园区、物流仓储园区。中国的园区建设，开始于20世纪80年代初。从中国目前的情况看，园区类型包括经济技术开发区、高新技术产业开发区、保税区、出口加工区、边境经济合作区等。

其中的科技工业园区，主要是高新技术产业开发区，成立的出发点是为发展高新技术而设置。一般依托大学和科研机构，依靠科技和经济实力，以地方政府的产业政策、土地、融资和税收等方面的优惠政策为条件，以高新技术企业为主体，成为科技孵化与产业转化及经济快速发展的主阵地。

在城市的创新体系中，科技工业园区为高等院校、科研机构和企业以及中介组织等方面的合作，创造了一个区域性的软硬发展环境，提高了创新的效率。

四　中国城市创新能力评价指标体系构建

根据前文构建的城市创新能力的“钻石模式”和数据的可得性，我们将城市创新能力分解为“创新基础条件与支撑能力”、“技术产业化能力”和“品牌创新能力”三个一级指标和若干个二级指标，由此构建一套评价指标体系。

（一）城市创新能力的分解

现有关于城市创新能力的评价指标体系，多集中在技术（评价城市的技术创新能力）或结果（比较城市创新的产出或绩效）上。我们认为，城市创新能力应当包括城市所有创新要素和行为主体的总体创新能力，特别是城市创新体系的协调与整合能力。那么，一方面，创新本身并不局限于技术创新，还包括组织创新、体制创新等，因此不能将创新能力局限于技术创新能力上，还要将新知识、新技术转化为生产力的能力因素涵盖进来，否则，单边的技术创新不一定能够有效转化为生产力；另一方面，城市创新的产出实际上是结果性的指标，与创新能力有联系但不等于创新能力：创新能力强的城市，创新结果或绩效可能相应较强，也可能不强，因为创新具有不确定性。这好比说，一个人的工作能力很强，但他的工作成绩并不必然一直突出。此外，品牌也是城市创新能力的重要组成部分，是竞争能力的体现。那么，城市创新能力可分解为三个方面，即创新基础条件与支撑能力、技术产业化能力、品牌创新能力（见图3）。

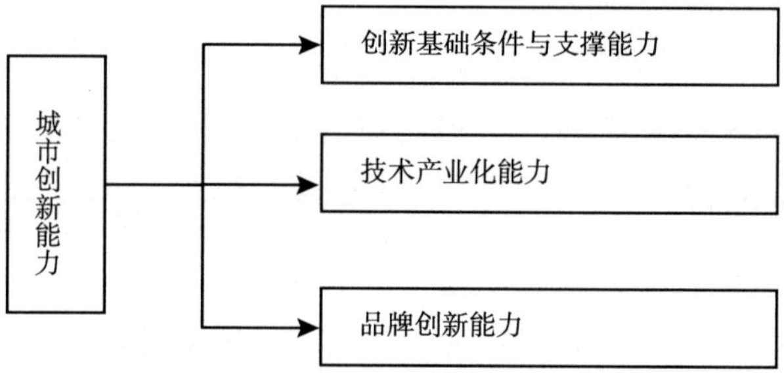

图3　城市创新能力的分解

从三个一级指标来看，“创新基础条件与支撑能力”是城市创新能力的基础驱动力，也是“技术产业化能力”和“品牌创新能力”的基础。在信息化和知识经济时代，科技已成为现代经济发展中最最主要的推动力，正如邓小平指出的：“科学技术是第一生产力”。因此，缺乏科技创新的基础条件和支撑，城市创新便无从谈起。

“技术产业化能力”，考察的是科学技术向生产力转化的能力。

只有实现产业化，科技才能更好地发挥其对经济社会进步的推动作用，为改善民生福祉做贡献。从根本上讲，科技是一种心智上的“软件”，若要发挥作用，必须将其投入到生产和生活的实践领域之中，特别是同人们的生产活动相结合，扩散到生产力的各基本要素之中，形成综合的能力，提高劳动生产率，促进生产力飞跃发展，推动经济和社会的进步。

“品牌创新能力”与“新技术产业化能力”一样，是城市的核心竞争能力，也是“新技术产业化能力”的体现方式。对于一个城市而言，拥有品牌优势，便拥有了在市场竞争中占据一席之地的先机和优势，便具备了其他城市所不具备的竞争力，这将为城市吸引外来投资、企业、科技、人才等提供“软环境”，并为推进科技创新和新技术产业化占据相应的市场空间。

（二）城市创新能力评价指标体系

1. 指标选择的基本原则

我们的指标体系是在对创新理论和国内外主要创新指标体系进行深入研究的基础上提出来的，可以概括为“科学性、可操作性、开放性”三个原则。

（1）科学性。这是指创新能力评价指标体系要符合创新有关理论，反映中国各区域创新能力的真实状况。要科学地选取评价指标，采用科学合理的评价方法，缩小误差，使评价结果客观。

（2）可操作性。它是保障指标数据的获取以及获取指标数据成本能够有效控制的重要条件。为了便于监测，指标体系所依赖的数据支撑必须具有一定的可行性，即实际操作的可能性和便利性。这就需要在框架指标设置上，不仅要避免那些定义复杂、计算繁复的指标，更要避免那些在理论上可行而实践中难以获取或取得代价过大的指标。如统计到县级的研发（R&D）等直接指标是尚未开展的工作，使我们的数据可得性受到限制，估计这类指标的统计很长时间内也不会取得，因为县级一般不做研发（R&D）等指标的统计，而实际上也是存在的，比如将专利成果分到县级，有的县几乎是零；但是县级确实存在对发明创造的应用。因此，这些指标只好舍弃。

（3）开放性。由于中国尚未建立常规的创新数据收集与统计制度，一些能够较好地反映创新能力的指标，其数据很多不可得。考虑到城市创新能力新的发展趋势，新兴城市具有新的经济引力和环境支撑能力，比如沿海沿江城市的海运和水运能力，处于交通大动脉节点上的城市，拥有空港的城市，都能提供快捷、大量、方便的客货运服务，这无疑会给城市带来新的生机和新的经济发展模式。随着创新统计制度的建立，我们将对指标体系进行补充和完善。

2. 指标框架及说明

中国城市创新能力评价指标体系，分为两个层次：第一个层次反映城市总体创新能力情况，通过计算综合指数得来；第二个层次反映构成城市创新能力各方面的具体情况，通过“创新基础条件与支撑能力”、“技术产业化能力”和“品牌创新能力”三个一级指标来反映。每个一级指标下又分为若干二级和三级指标，具体见表2。

表2 城市创新能力的分析与评价方法指标体系

一级指标	二级指标	三级指标
创新基础条件与支撑能力(40%)	政策条件(25%)	1. 教育支出占GDP比重(50%)
		2. 科学支出占GDP比重(50%)
	人才保障(25%)	3. 科学技术人员占从业人员比重(50%)
		4. 信息技术人员占从业人员比重(50%)
	信息化水平(25%)	5. 每万人国际互联网用户数(50%)
		6. 每万人移动电话用户数(50%)
	可持续能力(25%)	7. 空气质量达标天数(33.4%)
		8. 建成区绿化覆盖率(33.3%)
		9. 污水集中处理率(33.3%)

续表

一级指标	二级指标	三级指标
技术产业化能力(35%)	产业条件(50%)	10. 每千人工业企业数(25%)
		11. 每万人吸引外商投资额(25%)
		12. 人均地区生产总值(25%)
		13. 沪深 A 股数量及市值(25%)
	结构优化(50%)	14. 电信业务收入(33.4%)
		15. 第三产业占 GDP 的比重(33.3%)
		16. 人均工业总产值(33.3%)
品牌创新能力(25%)	品牌水平(50%)	17. 城市综合知名度(50%)
		18. 驰名商标数量及知名度(50%)
	品牌支撑(50%)	19. A 级景区数量及知名度(25%)
		20. 非物质文化遗产数量及知名度(25%)
		21. 全国历史文化名村镇数量及知名度(25%)
		22. 全国重点文物保护单位数量及知名度(25%)

现将指标简要说明如下。

(1) 创新基础条件与支撑能力：这个指标是驱动城市创新能力发展所必备的基础和支撑能力的重要参数，包括政策条件、人才保障、信息化水平、可持续能力 4 个二级指标。根据现有统计制度规定的调查参量和数据可得性，我们选取了 9 项三级指标（与上一年度相比，2013 年新增了反映信息化程度及全民科学素质等方面的指标）。下面逐项说明。

①教育支出占 GDP 比重。这个指标反映以教育为基础，百年树人，以人为本、以知识为本的政策在财政上的体现，反映了人的培养和教育、知识后继的情况的一个基础支撑指标。

②科学支出占 GDP 比重。这个指标直接反映了财政用于科学支出占国民收入的支出比例，直接反映财政支持科技事业的程度，

是支撑类指标最直接反映某一城市对科技支持力度的相对指标。

③科学技术人员占从业人员比重。科学研究、技术服务和地质勘查业人员就是科学技术人员，其比重表征了城市科学技术人员逐年增长的程度，表征了劳动者的知识水平，知识水平是创新的决定性要素，因此这个指标是一个直接衡量创新能力的指标。

④信息技术人员占从业人员比重。信息技术人员主要为信息传输、计算机服务及软件业等的从业人员占比情况，是反映创新能力的重要指标之一。

⑤每万人国际互联网用户数。这是反映信息化水平的指标。能否最大限度实现互联网的应用范围，是表征城市科技是否进步的重要参数之一，互联网传播知识迅速便捷对于空间环境起到了重要的支撑作用。

⑥每万人移动电话用户数。这是反映信息化水平的指标。

⑦空气质量达标天数。该指标是指区域全年空气质量良好以上天数，反映的是城市可持续发展能力，是支撑类重要指标之一。

⑧建成区绿化覆盖率。该数值直接反映现代城市的绿化生态环境，是对于气候调节、宜居状况的反映，是留住高级科技人才的条件之一，所以选为支撑参数之一。

⑨污水集中处理率。该指标是指在一定时期内（通常为一年），城镇生活污水处理量与城市生活污水产生量的比率。它反映了城市可持续发展能力。

（2）技术产业化能力：技术产业化能力是主要直接指标，分为产业条件和结构优化 2 个二级指标，共有 7 项三级指标，该类指标直接反映创新能力、规模等。

⑩每千人工业企业数。这是考察企业多样性的一个指标，多样性反映了城市发展的全面性、多样性和灵动性，会带来更多的创新点，为城市创新发展提供更多的平台。

⑪每万人吸引外商投资额。这是对吸引外资能力的一个考评，说明在综合条件下，招商引资的能力和水平。外资现阶段不但带来资金、就业等直接利益，还能带来技术和管理优势，因此是直接指标之一。

⑫人均地区生产总值。这个指标反映的是现有年份当年的经济增长总量的人均值。经济发展是实现城市创新的第一基础，只有有一定的经济基础，才能支撑创新的投入和支出。此指标也是反映城市创新绩效的指标之一。

⑬沪深 A 股数量及市值。这是反映城市技术产业化条件和能力的一个重要指标，表明了城市技术创新的结果。

⑭电信业务收入。该指标反映现代电子信息技术应用于创新方面的程度，是反映创新的现代特征的成分。

⑮第三产业占 GDP 的比重。这个参数反映了经济结构调整的状态和情况，是对人均 GDP 的补充和修订。随着经济的发展，国家经济结构向现代化发展的标志之一是第三产业的扩大，第三产业扩大反映了国民经济结构的良性和协调性发展，服务向社会化倾斜，有利于城市创新的开展，所以是城市创新的重要支撑因素之一，是直接指标。

⑯人均工业总产值。该指标的高低是直接反映创新能力的指标。现代企业竞争的核心力就是创新程度和能力，工业总产值可以直接反映综合创新能力。

（3）品牌创新能力：这是直接反映城市持久创新的指标群，包括品牌水平与品牌支撑 2 个二级指标，共有 6 项三级指标，是以直接调查法取得数据，反映了一个城市历史和现在的继承和发展，也反映了它们持久创新的能力和基础。

⑰城市综合知名度。这是指标评价一个城市知名度和综合知名度的指标，它对城市创新能力的影响是人文的、历史的，也是

现实的。

⑱驰名商标数量及知名度。该指标是城市创新基本细胞——企业、商铺等，在继承和发展过程中创造的品牌效应，有的甚至申请了专利保护，是和专利拥有同等知识产权法律地位的无形资产，记载和宣示了其质量、信誉等价值，是创新成果的结晶。因此被列为重要评价指标之一。

⑲A 级景区数量及知名度。这是城市吸引居民的一个重要指标，间接作用于城市创新环境。

⑳非物质文化遗产数量及知名度。这是现代城市知名度的集中表现指标之一。它是以人为本的活态文化遗产，它强调的是以人为核心的技艺、经验、精神，其特点是活态流变。

㉑全国历史文化名村镇数量及知名度。该指标反映了中国历史物质文化遗产的情况，对城市创新和文化传承是重要的支撑指标之一。

㉒全国重点文物保护单位数量及知名度。该指标是城市重要的文化资产，对于外资、人文、宜居的影响是综合的，保护与继承、继承与发展都是重要的基础，也是创新的重要基础指标之一。

五　指标的编制方法

（一）确定权重

各个指标的权重是根据指标在评价体系中的重要性、其数量反映所评价问题的表征程度来确定的；但即使这样，也会不同的人有不同的评价。为科学起见，我们选择采用主成分赋权法与德尔菲法结合的方法给出。

主要步骤如下：

第一步，给定初始的样本矩阵，对矩阵中的原始指标数据进行标准化处理；

第二步，利用专家打分法，根据专家的经验判断，对指标变量在实际评估中的重要程度进行打分，分别赋予权数，并根据确定的权数对标准化的样本矩阵进行处理，得到一个新的数据表；

第三步，对新形成矩阵中的指标数据进行主成分分析，最终确定各指标的权重。

（二）标准化处理

本研究所使用的数据主要来源于《中国城市统计年鉴》以及样本城市的统计年鉴等资料。由于城市技术创新能力评价体系中各项指标数据的量纲不同，需对原始数据进行无量纲化处理。

根据指标的特性采取不同的标准化方法。（1）指标数值为百分数的，如果指标的最大值（或目标值）可以达到100%，则使用观测原值作为标准化值。

（2）具有量度单位的指标（如指标数值的单位为“个”、“平方公里”等），如果指标是“正向指标”（即越大越好），标准化值 = 观测原值/观测值的最大值。计算方法见公式（1）。

$$Z_i = \frac{X_i - X_{\min}^i}{X_{\max}^i - X_{\min}^i} \text{或} Z_i = \frac{Ln(X_i) - Ln(X_{\min}^i)}{\ln(X_{\max}^i) - Ln(X_{\min}^i)} \tag{1}$$

（3）具有量度单位的指标，如果指标是“逆向指标”（即越小越好），标准化值 = 观测值最小值/观测原值。计算方法见公式（2）。

$$Z_i = \frac{X_{\max}^i - X_i}{X_{\max}^i - X_{\min}^i} \text{或} Z_i = \frac{Ln(X_{\max}^i) - Ln(X_i)}{Ln(X_{\max}^i) - Ln(X_{\min}^i)} \tag{2}$$

那么，所有指标经过标准化处理以后，其指标值均分布在 0 ~ 1，1 代表最高水平。

（三）指数的合成计算

对经过标准化处理的各项指标进行加总，即得出整个评价体系的综合得分。

1. 分类指数的合成方法

本体系由创新基础条件与支撑能力、技术产业化能力、品牌创新能力三个分类组成。将某一类的所有指标无量纲化后的数值与其权重按公式（3）计算就得到分类指数。

$$I_i = \frac{\sum Z_j W_j}{\sum W_j} \tag{3}$$

2. 综合指数合成方法

将城市创新能力评价指标体系中的所有三级指标无量纲化后的数值与其权重按公式（4）计算就得到综合指数。

$$I = \frac{\sum_{i=1}^{N} Z_i W_i}{\sum_{i=1}^{N} W_i} \tag{4}$$

（执笔人：刘正山、朱俊成）

参考文献

彼得·杜拉克：《创新与企业家精神》，海南出版社，2000。

陈至立：《加强自主创新促进可持续发展》，《中国软科学》2005 年第 9 期。

戴维·莫利、理查德·纳尔逊：《牛津创新手册》，知识产权出版社，2009。

郭亚军：《综合评价理论与方法》，科学出版社，2002。

克瑞斯提诺·安东内利：《创新经济学、新技术与结构变迁》，高等教育出版社，2006。

弗里曼：《技术进步与经济理论》，经济科学出版社，1992。

李继勇、张艳红等：《城市技术创新能力的评价分析》，《数学的实践与认识》2005年第6期。

杨平：《欧盟建立创新评价指标体系及其与美日的比较》，《全球科技经济瞭望》2002年第8期。

胡志坚：《国家创新系统——理论分析与国际比较》，社会科学文献出版社，2000。

吴贵生、王毅：《技术创新管理》，清华大学出版社，2009。

熊彼特：《经济发展理论》，商务印书馆，1990。

张洁、刘科伟、刘红光：《中国主要城市创新能力评价》，《科技管理研究》2007年第11期。

周天勇等：《中国城市创新报告（2013）》，社会科学文献出版社，2013。

赵黎明、冷晓明等：《城市创新系统》，天津出版社，2005。

Da Silva, M. A. P. M., "A Model of Innovation and Learning with Involuntary Spillovers and Absorptive Capacity", *Economics of Innovation and New Technology*, 2012, 21 (7).

OECD and Eurostat, *Oslo Manual* (2nd Edition). Paris: OECD Publishing, 2012.

OECD and Eurostat, *Oslo Manual* (3rd Edition). Paris: OECD Publishing, 2005.

OECD, *Competitive Cities in the Global Economy*. Paris: OECD Organisation for Economic Co-operation and Development, 2006.

Rasiah, R., "The Role of Institutions and Linkages in Learning and Innovation", *International Journal of Institutions and Economies*, 2006, 3 (2).

Rajah Rasiah, Thiruchelvam Kanagasundram and Keun Lee, *Innovation and Learning Experiences in Rapidly Developing East Asia*, London and New York: Routledge, 2012.

B.3

中国城市创新能力测评结果

一　副省级（含）以上城市创新能力测评

（一）副省级（含）以上城市创新能力综合测评

城市名称	创新能力综合得分	序次
北　京	97.8762	1
上　海	94.5043	2
深　圳	94.3179	3
广　州	87.1399	4
杭　州	85.3627	5
天　津	84.1253	6
南　京	77.8880	7
宁　波	77.1420	8
重　庆	77.0634	9
成　都	75.6811	10
青　岛	75.4354	11
厦　门	75.1182	12
武　汉	74.8534	13
沈　阳	74.7239	14
大　连	74.4618	15
西　安	73.4683	16
济　南	71.7164	17
哈尔滨	63.3893	18
长　春	61.6855	19

（二）副省级（含）以上城市创新基础条件与支撑能力测评

城市名称	基础条件与支撑能力得分	序次
北　京	98.4599	1
上　海	93.4830	2
深　圳	91.4723	3
天　津	89.9268	4
杭　州	89.7331	5
重　庆	88.8597	6
广　州	87.1133	7
大　连	84.4175	8
西　安	82.2570	9
沈　阳	79.9968	10
成　都	78.0695	11
南　京	77.0174	12
厦　门	76.6103	13
青　岛	75.9385	14
武　汉	73.9946	15
宁　波	70.1994	16
济　南	67.5959	17
哈尔滨	64.5751	18
长　春	62.9981	19

（三）副省级（含）以上城市技术产业化能力测评

城市名称	技术产业化能力得分	序次
深　圳	97.6295	1
北　京	96.0744	2
上　海	92.1287	3
广　州	84.3624	4

续表

城市名称	技术产业化能力得分	序次
天　津	78.3682	5
杭　州	77.2724	6
大　连	77.0062	7
厦　门	74.1792	8
宁　波	73.6220	9
南　京	73.0003	10
沈　阳	71.4923	11
青　岛	71.1840	12
武　汉	69.8217	13
成　都	69.0775	14
重　庆	66.7745	15
济　南	66.7059	16
西　安	64.8960	17
哈尔滨	62.8890	18
长　春	61.4200	19

（四）副省级（含）以上城市品牌创新能力测评

城市名称	品牌创新能力得分	序次
北　京	98.2960	1
上　海	96.8514	2
杭　州	95.1558	3
广　州	90.2435	4
天　津	89.5843	5
深　圳	88.3343	6
重　庆	87.6192	7
南　京	85.5016	8
宁　波	85.4060	9
成　都	84.7322	10

续表

城市名称	品牌创新能力得分	序次
武　汉	82.9275	11
西　安	82.9157	12
青　岛	81.5757	13
济　南	81.5033	14
沈　阳	77.0702	15
厦　门	75.4757	16
大　连	65.3366	17
哈尔滨	64.0819	18
长　春	62.0713	19

二　地级城市创新能力测评（前100名）

（一）地级城市创新能力综合测评（前100名）

城市名称	创新能力综合得分	序次
苏　州	98.5784	1
佛　山	97.2686	2
无　锡	96.0247	3
中　山	93.1983	4
长　沙	91.7159	5
常　州	89.4685	6
福　州	88.0013	7
绍　兴	87.3914	8
嘉　兴	84.9160	9
泉　州	84.8940	10
烟　台	84.6871	11
东　莞	84.6846	12

续表

城市名称	创新能力综合得分	序次
昆　　明	84.3858	13
郑　　州	83.8023	14
珠　　海	82.3441	15
金　　华	82.1503	16
合　　肥	81.9369	17
石 家 庄	81.9270	18
台　　州	79.8640	19
淄　　博	78.6215	20
扬　　州	77.9532	21
南　　通	77.7677	22
潍　　坊	77.0376	23
太　　原	76.4288	24
镇　　江	74.7279	25
呼和浩特	73.8806	26
保　　定	73.7953	27
东　　营	73.5014	28
温　　州	73.1803	29
南　　昌	72.8777	30
包　　头	72.8516	31
洛　　阳	72.7452	32
海　　口	72.2996	33
唐　　山	72.2098	34
惠　　州	72.1455	35
湖　　州	71.3928	36
徐　　州	71.1871	37
南　　宁	71.1353	38
威　　海	70.9278	39
贵　　阳	70.2927	40
乌鲁木齐	70.0478	41
临　　沂	69.4915	42

续表

城市名称	创新能力综合得分	序次
盐　　城	68.9748	43
黄　　山	68.6609	44
汕　　头	68.4188	45
泰　　州	68.3792	46
宜　　昌	68.3775	47
邯　　郸	68.2207	48
济　　宁	68.2140	49
鄂尔多斯	68.0587	50
芜　　湖	67.3737	51
江　　门	67.1633	52
鞍　　山	67.1050	53
大　　庆	66.9270	54
桂　　林	66.6130	55
株　　洲	66.5235	56
漳　　州	65.9778	57
吉　　林	65.8154	58
廊　　坊	65.4583	59
兰　　州	65.3644	60
舟　　山	65.2037	61
泰　　安	65.0852	62
沧　　州	65.0409	63
晋　　中	64.3597	64
湛　　江	64.1385	65
克拉玛依	64.1028	66
秦 皇 岛	63.9828	67
三　　亚	63.4881	68
营　　口	63.3322	69
银　　川	63.2936	70
运　　城	63.0601	71

续表

城市名称	创新能力综合得分	序次
盘　　锦	62.7991	72
连 云 港	62.7721	73
淮　　安	62.3714	74
丽　　水	62.3001	75
遵　　义	62.0283	76
大　　同	62.0132	77
丹　　东	61.9585	78
承　　德	61.8288	79
晋　　城	61.8236	80
滨　　州	61.6745	81
德　　州	61.6452	82
龙　　岩	61.5887	83
绵　　阳	61.5206	84
岳　　阳	61.4363	85
九　　江	61.3589	86
白　　山	61.1653	87
衢　　州	61.0939	88
三　　明	61.0306	89
安　　庆	61.0244	90
张 家 口	60.9959	91
南　　阳	60.8950	92
榆　　林	60.6979	93
枣　　庄	60.6795	94
渭　　南	60.6763	95
长　　治	60.6738	96
新　　乡	60.6585	97
上　　饶	60.6130	98
本　　溪	60.4551	99
马 鞍 山	60.3317	100

（二）地级城市创新基础条件与支撑能力测评（前100名）

城市名称	基础条件与支撑能力得分	序次
苏　　州	97.6257	1
无　　锡	95.5519	2
佛　　山	94.1484	3
长　　沙	89.2855	4
昆　　明	86.4865	5
中　　山	86.1837	6
合　　肥	85.7727	7
郑　　州	84.8835	8
石 家 庄	84.6475	9
南　　通	83.8878	10
南　　宁	83.2743	11
烟　　台	82.5369	12
福　　州	82.4825	13
大　　庆	82.1452	14
徐　　州	81.1373	15
株　　洲	81.0282	16
潍　　坊	81.0000	17
珠　　海	80.4388	18
常　　州	80.2049	19
太　　原	79.2313	20
贵　　阳	76.6092	21
呼和浩特	76.4640	22
唐　　山	76.3893	23
嘉　　兴	76.3104	24
洛　　阳	76.2477	25
金　　华	75.5072	26
绍　　兴	74.4506	27
邯　　郸	74.4438	28

续表

城市名称	基础条件与支撑能力得分	序次
盐　城	74.3695	29
台　州	74.3446	30
保　定	74.1064	31
泉　州	73.8278	32
东　营	73.7177	33
临　沂	73.6730	34
绵　阳	73.4517	35
扬　州	73.3882	36
芜　湖	72.8928	37
廊　坊	72.5325	38
白　山	72.2442	39
榆　林	71.4471	40
海　口	71.3231	41
南　昌	71.0715	42
济　宁	70.8771	43
淄　博	70.8281	44
丹　东	70.5930	45
赤　峰	69.5578	46
惠　州	69.1077	47
上　饶	68.5795	48
桂　林	68.5768	49
安　庆	68.4248	50
东　莞	68.3401	51
沧　州	67.8519	52
吉　林	67.8426	53
蚌　埠	67.8268	54
威　海	67.8032	55
九　江	67.4959	56
信　阳	66.6988	57
包　头	66.6976	58

续表

城市名称	基础条件与支撑能力得分	序次
银　川	66.6962	59
镇　江	66.6223	60
汕　头	66.5793	61
秦皇岛	66.5791	62
玉　林	66.2482	63
毕　节	66.0545	64
晋　中	65.8252	65
连云港	65.7593	66
遵　义	65.6880	67
商　丘	65.6083	68
宜　昌	65.5067	69
曲　靖	65.2335	70
湖　州	64.8268	71
邢　台	64.8253	72
宁　德	64.6830	73
张家口	64.5171	74
新　乡	64.5057	75
乌鲁木齐	64.4452	76
赣　州	64.2554	77
襄　阳	64.0951	78
宜　春	63.9764	79
南　阳	63.9233	80
长　治	63.8386	81
铁　岭	63.7939	82
广　元	63.7908	83
宿　迁	63.7625	84
漳　州	63.7457	85
周　口	63.7326	86
承　德	63.7101	87
黄　山	63.6545	88

续表

城市名称	基础条件与支撑能力得分	序次
汉　中	63.5939	89
丽　水	63.4743	90
吉　安	63.4257	91
滁　州	63.3755	92
舟　山	63.1796	93
宝　鸡	63.1496	94
淮　安	63.0677	95
新　余	62.8959	96
泰　州	62.8207	97
衢　州	62.7893	98
潮　州	62.7282	99
梅　州	62.6662	100

（三）地级城市技术产业化能力测评（前100名）

城市名称	技术产业化能力得分	序次
苏　州	99.0834	1
佛　山	98.4540	2
无　锡	97.3035	3
中　山	96.7988	4
珠　海	96.0368	5
东　莞	95.4488	6
常　州	94.5264	7
长　沙	94.1669	8
嘉　兴	92.8156	9
福　州	91.4647	10
绍　兴	90.3242	11
东　营	89.0133	12
镇　江	86.0758	13

续表

城市名称	技术产业化能力得分	序次
包　　头	85.6402	14
烟　　台	85.1114	15
淄　　博	83.2276	16
郑　　州	82.6582	17
泉　　州	81.6633	18
南　　通	81.5621	19
乌鲁木齐	80.5188	20
昆　　明	80.4836	21
海　　口	80.3863	22
合　　肥	80.2246	23
呼和浩特	80.1941	24
扬　　州	79.4665	25
鄂尔多斯	79.0739	26
威　　海	78.9638	27
太　　原	78.9336	28
克拉玛依	78.6629	29
金　　华	78.2986	30
台　　州	77.7368	31
惠　　州	77.5421	32
潍　　坊	77.4970	33
湖　　州	77.1271	34
江　　门	75.0375	35
南　　昌	74.9690	36
唐　　山	74.6893	37
温　　州	74.6802	38
盘　　锦	74.0152	39
石 家 庄	73.6558	40
泰　　州	73.2339	41
鞍　　山	73.1051	42
营　　口	72.2823	43
舟　　山	72.2594	44
湛　　江	72.1176	45
贵　　阳	71.2859	46

续表

城市名称	技术产业化能力得分	序次
铜　陵	71.0210	47
徐　州	70.9703	48
三　亚	70.3795	49
兰　州	70.2851	50
大　庆	70.2701	51
汕　头	69.6740	52
南　宁	69.0034	53
芜　湖	68.4055	54
吉　林	67.9456	55
新　余	67.8064	56
漳　州	67.1055	57
枣　庄	67.0303	58
临　沂	67.0214	59
盐　城	66.9359	60
本　溪	66.7521	61
湘　潭	66.6455	62
乌　海	66.5902	63
银　川	66.5754	64
洛　阳	66.3992	65
泰　安	66.3205	66
拉　萨	66.1183	67
秦皇岛	66.0690	68
衡　阳	65.8394	69
滨　州	65.5872	70
肇　庆	65.5739	71
德　州	65.5573	72
嘉峪关	65.2918	73
连云港	64.9955	74
淮　安	64.8882	75
马鞍山	64.7687	76
廊　坊	64.7601	77
抚　顺	64.7448	78
三　明	64.5956	79

续表

城市名称	技术产业化能力得分	序次
辽　　阳	64. 3562	80
丹　　东	64. 2382	81
龙　　岩	64. 1059	82
衢　　州	63. 9545	83
株　　洲	63. 9471	84
沧　　州	63. 2774	85
日　　照	63. 2176	86
保　　定	63. 1816	87
遵　　义	63. 1694	88
宜　　昌	63. 0500	89
通　　辽	62. 9334	90
丽　　水	62. 8979	91
锦　　州	62. 8754	92
大　　同	62. 8248	93
西　　宁	62. 6381	94
济　　宁	62. 6103	95
张 家 界	62. 3765	96
聊　　城	62. 3743	97
三 门 峡	62. 0381	98
黄　　山	61. 8611	99
通　　化	61. 4801	100

（四）地级城市品牌创新能力测评（前 100 名）

城市名称	品牌创新能力得分	序次
苏　　州	96. 8878	1
佛　　山	96. 3745	2
泉　　州	95. 1608	3
无　　锡	93. 5414	4

续表

城市名称	品牌创新能力得分	序次
中　　山	92.5845	5
绍　　兴	91.7300	6
金　　华	90.7677	7
石 家 庄	89.8060	8
长　　沙	89.7382	9
常　　州	89.0543	10
昆　　明	87.5372	11
福　　州	87.2517	12
保　　定	86.6003	13
台　　州	86.1560	14
烟　　台	85.6293	15
郑　　州	84.6134	16
东　　莞	82.6654	17
合　　肥	81.9200	18
嘉　　兴	81.4805	19
黄　　山	80.8388	20
扬　　州	79.8719	21
温　　州	79.3273	22
洛　　阳	79.0750	23
淄　　博	78.9670	24
宜　　昌	77.7347	25
桂　　林	75.8128	26
潍　　坊	75.1343	27
邯　　郸	74.7647	28
济　　宁	74.6803	29
南　　昌	73.0427	30
太　　原	73.0410	31
晋　　中	72.4735	32
运　　城	72.1261	33
临　　沂	71.4930	34
渭　　南	70.8620	35
南　　通	70.8057	36
湖　　州	70.4451	37

续表

城市名称	品牌创新能力得分	序次
泰　安	69.9647	38
汕　头	69.9371	39
盐　城	69.8387	40
晋　城	69.6027	41
惠　州	69.4628	42
承　德	69.2712	43
珠　海	68.8127	44
唐　山	68.4858	45
镇　江	68.1997	46
泰　州	68.0759	47
漳　州	68.0734	48
江　门	67.9488	49
南　宁	67.8264	50
沧　州	67.4945	51
南　阳	67.2426	52
贵　阳	67.1370	53
徐　州	67.0885	54
呼和浩特	66.7107	55
威　海	65.5046	56
海　口	65.4401	57
邢　台	65.1357	58
上　饶	65.0569	59
鞍　山	65.0566	60
兰　州	65.0199	61
岳　阳	65.0050	62
芜　湖	64.9486	63
安　庆	64.7664	64
吉　林	64.3694	65
廊　坊	64.2127	66
新　乡	63.9810	67

续表

城市名称	品牌创新能力得分	序次
张家口	63.8710	68
十　堰	63.8489	69
长　治	63.8094	70
包　头	63.7792	71
聊　城	63.7599	72
临　汾	63.5943	73
大　同	63.5241	74
九　江	63.5147	75
乌鲁木齐	63.4520	76
吕　梁	63.4091	77
拉　萨	63.3846	78
湘　潭	63.3810	79
丽　水	63.3383	80
南　平	63.1177	81
株　洲	62.8094	82
乐　山	62.7441	83
开　封	62.5807	84
秦皇岛	62.4214	85
焦　作	62.3890	86
柳　州	62.3131	87
宝　鸡	62.2710	88
宣　城	62.2566	89
荆　州	62.1311	90
西　宁	62.0996	91
鄂尔多斯	62.0358	92
衡　水	61.8783	93
安　阳	61.7249	94
咸　阳	61.6257	95
淮　安	61.5657	96
泸　州	61.5396	97
遵　义	61.0659	98
莆　田	61.0608	99
常　德	61.0322	100

三　县级城市创新能力测评（前 100 名）

城市名称	创新能力综合得分	序次
昆　山	98.4764	1
江　阴	97.3465	2
义　乌	96.8566	3
常　熟	95.6235	4
张家港	93.4903	5
晋　江	91.3688	6
诸　暨	90.6244	7
蓬　莱	86.2959	8
华　阴	82.2003	9
慈　溪	81.9589	10
太　仓	80.9738	11
石　狮	80.5483	12
即　墨	80.3074	13
龙　口	79.9524	14
宜　兴	78.9041	15
荣　成	78.5413	16
丹江口	76.8316	17
桐　乡	76.2696	18
峨眉山	73.3874	19
武夷山	71.7890	20
招　远	71.7261	21
海　门	71.3878	22
余　姚	70.8776	23
巢　湖	70.4278	24
寿　光	70.2948	25
温　岭	69.9572	26
增　城	69.7869	27
奉　化	69.7378	28

续表

城市名称	创新能力综合得分	序次
胶　州	69. 5089	29
武　安	69. 3000	30
吉　首	69. 2844	31
开　平	68. 8260	32
韩　城	68. 5993	33
文　登	68. 5308	34
石河子	68. 4197	35
海　城	68. 2970	36
伊　宁	68. 2092	37
兰　溪	68. 1322	38
曲　阜	68. 0545	39
乐　清	67. 9811	40
诸　城	67. 8682	41
汾　阳	67. 7727	42
登　封	67. 6082	43
瑞　安	67. 4112	44
海　宁	67. 3743	45
高　密	67. 3497	46
昌　吉	67. 2032	47
大　理	67. 1305	48
如　皋	66. 9562	49
邹　城	66. 8204	50
莱　州	66. 7291	51
金　坛	66. 6921	52
启　东	66. 5873	53
上　虞	66. 4915	54
永　康	66. 4705	55
永　安	66. 4486	56
集　安	66. 3222	57
高　平	66. 2634	58

续表

城市名称	创新能力综合得分	序次
南　安	66.0103	59
从　化	65.9930	60
胶　南	65.9125	61
章　丘	65.8696	62
仁　怀	65.8276	63
潜　江	65.7403	64
河　间	65.4642	65
黄　骅	65.3565	66
孝　义	65.1984	67
涿　州	64.8841	68
景　洪	64.8370	69
安　宁	64.7279	70
浏　阳	64.7006	71
肥　城	64.6383	72
宜　都	64.6247	73
福　清	64.4342	74
兖　州	64.4233	75
青　州	64.3586	76
三　河	64.0364	77
丹　阳	64.0335	78
韶　山	63.9984	79
迁　安	63.9853	80
乳　山	63.8282	81
五指山	63.6044	82
鹿　泉	63.5894	83
莱　阳	63.5191	84
宁　国	63.4398	85
兴　城	63.1577	86
莱　西	63.1473	87
东　阳	63.0676	88

续表

城市名称	创新能力综合得分	序次
邛　　崃	63.0425	89
当　　阳	62.7826	90
滕　　州	62.7804	91
敦　　化	62.7137	92
平　　度	62.6689	93
五大连池	62.6616	94
都 江 堰	62.6259	95
阿 克 苏	62.6170	96
兴　　平	62.4860	97
凭　　祥	62.4315	98
新　　民	62.3772	99
恩　　平	62.3671	100

专 题 研 究

Monographic Studies

B.4

城市信息化发展战略路径：基本理论分析框架

摘　要：

确立与城市经济社会发展特征相适宜的城市信息化发展战略及路径是城市信息化建设取得成功的关键。本文对城市信息化的发展规律和影响因素等作了创新性的理论探讨，尝试构建城市信息化成熟度模型，对城市信息化建设分阶段的特征和目标进行分解，旨在为城市信息化长远发展战略路径的选择提供基本理论分析框架。

关键词：

城市信息化　发展路径　基本理论

城市是人类信息化发展的首要目标，城市信息化是围绕城市这一特定的地域以及城市的功能定位而展开的，因此它同时兼顾了

“城市”发展和“信息化”的特征。城市信息化建设在国内外已经受到广泛重视，并日益影响着城市和区域的未来发展。确立一个城市的信息化发展战略与发展路径，均离不开该城市的发展特征及与之相适应的“信息化”的“适宜度”。合理选择与城市经济社会发展特征相适宜的城市信息化发展战略及路径，是城市信息化建设取得成功的关键所在。中国的城市发展正面临社会经济发展模式的转型以及资源、环境的瓶颈制约，对城市信息化提出了新的需求和挑战，在“十一五”时期及未来更长一段时期内，如何选择最适应城市发展定位和基础条件、能带动城市经济社会可持续发展的城市信息化发展路径，是迫切需要重视的重大课题。本文试图突破现有的对城市信息化发展道路现象图解式或经验总结式的研究定式，着重从城市社会经济发展的角度，对城市信息化的内涵、建设内容、发展规律和影响因素等进行创新性的理论探讨，尝试构建城市信息化成熟度模型，对城市信息化建设分阶段的特征和目标进行分解，旨在为城市信息化长远发展战略路径的选择提供基本理论分析框架。

一　城市信息化的内涵

城市信息化是区域信息化的核心，也是国家信息化的重要组成部分。所谓城市信息化，是指在城市的经济、政治、文化和社会生活的各个方面广泛应用现代信息技术，深入开发和充分利用城市信息资源，完善城市信息服务功能，增强城市集聚辐射功能和综合竞争力，加速实现城市现代化的过程。[①] 城市信息化的实质是信息化在人类所居住的城市的全面实现，是城市经济社会形态发生重大转

① 姜爱林：《城市信息化：城市化与信息化协调发展的有机范式》，《南方经济》2003 年第 1 期。

变的动态过程，这一过程不仅是城市经济结构和经济增长方式的转变，而且是整个社会结构的全面变革。我们可以从以下三个方面来理解城市信息化的内涵。

（1）从社会发展角度看，城市信息化是促进城市社会形态由工业社会向信息社会演变的动态发展过程。[①] 在这一过程中，通过电子计算机、通信和网络等信息化生产工具与城市劳动者的相互分工和合作，形成先进的信息生产力，并辐射和渗透到整个经济社会的各个方面。信息化深刻地改变着城市居民的劳动生产方式、生活方式、思维方式，使城市的社会经济结构从以物质和能量为重心转变为以信息和知识为重心，从而把城市的社会发展阶段从工业社会推进到信息社会。

（2）从技术和产业发展的角度看，城市信息化就是信息技术和信息产业在城市经济社会发展中的作用不断增强并占据主导地位的过程。在城市信息化进程中，一方面信息技术自身的产业化，催生了包括微电子和计算机业、软件业、互联网产业、移动通信业、数字内容产业等新兴信息产业的发展壮大，取代传统制造业成为国民经济的主导产业，促进城市经济快速增长；另一方面信息技术的广泛渗透推动了传统产业部门的升级改造，从而提高整个城市经济运行系统的生产和管理效率，加速社会各领域的全方位变革。[②]

（3）从资源利用的角度看，城市信息化就是城市信息资源得以充分开发和利用，并取代物质、能源成为社会发展最重要的战略资源的过程。传统的工业革命以物质和能量资源为基础，已造成资源匮乏、环境污染等城市问题，城市信息化通过大规模开发利用以知识和智力为主导的战略性信息资源，直接或间接地减少物质和能量资源的消耗，进而实现经济结构、社会结构和生活文化结构的优化。

---

① 游五洋、陶青：《信息化与未来中国》，中国社会科学出版社，2003。

② 承继成、王浒：《城市信息化的基本框架》，《测绘科学》2000 年第 4 期。

二　城市信息化建设内容基本构架

城市信息化是“城市”发展过程与“信息化”的有机结合。城市信息化的内容可归纳为四大部分。[①]

（1）信息网络与资源。即要建设一个先进适用的城市信息交互网络以及能在该网络平台上进行交互使用的各类基础信息资源。信息基础网络是城市信息传输、交换和共享的必要手段，是城市信息资源开发利用和信息技术应用普及的基础。而信息资源也是基础设施的一部分，信息资源的开发利用是城市信息化的核心任务。城市信息基础网络建设要与城市信息资源开发利用密切结合。

（2）城市管理与运行。提升城市管理与运行的效率，是城市信息化的主要目标之一。而建立在一个先进适当的信息网络及准确适用的信息资源之上的城市管理体系，也是城市信息化建设的重要组成部分。包括电子政务系统、城市应急救灾系统、城市规划管理系统、城市社会治安管理信息系统、城市交通管理信息系统、城市环境监控系统等。

（3）服务于社区。为民众提供高质、便捷、人性化的服务，是现代化城市应有的职能。服务于社区是最能体现城市信息化特色的建设内容，主要包括社会保障服务信息系统、医疗信息服务系统、科技教育信息系统、旅游娱乐信息系统、社区信息化服务系统等公共服务系统的建设。

（4）产业与经济。一个城市的信息产业发展与该城市的信息化有着密不可分的关系，在技术、资金、人才等领域相互促进、相互补充。同时，大力推进信息技术和信息产品在城市的农业、工业

① 柳纯录：《城市信息化：我国城市发展新动力》，http：//www. ahetc. gov. cn/cit/200209/11. doc，2003－06－20。

和服务业等领域的应用，有助于提升城市的产业竞争力。因此，建设发达、领先的信息产业，应用信息技术改造和提升传统产业的结构和素质也是城市信息化建设的重要内容。

上述四个部分之间既存在紧密的依存关系，它们各自又有自己的发展轨迹，正是这种轨迹体现了城市信息化发展的规律。从技术角度来看，其遵循信息技术发展对社会影响的基本规律，即新技术创新和产生，从局部/小规模开始，促使相应管理制度和体系的变革，而该变革又反过来促使技术的进一步成熟，这是一个螺旋式上升的过程，最终使得社会生产力达到一个相对稳定的高度，等待下一个技术变革的来临。技术只有与管理/应用相结合才能体现其对社会生产力提升的价值。城市信息化遵循同样的规律。从城市发展的社会形态看，从农业社会、工业社会到未来的信息社会，一方面因技术的创新而改变了社会的基本形态，另一方面社会形态的进化也反过来促使技术的进一步发展，体现在新技术产业的兴起、扩展和成熟稳定方面。我们可以尝试通过图 1 清晰反映一个信息化城市的发展与城市信息化建设的关系。

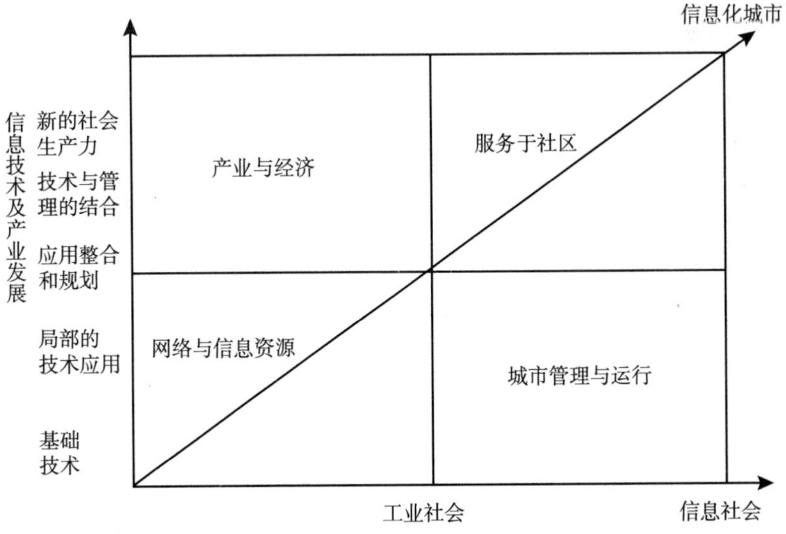

图 1　信息化城市发展与城市信息化建设的关系

三　城市信息化成熟度模型的构建

城市信息化是一项持久、复杂的系统工程，是一个渐进的过程，不可能一蹴而就，必须遵循其客观的发展规律，分阶段地逐步推行，从而使信息化建设与城市的发展相辅相成，最终走向相互匹配和协同发展。为了把握某个特定城市的信息化所处的成长阶段，以便根据该阶段特征和下一阶段的发展方向，确立具有针对性、前瞻性的战略发展路径，本文参照信息系统发展阶段理论中著名的诺兰（Nolan）模型和米歇（Mische）模型，[①] 把城市信息化作为特殊的信息系统来考察，并根据城市发展特点，构建城市信息化成熟度模型，试图对城市信息化日标进行阶段性分解，通过分阶段地实现日标的定义，帮助我们确定城市信息化的发展方向和各阶段的特征与准备工作。

如图 2 所示，在本文所构建的城市信息化成熟度模型中，把城市信息化的一般路径从总体上分为初始、扩展、优化和成熟四个发展阶段，各个阶段之间并非截然分开，也不能互相超越。而每一阶段在网络与信息资源、城市管理与运行、服务于社区、产业与经济等方面都表现出相应的特征。

（1）初始阶段：信息基础设施局限于点对点的传输模式，引入信息技术的初步应用，对产业和经济的拉动作用弱，城市信息化涵盖业务窄，系统不统一、孤立化，文档初步电子化和单一业务的计算机化，城市的管理与运行基本还停留在各自为政的局面。

（2）扩展阶段：随着信息技术的稳固和推广，局部的应用广泛推行，系统林立，部分业务流程实现集成化，并开始围绕市民提

① 高复先：《现代信息系统的发展与企业集成化 MIS 建设》，http：//www. irp. cn/aboutirp/discourse_ b. htm，2005 -8 -16。

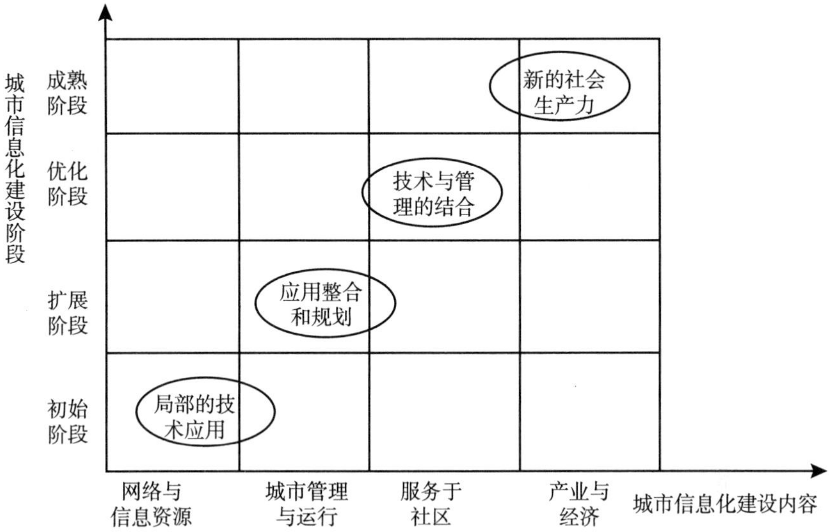

图 2　城市信息化成熟度模型

供服务。信息基础设施建设快速发展，但应用缺乏全局考虑，各单项应用之间互不协调，投资效益与预期相比常有偏差。该阶段技术标准与业务规范并不统一，信息未能充分共享，政府管理职能条块分割。信息产业初具规模，但对经济和社会发展的拉动力尚未充分显现。随着信息化实践的发展，必须充分考虑在标准和规范基础上的数据集中管理和深度利用问题。

（3）优化阶段：网络基础建设已足够支持信息化的要求，对城市信息的分析和知识的生成、应用能力加强，可提供满足多层次用户需求的服务，主要业务流程实现集成、优化。信息要素成为显著的生产要素。"信息孤岛"在技术层面基本得到解决，需进行必要的数据集中或者系统整合。但业务流程的合理性和优化成为最主要的信息化问题，如何通过优化流程来提高管理效益成为关键。它既是信息化发展的飞跃阶段，也是走向城市管理现代化的必由之路。

（4）成熟阶段：充分发挥信息技术和信息网络资源的效能，同时业务流程在现有信息技术层面达到最优化，实现资源共享和协同工作。信息化涵盖城市全部社会经济领域，与城市发展相适配，系统化知识应用与服务创造新价值，是新的技术变革前的等待期。

城市信息化成熟度模型可以用于判断城市信息化当前处于哪个成长阶段、向什么方向前进、采取何种管理策略指导信息化建设更有效，进而以一种可行、适当的方式转至下一生长阶段。在确立信息化发展路径的过程中，根据各阶段之间的转换和随之而来的各种特性的逐渐出现，运用城市信息化成熟度模型加以辅助是十分有益的。

四　城市信息化发展战略路径选择的主要影响因素

我们认为，影响城市信息化发展战略路径选择的主要因素包括信息技术、城市发展定位、城市信息化建设现状以及外部社会经济环境等（见图3）。

（1）信息技术。无可置疑，信息技术是城市信息化的基础技术要素。信息通信技术（ICT）日益成为整个社会发展进程中的通用目的的技术（General Propose Technologies），促进全要素劳动生产率的增长，并且推动生产关系和上层建筑的一系列调整。信息技术的发展为城市信息化建设提供了坚强的技术支撑，促进城市信息化系统应用水平和服务能力的不断提升。对信息技术的发展进行预测，符合信息技术发展规律，制定适当的城市信息化的信息技术应用方案是必要的。城市信息化的发展应体现技术、管理、应用，以及因技术不断发展而要采取的动态的观念。为此，城市信息化的目标应该是在特定技术阶段的阶段性目标。

（2）城市发展定位。一个城市的发展及功能优化必然要求与

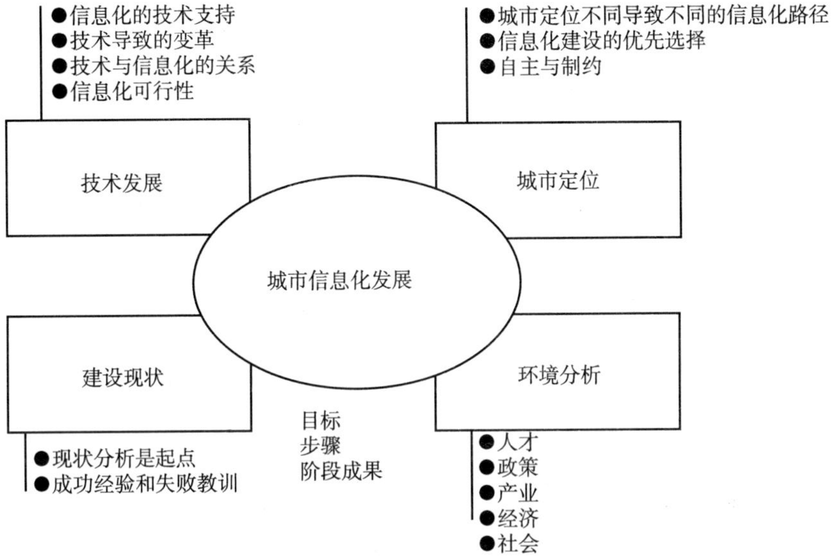

图3　城市信息化影响因素

之相适应的城市信息化的有力支撑，而一个城市的信息化水平将直接影响城市的竞争力与整体魅力。各类型城市由于在等级、功能、规模、发展水平等方面的差异，有不同的城市发展战略及定位。城市定位的不同导致城市信息化路径选择的差异，影响城市信息化建设重点的优先选择次序。因此，分析城市未来的发展定位与发展规划，了解城市发展中所提出的对城市信息化的建设需求，是确立城市信息化发展战略路径的主要依据。

（3）外部社会经济环境。城市信息化的发展离不开城市所处的社会经济环境。国内外社会经济宏观趋势、国家/地区的政策以及人才、经济、产业、社会文化、科技状况等外部环境的变化，将直接影响城市信息化的发展、影响信息化的难度，及所需要的建设时间、产业的选择、资金的投入等。[①] 因此，必须准确分析把握城

① 甄峰、朱喜钢：《中国城市信息化发展战略的初步研究》，《城市规划汇刊》2000年第5期。

市所处的社会经济环境，选择与经济社会环境相适应的信息化发展路径。

（4）城市信息化建设现状。城市信息化的现状直接影响城市信息化的未来。客观评估当前的城市信息化建设与应用现状是确立下一阶段城市信息化发展方向与发展重点的必要前提。通过对城市信息化水平的定量定性评估以及与其他国内外有关城市的比较等，分析城市信息化建设的得与失、优势和劣势，可为城市信息化未来发展路径的选择提供重要的参考。

五　确立城市信息化发展路径的一般实施步骤

在具体确立城市信息化中长期发展路径的过程中，可以首先按照城市信息化建设内容框架对城市信息化水平作总体评估，并依据城市信息化成熟度模型对所处的信息化发展阶段做出基本判断；进而围绕影响城市信息化发展路径选择的四个主要因素，全面分析特定城市的信息化发展的优势、劣势、机遇与挑战；在此基础上导出城市中长期的信息化建设总目标及阶段性目标，以及实现这些目标的路径（见图4）。在研究过程中，还可以交叉运用信息化水平定量测评、关键成功因素法、战略目标集合转化法、模糊综合评判法等软科学研究方法加以辅助。

六　结语

城市信息化是一个不断探索和创新的过程，在新的社会经济背景下，运用新方法、新思路对城市信息化发展战略路径进行系统研究，具有重要的理论意义和实用价值。本文对这一问题的探讨只是开始，今后仍将继续深化。同时希望更多的专家学者对城

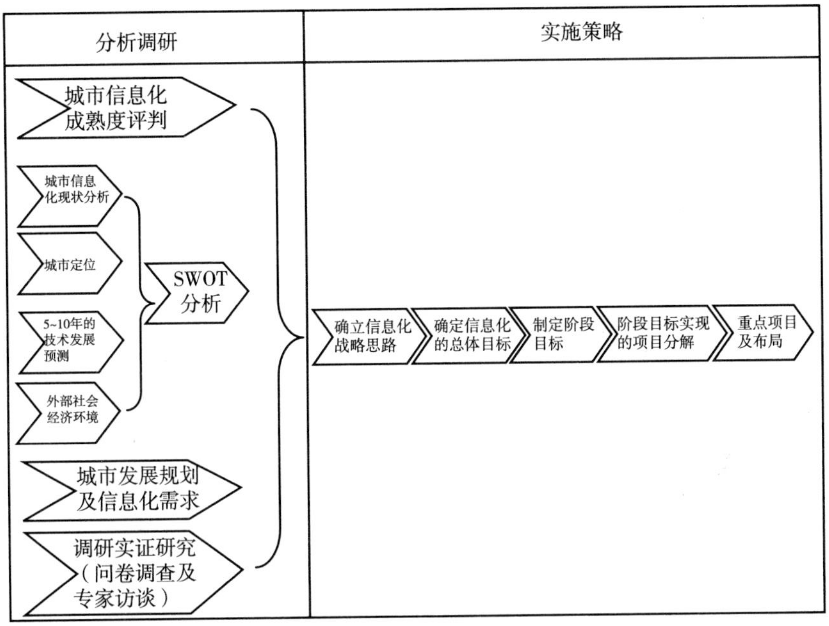

图4　城市信息化发展的实施步骤

市信息化的方法论研究予以重视，进一步丰富和创新信息化基础理论。

（执笔人：吴伟萍）

参考文献

姜爱林：《城市信息化：城市化与信息化协调发展的有机范式》，《南方经济》2003 年第 1 期。

游五洋、陶青：《信息化与未来中国》，中国社会科学出版社，2003。

承继成、王浒：《城市信息化的基本框架》，《测绘科学》2000 年第 4 期。

柳纯录：《城市信息化：我国城市发展新动力》，http：//www.ahetc.gov.cn/cit/200209/11.doc，2003-06-20。

高复先：《现代信息系统的发展与企业集成化 MIS 建设》，http：//www.irp.cn/aboutirp/discourse_ b.htm，2005-8-16。

甄峰、朱喜钢：《中国城市信息化发展战略的初步研究》，《城市规划汇刊》2000 年第 5 期。

B.5

中国电子政务的发展、瓶颈及政策建议

摘　要：

电子政务是互联网和信息化时代的公共服务与管理方式。中国电子政务发展经历了三个阶段。在硬件保障、电子公共服务体系、业务覆盖、网上参政议政渠道等方面取得了重要成就，但在应用效率、数字鸿沟等方面存在发展瓶颈。基于此本文提出了强化顶层设计、绩效评估等政策建议。

关键词：

电子政务　公共服务　政府管理

在世界各国积极倡导的“信息高速公路”的五个应用领域中，“电子政务”位列第一，随后是电子商务、远程教育、远程医疗和电子娱乐。这样的排序是由于政府是社会信息资源的最大拥有者和应用者，只有政府实现了信息化，才能真正实现社会公共资源的共享、社会资源运作效率的提高。因此，在探讨信息化的问题时，如何推进中国电子政务的发展，实现政务信息化是一个重要的课题。

电子政务（E-Government），即政府机构应用现代信息和通信技术，对所提供的管理和服务进行集成，在互联网上实现政府组织结构和工作流程的优化重组，打破时间、空间与部门分隔限制，向社会提供优质、规范、透明、高效、均等、具有国际水准的社会管理和公共服务。①

这个定义包含三个要点：①现代信息和数字网络技术是电子政务发展的基础，电子政务的发展离不开信息基础设施和相关软件技术的进步。②与政权有关的公开事务是电子政务的处理对象，具体来说，既包括政府机关的行政事务，也包括立法、司法部门及一些公共组织管理的事务，如检务、审务、社区事务等。③电子政务是对传统政府进行组织结构的重组和业务流程的再造，绝对不是简单地将其管理的事务原封不动地搬到互联网上，电子政务绝不是现实政府简单的网络版。

自 1993 年美国总统克林顿和副总统戈尔首次提出“E-Government”概念后，世界各国都对电子政务建设投入了极大的热情。中国电子政务的起源最早可以追溯到 20 世纪 80 年代，经历了近 30 多年，特别是经过近 10 多年的发展，取得了重大进展。但由于基础设施相对落后、电子政务发展战略缺乏、政府管理体制束缚等，与电子政务建设名列前茅的国家相比，中国电子政务的建设和利用还有非常大的空间。

一　中国电子政务的发展

（一）中国电子政务的发展历程

中国电子政务从 20 世纪 80 年代开始起步，大规模的应用始于 90 年代。从 20 世纪 80 年代开始，中国的电子政务建设经历了 30 多年的探索，这 30 多年的发展可以分为三个阶段，即电子政务的

① 郑树生：《电子政务：将信息化进行到底》，《中国经营报》2002 年 8 月 29 日。

奠基阶段、付诸实施阶段和加速发展阶段。经过近 10 多年的发展，中国的电子政务建设已经进入全面的加速发展阶段（见图 1）。

图 1　中国电子政务建设发展阶段

（二）中国电子政务建设取得的成绩

经过 30 多年，特别是近 10 多年的发展，中国电子政务建设实现了从无到有、从点到面、从起步到推广应用的快速发展，主要成果表现为以下几方面。

第一，信息化基础设施建设为电子政务发展提供了硬件保障。截至 2011 年中国的网络规模已经排名世界第一，宽带规模仅次于美国，位居世界第二，固话、手机用户达到 10 亿户，城市家庭的电脑普及率已超 60%，全国 IP 地址达到 2. 16 亿个，cn 域名达到 1190 万个，网站 236 万个。[①]

第二，中国电子公共服务体系从无到有，并已形成一定的规模。截至 2011 年，中央和省级政府已全部建立了自己的网站，地市级政府网站普及率达 99%，区县级政府网站普及率也超过了 90%。政府网站已成为继传统渠道之后，信息公开、直线办公、政民沟通的又一重要渠道。[②] 中央国家机关各单位都建成了内部网，以满足内部办公需要，多个部委建设了系统内的专用网络，

① 汪玉凯：《电子政务需要政务云——2012 年中国电子政务展望》，《信息化建设》2012 年第 1 期。

② 吴彧一：《国外电子政务建设与我国电子政务建设的对比》，《兰台世界》2012 年第 4 期。

并实现了从中央到地方的联网运行，满足了数据共享的要求。绝大多数省份已建成省、市、县三级电子政务网络，基本覆盖到了县级单位。根据中国互联网络信息中心的调查报告，截至2010年底，中国 gov. cn 的域名数为5万个，占域名总数的1.2%。[①] 电子政务网络已经可以支撑县级以上各级政府公共服务大厅的运转。

第三，核心业务信息化覆盖率有明显提高。以办公自动化为例，21世纪初中央级单位覆盖率仅为10%，目前已达到100%。在《国家信息化领导小组关于中国电子政务建设指导意见》中提到的“金字重点工程”，如金盾、金审、金税、金关等涉及系统的工程其核心业务信息化覆盖率已超过95%，部分工程达到100%。另据调查，东部地区省市级政府核心业务信息化覆盖率普遍超过90%，区县级政府核心业务覆盖率已超过50%，但西部地区各级政府核心业务信息化覆盖率还较低。[②]

第四，中国网上参政议政的功能也正在不断完善。各种网上参政议政形式大量涌现，包括公务员开微博、网络问政、网上公开“权力清单”、网络举报、网络会议直播等。[③]

值得一提的是，在《2012年联合国电子政务调查报告——面向公众的电子政务》中，关于中国的电子政务得出了“中国：提高透明度和公开度”的结论，并分析指出：“中国政府努力促进信息公开。为了提高透明度，政府的主要门户网站上有一个专栏，使公民可以在此搜索和参考已归档的政策文件和不同部门的报告。”[④]

① 何娇娇：《我国电子政务发展现状相关问题的研究》，北京邮电大学，2012。

② 吴彧一：《国外电子政务建设与我国电子政务建设的对比》，《兰台世界》2012年第4期。

③ 何娇娇：《我国电子政务发展现状相关问题的研究》，北京邮电大学，2012。

④ 《2012年联合国电子政务调查报告——面向公众的电子政务》，http://www.drcnet.com.cn/eDRCnet.common.web/DocSummary.aspx?docid=2864456&leafid=16112&chnId=4142&version=integrated，2012-12-25。

（三）中国电子政务建设面临的形势

在新的时期，中国电子政务建设面临着新的机遇和挑战。首先，正如《国家电子政务“十二五”规划》明确指出的，电子政务依托的信息技术手段已发生重大变革，超高速宽带网络、新一代移动通信技术、云计算、物联网等新技术、新产业、新应用不断涌现，深刻改变了电子政务建设的技术支撑环境和条件。此外，智能手机普及率的提高保证了移动电子政务发展所需的受众基础。因此，基于移动终端的电子政务应用将越来越多，移动电子政务将成为新一轮电子政务发展的亮点。

其次，中共十八大明确大部制改革，配合大部制管理模式的推进和跨部门应用的协同，电子政务进入综合集成、协同应用阶段。在国家层面，“金字工程”建设中建成了一大批业务应用系统，为推进大部制管理模式，迫切需要对这些应用系统进行资源整合、互联互通，以实现各部门间的信息共享和业务协同，减少大部制推进的成本。在地方层面，随着企业和社会公众对公共服务要求的提高，能体现信息集成和管理协同的“一站式服务”也成为政府门户网站近期工作的迫切需要。

最后，为实现对宏观经济更加合理、有效的调控和监管，政府部门将率先进行大数据应用尝试。越来越多的政府部门依赖数据和分析进行决策，进行深度挖掘、趋势分析。部委的这些数据中心必然面临超大规模数据处理和存储的问题。

此外，中国《国家电子政务“十二五”规划》明确要求：新时期的电子政务发展重点应强调突出公共服务和惠及民生，突出通过电子政务发展促进社会管理创新，对新技术尤其是云计算促进电子政务的发展提出明确要求，强调统筹协调发展、突出创新位势。服务重点的调整也给电子政务的发展提出了新的要求。

二 电子政务发展的瓶颈

中国电子政务经过30多年的建设虽然取得了一些成绩，但在世界排名中只是达到了中等水平，尤其与电子政务领先国家相比更是相差甚远。在联合国经济和社会事务部2012年关于电子政务发展的调查中，中国排名第78位，比2010年排名下降6个位次。而且自2005年以来中国电子政务发展排名持续下降，与中国的经济大国的地位很不相称（见图2）。

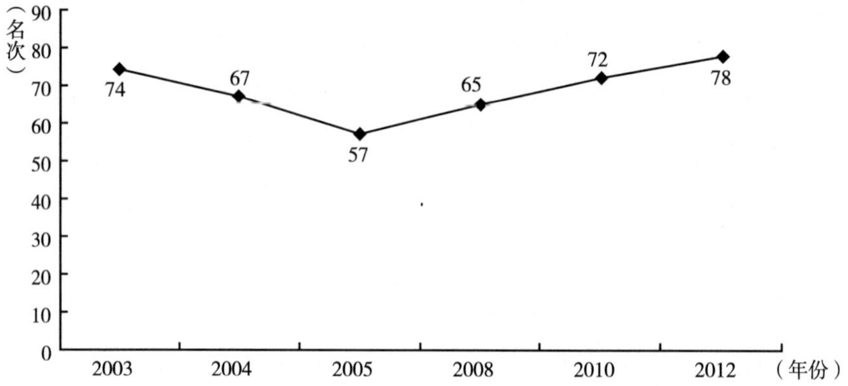

图2 中国电子政务发展排名（2003~2012年）

如前所述，在各国不断推进电子政务发展，国内技术支撑环境日益完善、政府职能转变和体制改革的大环境下，要想实现电子政务建设的目标，中国还有诸多发展瓶颈需要突破。对照联合国《2012年全球电子政务调查报告》可以把中国电子政务建设中的瓶颈概括为：电子政务服务难以满足公众要求、电子政务业务整合力度小、电子政务发展不均衡、网络安全制约电子政务发展、电子政务对经济社会生活的拉动作用并未体现。

（一）中国电子政务发展中存在的问题

1. 政府门户网站提供的公共服务无法满足公众日益增长的需求，业务应用系统使用效率低

21 世纪前 10 年中国电子政务建设的重点集中在实现办公自动化和提高政府工作效率上，对面向公共服务和改善民生方面的建设不够重视，开发的应用系统数量也少，最终导致建成的网络资源应用率低，大部分被闲置。据调查，截至 2011 年，中国地市级政府网站中通过网络提供的服务不到其全部职能的 10%，没有一个网站能提供全程式服务。CNNIC 2010 年度报告显示，中国仅有不足 0.3% 的互联网用户使用过电子公共服务体系，这与中国电子政务服务水平不高有很大关系。

电子政务的利用率低很大程度上是和政府网站建设类型不合理有关。目前中国有政务内网、政务外网，还有大量的政务专网，这些网络各自为政、互不联通。有关方面对中央部委政务专网的调查显示，被调查的 38 个部门建设的政务专网超过 80 个，有的部委甚至司、处都有专网，造成资源浪费。理论上，按服务类型划分，市级以下政府应重点建设外网，以满足居民对公共服务的需要。但实际上许多市县的内网有明显扩大化的倾向，而外网的建设却相对落后，重视程度不够。[①] 目前全国 32 个省级政府都建设了政务外网；333 个地级市的政务外网覆盖率为 84.7%；县级政府的政务外网覆盖率仅为 52%。而且政府耗资巨大建成的政务外网，却缺少内容，收效甚微。

此外，电子政务提供的公共服务与公众需求之间存在供需不匹

① 汪玉凯：《电子政务需要政务云——2012 年中国电子政务展望》，《信息化建设》2012 年第 1 期。

配，政务网络上关于公众关注度高的教育、医疗、社保等内容，以及与企业经营相关的在线办事服务相对缺乏，满足不了公众的要求。

2. 电子政务业务整合力度小

电子政务的作用不只在于用现代信息和通信技术来代替传统公共服务和管理工作的手工操作，而且在于通过这些技术实现对政府事务的有效整合，实现资源和信息的共享。但是目前中国电子政务建设过程中业务整合力度小，部门间网站互联互通率低，严重影响了电子政务改善政府公共服务和社会管理职能效率的发挥。据相关调查，中央 38 个部门的 80 多个政务专网中，横向交互率只有 0.1%，基本上是信息孤岛。① 各级政府和政府部门之间的信息封闭，造成整个社会资源的浪费，也不利于政府职能的实现。

3. 电子政务发展不平衡，数字鸿沟②有扩大趋势

城乡之间的“数字鸿沟”最为明显。CNNIC 2011 年 7 月发布的报告显示，中国农村网民人数为 1.31 亿，占总体网民人数的 27%，城镇网民人数为 3.54 亿。2011 年国家统计局发布的《2010 年第六次全国人口普查主要数据公报》显示，居住在乡村的人口约 6.74 亿，农民上网的比例为 19.4%；居住在城镇的人口约为 6.66 亿，城镇人口上网比例为 53.2%。当然，在网民和非网民之

---

① 汪玉凯：《电子政务需要政务云——2012 年中国电子政务展望》，《信息化建设》2012 年第 1 期。

② 美国国家远程通信和信息管理局（NTIA）1999 年在《在网络中落伍：定义数字鸿沟》的报告中提出“数字鸿沟”这一说法。数字鸿沟被概括为：在所有的国家，总有一些人拥有社会提供的最好的信息技术，他们有最强大的计算机、最好的电话服务、最快的网络服务，也受到了这方面的最好的教育。另外有一部分人，他们出于各种原因不能接入最新的或最好的计算机、最可靠的电话服务或最快最方便的网络服务。这两部分人之间的差别，就是所谓的“数字鸿沟”。处于这一鸿沟的不幸一边，就意味着他们很少有机遇参与到我们的以信息为基础的新经济当中，也很少有机遇参与到在线的教育、培训、购物、娱乐和交往当中。

间也存在着明显的数字鸿沟。①

长期以来，中国缺乏面向贫困地区和特殊群体的政务服务体系，因此地区间和人群间的数字鸿沟也客观存在且有扩大趋势。在西部落后和偏远地区，电信运营商没有动力去改善信息基础设施，也缺乏相关法规确保信息传递“最后一公里”问题的解决。面对残障人士、老年人等特殊群体，政府和企业普遍缺乏为其提供专用信息和专门渠道的服务意识，信息无障碍设施的建设非常滞后。由此进一步加大了发达地区与落后地区之间电子政务发展水平的差距，增加了对特殊群体实现信息无障碍的难度，“数字鸿沟”在未来一段时间内可能会继续扩大。

此外，部委之间电子政务发展不平衡的问题也相当突出。樊西峰查看了中国所有省级政府网站的 Alexa 排名②情况。总体上，这些网站的排名都比较靠后，最靠前的一位也仅排在第 15123 位（全球排名）；所有这些网站日均 IP 访问量最大的有 57600 次，最小的仅为 420 次，差距之大由此可见一斑。

4. 网络安全制约电子政务的进一步发展

由于政府部门在行使职能过程中使用大量的政府的保密信息或居民个人的敏感信息，所以保障信息安全对于电子政务系统运行具有更为重要的意义。但目前，中国信息安全形势严峻，失密案件中 70% 为网络失密案。涉及国家机密和资金安全的机构遭遇黑客攻击的技术含量和频率都远高于普通企业。黑客团体 Team Ghost Shell 于 2012 年 6 月攻破了数十家中国政府部门及企事业单位的网站，15 万个以上的用户数据遭泄露。据统计，攻击中国企业的黑客的 IP 地址，65% 来自国外。③ 因此，努力提高安全可靠信息技术和产品的应

① 樊西峰：《我国电子政务发展的再提升与整合》，《理论导刊》2012 年第 5 期。

② Alexa 排名是目前常引用的用来评价某一网站访问量的一个指标。

③ 王伟玲、肖拥军：《我国信息化发展研究》，《中国国情国力》2013 年第 1 期。

用水平，是切实转变电子政务信息安全保障薄弱现状的重要保证。

5. 电子政务对国民经济和社会生活的拉动作用没有充分释放

电子政务网络中软硬件的国产化率非常低，多数设备使用外国产品。与电子政务发达的国家不同，中国旺盛的电子政务需求不仅没有培植起有竞争力的民族 IT 企业，反而推动了大量国外 IT 企业的日渐强大，电子政务建设对国家信息产业发展的拉动作用亟待提升。不仅如此，大量使用国外产品还存在严重的负面影响，特别是加重了中国电子政务网络的安全隐患。

（二）中国电子政务发展存在瓶颈的原因分析

中国在建设电子政务的过程中各级政府和相关企业付出了相当多的财力和物力，但是由于政府行政体制的约束、政府电子政务建设顶层设计不足、IT 企业技术水平相对落后、网络基础设施相对滞后等，电子政务的可持续发展受到了制约。

1. 电子政务网络建设缺乏科学合理的顶层设计

目前中国的电子政务网络建设采用“区域管理和行业管理并存”的模式，以纵向行业管理建设为主，造成网络隔离，条块分割。这种网络缺乏合理的顶层设计、结构错综复杂、链路备份障碍多、管理难度大、带宽难以共享，从而导致各级政府及部门各自为政，信息共享机制难以形成，部门间缺乏业务协同，以及电子政务整体应用发展水平低下和政务信息资源开发利用不充分等问题。

国外政府在顶层设计方面的研究和实践主要体现在 EA（总体架构）方法在政府部门的应用。根据一项研究，67% 的国家或地区政府已经有 EA 项目。[①] 与之相比，目前中国在电子政务顶层设

① Christiansen P E. Gotze J. Trends in Governmental Enterprise Architecture: Reviewing National EA Programs Part［J］. *Journal of Enterprise Architecture*. 2007, 3（1）: 8－18.

计方面仍有非常大的发展空间。

2. 缺乏以公众为导向的评价机制

中国电子政务评价指标体系普遍缺乏以公众需求为导向的设计内容。以《国家电子政务"十二五"规划》设计的电子政务发展指标为例（见表1），这些指标反映了电子政务建设和应用的主要方面，指标可量化、可测量性强，对于客观评价和正向激励电子政务的有序发展具有重要意义。但是与发达国家的评价指标体系相比，这些评价指标明显是站在政府提供公共服务和管理的角度而设计，缺乏对电子政务接受者——公众的需求和满足程度的关注。

表1　中国"十二五"时期电子政务发展主要指标

领　域	指　标	"十二五"期末目标
政务部门业务信息化	中央部委和省级政务部门主要业务信息化覆盖率	超过85%
	地市级政务部门主要业务信息化覆盖率	平均达70%以上
	县区级政务部门主要业务信息化覆盖率	平均达50%以上
政府公共服务和管理应用	县级以上政府社会管理和公共服务事项电子政务覆盖率	平均达到70%以上
	街道(乡镇)政府政务服务事项覆盖率	平均达到50%以上
	社区(行政村)政府政务服务事项覆盖率	平均达到30%以上
信息共享	主要业务信息共享率	平均达到50%以上
技术应用服务	电子政务网络互联互通率	平均达到85%以上
	专业技术服务机构技术服务达标率	平均达到60%以上

电子政务发达的美国，非常重视电子政务绩效评估的公众参与，体现为民主程序是电子政务绩效评估立法与制度建设的必要环节，是改善政府与公众关系的重要途径。此外，为保障公众参与管理国家事务的权利，电子政务评估体系设置了"用户满意度"、"参与度"与"使用度"指标。这些举措给中国电子政务评估指标

体系设计提供了经验借鉴。①

3. 网络基础设施与电子政务发达国家相比有明显差距

经过数十年的建设，中国的网络基础设施建设取得了长足的进展，但是与电子政务发达国家相比，中国的网络基础设施还相对比较落后，特别是宽带发展水平与消费者的期待之间还存在一定的差距；地区、城乡之间通信基础设施服务能力和水平仍存在明显的不均衡；服务质量方面也存在诸多问题。所以虽然中国2M以上带宽覆盖率已超过83%，平均资费已下调30%，但相对于世界金融危机后各国宽带网速和网络覆盖指标的快速提升，中国网络基础设施建设正面临“慢进则退”的境地，与发达国家水平的差距还在进一步拉大。以韩国为例，该国的入户带宽已达到了100M的水平，这与中国工信部提出的2015年入户带宽达到20M的目标形成鲜明对比。②

此外，现有网络的建设质量也有待提高。很多单位的公共信息网和内部办公自动化网之间未能从物理上完全隔开，使信息的安全性和保密性大打折扣。

4. 中国电子政务建设“重管理，轻服务”的治理理念制约了电子政务的建设和发展

受几千年历史传统和现有官僚科层制度环境的影响，以及提高政府工作效率这一电子政务建设最初出发点的指引，中国的电子政务建设一直对电子政务的公共服务职能重视不够，没能像电子政务先进国家那样，形成“客户为中心”的建设理念和评估理念。与之相对应，也缺乏以公众要求为中心的电子政务绩效评估体系，电子政务的发展也在简单评价体系下缺少客

① 李云：《美国电子政务绩效评估探析》，《兰台世界》2012年第1期。

② 王伟玲、肖拥军：《我国信息化发展研究》，《中国国情国力》2013年第1期。

观、全面的评价标准，进而以目标为导向的电子政务建设出现方向不明的问题。

5. 原有行政管理体制难以适应电子政务发展对部门间业务整合的要求

横向看，中国现有的政府组织结构是基于政府职能划分组建的，存在机构设置偏多、部门间职能交叉重叠等问题，这种组织结构与基于业务流程的电子政务不相适应。纵向看，中国政府组织机构层次过多、信息沟通缓慢，难以满足电子政务对扁平化、网络化的组织结构要求。政府业务流程方面，中国行政审批环节过多过滥，行政流程复杂、存在暗箱操作，与电子政务简单、透明的业务流程要求不相适应。这种条块分割的行政管理体制滋长了部门利益、地方利益，造成了各级政府之间、政府部门之间、各电子政务应用系统之间互动和信息资源共享不足。

6. 缺乏与电子政务有序运作相关的法律法规和行业标准

在电子政务应用快速发展的形势下，中国的电子政务法制化却明显滞后。需要尽快通过法律法规明确国家政务网络的界定、政府电子文件的存档管理、政务信息公开的范围、政府电子文件的法律效力、保密和非保密政府信息的界定、政府信息主管（CIO）的角色定位、政务信息资源交换目录体系等问题。此外，与电子政务相关的标准缺乏，也影响了电子政务业务间的互联互通和整合。由于缺乏统一的规划和技术标准，建设信息资源系统的过程中各自为政的现象突出。一方面，大量重复建设造成资源巨大浪费；另一方面，由于缺乏统一的规划，在技术设备、操作系统、数据库格式等多方面标准不一，造成部门间信息共享效率低下，跨部门信息共享和平台功能扩展的难度增大。2012 年以来，能给电子政务发展带来新机遇的“云计算”也面临标准缺乏的问题。由于缺乏统一的系统部署、迁移等标准，云计算各厂商的解决方案无法实现互通。[1]

7. 国内 IT 企业技术相对落后，网络安全相关的自主技术不成熟，为满足政府提供公共服务的应用系统开发不充分

中国 IT 企业的技术相对落后产生了两个严重的后果。一是由于中国 IT 企业缺乏自主可控的核心技术，核心技术通常由国外 IT 企业所掌握，所以物联网、云计算、移动互联网等新一代信息技术在得到广泛推广应用的同时，也将带来严重的信息安全隐患。中国电子政务系统中有大量的外国设备，这些设备的操作系统、数据库、CPU 也大多由国外厂商提供，如果这些国外提供商在提供软硬件的过程中存在窃取用户信息的行为，将会对电子政务的接受者造成极大的损失。因此，做好信息安全防护工作不仅关系到国家安全和政府工作的正常运转，也关系到接受电子政务服务的公众和企业的切身利益。二是由于技术相对落后，IT 企业技术创新力度不足，造成各级政府和部门在建设电子政务网络时，迫于国产软硬件供给不足的现状，从性价比的角度出发更倾向选择国外产品。由此导致中国电子政务在蓬勃发展的同时，并未对国内 IT 企业发展产生拉动作用，这与其他国家电子政务建设与国内 IT 企业发展的良性互动发展有非常明显的不同。

三　大力发展电子政务的政策建议

（一）借鉴国际经验，加快中国电子政务顶层设计

目前，中国网站上很多业务彼此独立，条块分割，制约了应用

---

① 赛迪智库信息化研究中心：《我国电子政务云计算发展对策研究》，《信息化研究》2012 年第 2 期。

化水平，所以加强电子政务顶层设计，推动部门间业务联动、资源整合是十分必要的。中国电子政务的顶层设计需要把握好三个方面的问题：①电子政务的顶层设计应与投资规划和审批相结合，建立完善规范的投资审批流程；②电子政务体系要囊括党委、政府、人大、政协、法院、检察院六大系统；③中国电子政务建设要规避“条强块弱”问题，注重纵横关系的协调，建立一种合理的条块协调机制，特别是避免因为横向部门之间缺乏有效协同和共享制约电子政务健康发展。

（二）建立以公共服务为导向的电子政务绩效评估体系，突出电子政务满足公众需要的特点

在服务型政府的建设过程中，公共服务将成为政府的改革重点，中国在《国家电子政务“十二五”规划》中也明确强调提高公共服务和管理水平这一电子政务发展目标。所以基于电子政务的公共服务导向性建立科学的电子政务绩效评估体系，对于衡量电子政务的社会效益、确保电子政务符合公众的要求至关重要。为了更充分发挥电子政务绩效评估体系的导向作用，应该做到：①要在充分考虑以公共服务为导向的基础上确定电子政务绩效评估体系的指导思想、指标体系、操作方法和运行程序等内容。②在评估体系设计时，对于衡量政府成本节约、效率提高、管理改进、服务提升等方面内容的指标应加大其权重。③电子政务绩效评估体系必须紧密结合中国服务型政府的建设目标，设计的指标应能科学、客观地反映中国政务发展程度和公共服务水平。④在电子政务绩效评估过程中，要在以往由专业机构或专家根据评估标准打分或评价的基础上，增加公众对电子政务使用率和满意度方面的问卷调查，使绩效评估结果能够更真实、全面地反映电子政务服务社会公众的效果。

（三）加快电子政务相关法律法规及行业标准的建立和完善

中国立法和行政机关在推动电子政务发展的过程中，先后颁布了《电子签名法》、《政府信息公开条例》等法律法规，但与电子政务发展水平名列前茅的韩、美两国相比，中国关于电子政务的立法工作远远落后于它们。韩国政府相继出台了《数字内容管理条例》、《建立与运用国家地理信息系统条例》、《缩小数字鸿沟条例》、《关于推进行政部门的信息化以实现电子政务的条例》等一系列法规条例。美国则颁布了《政府信息公开法》、《文书工作消失法》、《个人隐私权保护法》、《互联网购物免收购物税法》、《联邦政府采购改革法》等一系列法律法规，对美国电子政务的健康发展起到了保驾护航的作用。

目前，中国应该在加紧制定电子政务法制框架的同时，制定《电子政务法案》、《电子政务安全法》、《电子政务使用者规范》、《电子政务网上交易规范》等总体性电子政务法律法规，同时也应配合电子政务立法工作，加强相关政策的制定与实施。此外，考虑到中国的区域差异，各地可以依据本地实际情况自定法规条例，以完善各地区的电子政务法律法规体系。

（四）将政府业务流程优化作为首要突破口

电子政务其实质是通过信息技术、互联网等技术，改进政府工作方式，提高政府工作效率，更好地满足社会公共的需要。仅有技术的研发和引进，没有政府机构治理转变和政府管理体制改革，电子政务效率的提高是无法实现的。因此要提高电子政务的效率，政府管理体制的变革是关键。但是政府管理体制的变革涉及组织机构重组和各方利益的重新分配，所以难度非常大，是一项长期的艰巨任务。相比较而言，政务流程优化对现有组织机构和利益格局影响小，比政府管理体制变革更容易着手，因此可将政务流程优化作为深化电子政务应用的突破口。以后应当按“单入口多出口”的模式整合政府网站的内容，减少用户使用网络的复杂度，使用户能够更便捷地寻找到信息。

特别是要突出重点，把公安、税务、工商、社保等与公众关系密切的部门作为电子政务重点应用领域。同时，政务流程优化还需要政务网站的建设来强化变革效果。政务网站要通过充实政务流程优化内容、整合相关业务资源、增加检索功能等措施来增加网站的可读性和便捷性，使电子政务的使用者更好地分享行政效率提高的益处。

（五）充分发挥云计算技术优势，大力发展政务云

云计算作为信息技术的热门词语，由于其资源整合、成本节约、计算迅速等优势，契合了电子政务的发展要求，因此中国应该大力开发使用云计算技术以推动电子政务进入资源整合、业务协同和集成应用的新阶段。

中国地方政府对此项技术的研究已形成一定的成果。继成都云计算中心开发并使用了中国第一个电子政务应用系统——“猪肉质量安全溯源监管系统”之后，北京、上海、南京等地都相继开发应用了各自的“政务云”系统。近年来，中央和地方政府的政务活动也对云计算提出更多的要求。

建立电子政务云核心是要制定云平台的建设和应用规划，建立电子政务云计算技术服务体系，搭建电子政务云计算公共平台，推动应用系统向云平台迁移。此外，加强标准规范建设，建立具有自主知识产权的云计算标准，突出云服务能力、云服务质量、云安全、云体系评估认证等重点。

（六）加强网络安全建设

网络安全是当前电子政务建设面临的重要问题之一。相关数据显示，美国每年要花 20 亿美元应对网络安全问题，而目前中国在网络安全对策方面的资金投入和技术研发能力都还有待提高。

电子政务系统的安全运行，需要从政策、标准、技术、制度和人员等方面加强管理，绝对保证数据和系统的安全性。①明确制定鼓励发展网络安全产业的政策措施，构建信息安全产业链。②学习国际上成熟的信息安全标准，积极研制中国自己的网络和信息安全标准。③从技术层面对网络安全问题进行系统设置。采用政务外网、政务内网、互联网的三网模式。其中，政务外网与互联网之间进行逻辑隔离，政务内网与外网之间采用物理方式隔离。④通过建设安全管理制度，加强人员安全意识培训，提高公务员的安全意识，加强政府机关的内部安全管理。

（执笔人：刘亚娟、陆桦）

参考文献

郑树生：《电子政务：将信息化进行到底》，《中国经营报》2002 年 8 月 29 日。

汪玉凯：《电子政务需要政务云——2012 年中国电子政务展望》，《信息化建设》2012 年第 1 期。

吴彧一：《国外电子政务建设与我国电子政务建设的对比》，《兰台世界》2012 年第 4 期。

何娇娇：《我国电子政务发展现状相关问题的研究》，北京邮电大学，2012。

《2012 年联合国电子政务调查报告——面向公众的电子政务》，2012 年 12 月 25 日。

樊西峰：《我国电子政务发展的再提升与整合》，《理论导刊》2012 年第 5 期。

王伟玲、肖拥军：《我国信息化发展研究》，《中国国情国力》2013 年第 3 期。

Christiansen P E. Gotze J., "Trends in Governmental Enterprise Architecture: Reviewing National EA Programs Part", *Journal of Enterprise Architecture*, 2007 (1).

李云：《美国电子政务绩效评估探析》，《兰台世界》2012 年第 1 期。

赛迪智库信息化研究中心：《我国电子政务云计算发展对策研究》，《信息化研究》2012 年第 2 期。

宁家骏：《〈国家电子政务“十二五”规划〉之解读》，《电子政务》2012 年第 5 期。

林野：《探析我国电子政务发展的现状和趋势》，《信息与电脑》2012 年第 2 期。

白银元、刘琼芳、胡新丽：《中美电子政务发展比较分析》，《现代商贸工业》2013 年第 2 期。

王京：《美国电子政务的发展对我国的启示》，《中国传媒科学》2013 年第 1 期。

刘迎盈、张潇：《国外电子政务的现状及我国电子政务的发展》，《电信快报》2012 年第 11 期。

B.6

智能制造：工业化与信息化融合发展

摘　要：

工业化和信息化融合发展已成为中国新时期促进国民经济发展、实现工业现代化的主导战略。本文分析了两化融合是中国社会经济发展的必然选择，论证了两化融合的重点是先进制造业，阐述了发展方向是智能制造，描述了智能制造现状并提出发展思路及措施建议。

关键词：

工业化　信息化　两化融合

近半个世纪以来，人类社会经济得以高速发展的重大原因是信息技术加速推动着工业化的进程。工业化和信息化都是现代化进程中的一部分，工业化与信息化融合发展（以下简称“两化融合”）的目标也在于实现人类社会的现代化。18 世纪中期到 19 世纪后期，工业机器代替了农业和手工业中的手工劳动，机器大生产在国民经济中逐步占有优势地位，传统的农业社会向现代化工业社会转变。到 20 世纪 50 年代以后，随着计算机、互联网等为核心的现代信息技术蓬勃发展，信息化已成为带动全球经济增长的主要力量。

农业化、工业化与信息化是伴随着人类社会经济的不断发展而出现的，信息化是工业高度发展的阶段，也是培育和发展以智能工具为代表的新的生产力的过程。在新的发展时期，信息技术的普及和深化应用，将持续推动工业化进程中产业的转型升级。同时，信息化与工业化的融合发展也使得传统的制造业发展获得了新的机遇，全球制造业开始逐步脱离传统的人力及机械化制造，在计算机信息技术迅猛发展并带动高新产业发展的基础上，融合信息技术、自动化技术形成了以智能制造为核心的先进制造技术。

一　两化融合是中国社会经济发展的必然选择

工业化与信息化的融合，是指在国民经济的各个领域广泛利用信息设备、信息产品、信息技术等，在推进数字化的工业研发、智能化的制造装备、自动化的生产流程及网络化的流通经营过程中，通过技术、产品、业务、产业衍生等多层次的融合，实现生产效率、生产工业、产业结构的优化升级的过程。信息化和工业化融合发展已成为中国新时期促进国民经济发展、实现工业现代化的主导战略。

两化融合是以信息技术为支撑，通过信息化和工业化的融合发展，促进经济社会的整体优化升级。党的十五届五中全会就明确提出了“以信息化带动工业化”，十六大报告再次提出“坚持以信息化带动工业化，以工业化促进信息化，走新型工业化道路”。十七大报告、十八大报告中进一步地提及了两化融合发展的战略方针。这就表明党中央深刻认识到在中国加速推进工业化的历史关键时期，只有准确把握全球新一轮技术和产业变革中蕴含的战略机遇，继续强调信息化的科技引领作用，深度融合信息化和工业化，才能加快中国特色新型工业化、信息化的步伐。

中国在 2012 年人均 GDP 达到 38354 元，① 相当于 6100 美元，根据发展经济学的原理，人均 GDP 2000 ~ 10000 美元就意味着一

① 国家统计局：《2012 年国民经济和社会发展统计公报》。

个国家或地区经济进入加速发展阶段。另外，再按照世界银行以人均国民生产总值（GNP）划分低、中、高收入国家的标准，中国2012年的人均GNP达到了4160美元，已经进入中上等收入国家行列。按照上述两种判断标准，我们必须清楚地认识到，我国已经步入全面建设小康社会的发展阶段。这就意味着从需求到生产、消费等方面都会发生一系列的相应变化，这势必要求我们转变生产方式、产业结构、消费方式等来适应能源、资源等需求日益加大的状况。然而，目前中国在工业化尚未完成，并且在其发展过程中，不仅存在发展中遗留下来的资源环境代价过大、产业结构不合理、城乡及区域经济发展失衡等多种问题，而且存在信息化快速发展带来的挑战。在这种社会大背景和双重压力下，深入融合发展工业化与信息化是解决目前困境的重要突破口。

（一）转变经济生产方式，推动产业结构优化的关键

目前，中国经济发展中存在着产业结构不合理、科技创新能力不强、核心技术缺乏、发展层次偏低、先进制造业和现代服务业发展滞后等突出矛盾和问题。在推动发展新型工业化的过程中，运用信息技术来提升传统工业产业的发展，是促进经济生产方式转变、加快产业结构调整优化的新举措。工业化和信息化深度融合，在推动着信息网络技术在工业产业领域广泛应用和全面覆盖的同时，加快了制造模式向网络化、智能化的转变。汽车电子、机床电子、医疗电子、车船电子、航空电子等信息技术与传统产业融合发展而形成的新兴产业高速发展，对国民经济和社会发展的贡献日益增加。

（二）实现跨越式发展战略的基础

工业化与信息化的融合发展从狭义上来讲，主要是针对那些已步入信息化阶段而又未完成工业化阶段的国家的特定任务，中国目

前就属于这一类国家。欧美发达国家在信息化席卷全球的今天，早已完成了工业化，在一定意义上来讲，现在是处于全信息化的社会。从人类历史发展的长河来看，信息化是继农业化、工业化之后出现的一个新的社会形态或新的发展模式。中国特殊的国情和发展模式，决定了在目前它要完成工业化的任务的同时，面临信息化的任务。然而，今天中国工业化发展所处的环境与30年前欧美发达国家工业化快速发展所处的社会大背景有很大不同。中国无法按照顺序来完成两大任务，这就要求中国把先进的信息技术与传统的工业技术有效结合起来，实现跨越式的发展，这是符合中国经济社会发展的必然选择。

（三）有效发展现代化产业体系的支撑

现代化产业体系是指以高新技术产业和战略性新兴产业为先导，以先进制造业为支撑、现代农业为基础，服务业跨越发展的具有综合竞争优势的产业体系，从深层次来看，这一体系的关键就在于信息化与工业化的融合发展。无论是高新技术、新兴产业，还是现代农业与服务业，与过去传统产业的主要区别就在于，前者在研发、生产、销售、管理、服务等环节都运用了现代信息技术。此外，信息化的发展也离不开工业化的基础，无论是多么先进的信息产业，也需要在传统工业基础上发展起来的设备、技术、工艺等作为基础支撑。未来，信息产业将持续引导经济社会的创新发展，只有紧跟现代信息技术发展步伐，把新一代信息技术产业运用到国民经济的各个领域才能有效支撑现代化产业体系的发展。

二　两化深度融合的重点：先进制造业

制造业是国民经济的物质基础，直接影响着国民经济各部门的发展，也影响着国计民生，尤其是装备制造业、消费品制造业和材料制造业等在国民经济中的作用尤为突出，因此各国都把制造业的发展放在首要位置。目前，工业发达国家社会财富的60%来自制造业，国民经济收入的45%来自制造业。有资料显示，美国68%的财富来源于制造业，对GDP的直接贡献率大于20%。美国在过去的20年内经济增长也是依靠计算机、通信、航空航天、医疗设备等制造业的复兴拉动的。此外，日本政府多年来也致力于大力发展本国的制造业，为其成为世界制造业的巨人付出了艰辛努力。

（一）两化融合推动传统制造业向先进制造业转变

在经济全球化和信息技术革命的推动下，制造业的生产方式正在发生重大变革。信息化和工业化的融合也推动着中国制造业的产业升级。首先，先进的信息化技术得以大规模使用，这些技术的应用极大地提高了制造业的生产效率，加剧了人力资本间的竞争，降低了企业的交易成本，传统制造业的生产方式已不能适应。其次，随着消费者收入水平的提高，多样化和个性化的产品的需求使得制造业企业必须灵活应对市场的不可预期与不确定。最后，全球性的资源枯竭和环境恶化要求制造业必须改变过去资源浪费、污染严重的粗放生产方式，迫使传统制造业向先进制造业转变。此外，资源配置全球化也是制造业转变的重要原因，发达国家在其促进发展先进制造业的过程中，将低技术含量和劳动密集型的制造业务转移到低成本地区，只专注于核心制造业务以及制造业产业链高端产品的研发和生产。

近年来，主要工业发达国家纷纷制定各种发展计划，促进传统制造业向先进制造业转变，世界制造业领域呈现出智能化、网络化、集成化和绿色化等多种模式。中国的传统制造业在向先进制造业转变的过程中，信息化与工业化的融合发展，使得实体向虚拟、完全制造向总装备制造、单纯制造向服务制造、粗放制造向绿色制造发展。

（二）两化融合是中国发展先进制造业的战略依据

制造业也是中国国民经济的核心，中国工业制造业总产值约占GDP的40%。伴随着经济全球化的进程，中国已成为全球的制造大国，有“世界制造业中心”之称，也已成为全球OEM生产基地。但与欧美、日本等制造业发达国家相比是有差距的。当中国的人口红利逐步消失后，中国的传统制造业的劳动密集型优势将丧失。劳动力供需趋紧、工资成本的上升，将是中国制造业未来面临的长期趋势。此外，当一个国家的制造业水平发展到一定程度时，信息技术和高新技术的发展对于提升制造业的生产能力和水平有着关键的影响作用。

西方发达国家已进入后工业时代，它们不间断地利用先进制造技术，尤其是信息技术来推动整个工业化的历史进程。在这种背景下，工业化和信息化的融合发展为中国制造业提供了做大做强的机遇，同时先进制造业的发展也成为两化融合的重要突破口和方向。中国制造业也将借鉴西方发达国家成功的经验，将信息技术融合、渗透到装备制造业、消费品和材料制造业的研发设计、生产、管理、流通等多个环节，推进制造业从劳动密集型向技术密集型转移，从生产型制造业向服务型制造业转型。中国在未来相当长的一段时间内，国家竞争力的比较优势仍在制造业，只有将计算机信息技术、控制技术、网络通信技术、多媒体技术等高新技术有效融入制造业，才能实现经济的可持续发展。

（三）两化融合过程中中国发展先进制造业的思路

纵观西方发达国家的先进制造业发展之路，美国政府于20世纪末推出了一系列促进先进制造业发展的计划，并提升到国家战略的高度，将发展先进制造业的核心放在了信息技术、高新技术的研究与应用上。美国政府采取了提高科技研究、开发经费，转移科研投资中心，促进科研成果商品化，加强职业教育培训力度等多方面的政策措施来促进先进制造业的发展。日本政府在发展先进制造业的过程中，采取了务实有针对性的产业政策，通过政府干预来引导高新技术的发展，其生产模式、经营管理模式的创新，打破了本国制造业发展的困境，走出了一条独特的先进制造业发展之路。机械、汽车、仪器设备、电子和化学业是德国这一制造业大国的主要支柱产业，受世界制造业竞争激烈的影响，德国为振兴国家制造业，促进先进制造业的发展，制定了一系列的制造业战略计划，包括提升产品开发和制造方法的效率，促进信息技术、通信技术在制造领域的融合等。

我们从对发达国家发展先进制造业的过程中研究总结得出，它们在其发展过程中有这样三条明晰的思路。一是从提升产业的角度来看，发达国家普遍抓住了信息技术、高新技术、生物技术发展带来的机遇，对其传统的制造产业进行了融合、渗透与改造。同时，发达国家都将先进制造业的发展聚焦在集成高新技术的高端制造业上，像3D打印机的设计、工业机器人的生产、超级计算机的研发，以及企业信息化、绿色制造等。二是从拉动国内外需求来看，发达国家都致力于与人们的生活需求（包括衣、食、住、行在内）相关的先进制造业的发展，这种发展主要涉及交通运输方式的便捷化、快速化，物流配送的及时高效化，以及其他个人产品服务的信息化、网络化。三是全球各国都将在未来20～50年内共同关注能源与资源的获取、利用，包括将风电、核电、太阳能等技术与产品纳入战略计划。

国外发展先进制造业的过程既是产业升级的过程也是社会文

明、自然环境升级的过程，通过发展先进制造业减少对自然资源的依赖，实现经济的跨越发展。根据经济建设的发展，中国迫切需要发展先进的智能装备设计与制造，如现代化能源装备、航空航天设备制造、高精尖数控机床的设计与制造、大型机械装备等。

中国先进制造业的发展：①要立足中国传统制造业的发展基础，加大研究和开发力度，把握关键领域的技术发展前沿，创新优化资源配置，不断地运用信息技术、生物医药技术和新能源技术来改造传统制造业。②要推动制造业向集群化、模块化和生态化方向发展，积极争取全球网络发展时代的高新技术集群发展，并提高中国制造业的自主创新能力，使产业升级的趋势能够自我持续。③鼓励制造业向服务业衍生，注重延伸价值链的长度。在发展先进制造业的同时也应发展与之相适应的现代服务业，只有现代服务业才能提高先进制造业的价值，才能提高先进制造业的品牌效益。未来中国工业化与信息化的融合重点就在客户需求的产品设计、客户渠道整合等制造业价值链的高端。④发达国家先进制造业发展的实践经验表明，由于新兴技术在研发和产业化过程中存在着投入周期长、市场不确定等风险，因此在其发展的初期应该得到国家政策的大力支持。中国相关职能部门应该尽快制定优先发展的制造业明细目录，设立相关的产业基金，给予符合条件的企业必要的税收和融资优惠。另外，鼓励民间资本进入先进制造业领域，在初期放松行政监管，尽可能发挥民营企业的积极性，为先进制造业注入活力。同时，设立以政府为主导的创业引导基金，引导社会资本对先进制造业和先进技术服务领域进行长期资本投资。①

① 厉无畏、王晓娟：《先进制造业的中国之路》，http：//www.sina.com.cn。

三　制造业的未来发展方向：智能制造

长期以来，中国制造业由于起步较晚，始终存在着产品附加值低、产业链集中、竞争力低下、创新能力不强、科技与经济发展脱节、外资所占比例偏高、生产率与国外相比没有大的优势等诸多的问题。发展智能制造业已经成为实现中国制造业从低端制造向高端制造转变的重要途径。工业化与信息化的融合发展，使得工业化呈现出数字化、网络化、智能化的特点。在这种趋势下，中国制造业充分利用信息技术的融合与变革的机遇大力发展智能制造业。世界发达国家争相将其列入国家的重点发展计划，人工智能、工业机器人、智能制造装备、3D 打印技术、无人化工厂等或将推动制造业的技术革命。智能制造的发展水平已成为衡量一个国家工业化水平的标志。

智能制造的广泛发展，使得全球的工业格局悄然发生变化。综观当前世界顶级企业，无一不受益于数字化、智能化制造技术的应用。荷兰飞利浦电子公司的生产车间里，上百台具备高超柔韧性的工业机器人永不停息地工作着，从事着工人无法完成的精细工作。苹果公司一系列集模式与技术创新于一体的高科技产品，成功地引领了信息产品的发展方向。数控化机械产品的研制，能够使机械产品的精密度达到物理极限，为高端机械产品创造广阔的发展空间。中国研制出的 100 纳米光刻机工作台成功地实现了光刻机的高速、大行程、自由度纳米级精度运动。

21 世纪将是智能制造获得大发展的时代，它将引发全球制造业的重大变革。美、日、德等制造业发达国家已将智能制造作为提高核心竞争力、谋求未来发展主动权的制高点。当前全球智能制造的发展呈现出以下几个趋势。

第一，从国家战略角度来看，世界主要发达国家将智能制造业作为国家战略产业。美国于2011年6月正式启动了“先进制造伙伴计划”，该计划包含了智能机器人制造等领域，计划投入7000万美元用于支持新一代机器人研发，预计在20年内通过人工智能、机器人和数字化制造三项关键智能制造技术的研发和应用，再次占据全球制造业的领先地位。美国2012年2月又出台了“先进制造业国家战略计划”，在加快智能制造的创新方面提出了加强研究和实验、税收减免、扩大政府投资、设立“智能”制造技术平台等政策。奥巴马政府认为智能制造的发展是美国把制造业从中国等地迁回本土的大好机会。日本于1989年就曾提出智能制造概念，并于1994年启动了相关研究项目，近年来也计划通过发展协同式机器人、无人化工厂提升本国制造业的竞争力；德国通过政府、国家研究院所和各州政府推动高校和企业对于智能数控机床、自动化制造等方面的研究，推动制造业永续化、智能化发展。

第二，从技术角度来看，智能制造的发展主要体现在以下四个方面：①智能机器人在智能装备制造的生产过程中使用越来越广泛。目前，主要的制造业行业，比如汽车、电器、机械等，新的生产线都配备了工业机器人。②智能服务业越来越成熟。智能制造业通过先进的计算机程序、网络技术为客户提供定制化服务，使制造更能满足客户的需求。③建模、仿真使制造越来越容易。智能制造业使用建模和仿真来测试产品风险，优化设计部门的评价标准，简化制造部门的选择程序，使新产品上市的时间缩短。④产业链管理越来越精细。每一个产业园区的所有企业通过IT技术和网络技术连为一体，上下游企业的订单管理越来越精细，使真正的零库存成为可能。

四　中国智能制造的现状及其发展思路

随着智能制造的全球化发展趋势，中国也不断地加大对智能制造业的政策扶持力度。国家工业和信息化部、科技部先后发布了《智能制造装备产业“十二五”发展规划》、《智能制造科技发展“十二五”专项规划》等文件，将智能制造列入国家发展的战略计划。国家在政策上大力推动制造业转型升级的同时，为加快中国智能制造的创新研发及产业化进程，还投入了大量的资金来支持更多相关研究项目。

（一）中国智能制造的现状

尽管起步较晚、基础较弱，但中国在智能制造领域依然获得了可喜的成绩。在理论研究方面，多个高校和研究所在世界知名学术杂志上发表了重要论文，为中国智能制造打下了深厚的理论基础和增加了人才储备。在技术应用方面，我们通过自主研发掌握了一批重要装备，如高级数控机床、3D 打印机、盾构机、工业机器人等的制造技术。在产业配套方面，中国的智能制造已经具有自力更生的能力，以新型传感器、微型芯片、智能机器人、无人生产线为代表的智能制造体系已经基本完备。2010 年，中国在部分智能制造领域的销售收入已经超过 3000 亿元人民币，突破了一些长期被西方发达国家垄断的智能制造领域，储备了部分重要的知识产权。

虽然中国在智能制造领域奋起直追，实现了大踏步的前进，但仍然受到以下问题的困扰和制约：①智能制造所需要的高端装备依存度高。作为智能制造的基础，高端装备是发展智能制造的关键因素。但中国装备制造业产业尚未升级，大量的关键设备仍然需要进口，比如尖端的集成电路芯片、高品质的发动机、大型石化装备、核电站关键设备等。以上关键设备的自给率低主要因为更基础的基础部件、先进技术的缺失，短时间内无法解决。②技术储备不足。中国虽然在理论知识方面有一定突破，但基础非常薄弱。国内的智能制造一直依赖于技术引进，致使技术体系不够完整。关键技术环节由于无法引进一直缺失，使智能制造业无法超越发达国家而发展。③发达国家对先进技术严格封锁。智能制造的关键技术仍然掌握在少数几个发达国家手里，由于政治和经济原因，各国对相关技术封锁严格，中国在发展智能制造的过程中只能靠自己摸索。④以3D 打印技术为代表的前沿智能制造技术未取得实质性突破，工业机器人的研发与发达国家仍有差距。⑤产业发展不协调。智能制造需要多个基础产业的协调发展，否则会面临发展瓶颈。中国经济虽然取得了令人瞩目的成就，但产业发展不协调也是人所共知的。基础产业的发展不均衡会使智能制造的发展受到约束，无法快速追赶发达国家。

（二）中国智能制造业的战略思考与措施建议

1. 中国智能制造业的战略思考

发展智能制造业应该从战略的角度进行筹划，制定相应的发展思路。根据以往的发展经验，中国发展智能制造业还是应该本着市场主导、政府辅助的原则进行规划。对核心技术、关键装备、产业化等方面进行前瞻性布局。由于中国现有的产业基础薄弱、技术水平低下，因此智能制造的发展目标应该分为两个阶段：第一个十年，主要打造智能制造的基础，升级基础制造业的技术水平，实现高端数控机床、智能机器人的产业化和大规模应用。第二个十年，基础制造业应基本实现数字化，在关键技术和关键设备领域形成和发达国家分庭抗礼的局面。中国智能制造业的发展要从基础着手，关键技术、核心设备、工业软件都是不可跳过的一环。另外，智能制造业的发展要在农业、资源、电力、军工等国民经济的关键领域发挥作用。

2. 中国智能制造业的政策建议

发展智能制造是中国制造业发展的最终方向，也是两化融合的具体体现。中国实现制造业的转型升级，必须不遗余力地发展智能制造。我们应从以下几个方面来推动智能制造的快速发展。

首先，从基础理论知识和技术上推动智能制造的发展。着眼于中国目前智能制造基础理论和技术支撑滞后的状况，我们需要加强智能制造业基础理论体系的研究与构建，并实时掌握发达国家相关研究的技术趋势，突破未来智能制造领域的共性技术，最终使中国智能制造业发展追赶并超越先进制造业发达国家。

其次，从具体技术层面来看，我们要从研发设计环节开始促进智能化的发展。智能化的研发软件和工业开发软件有助于提高研发设计过程的智能化，并缩短产品的研发周期；在生产加工阶段提升生产设备和生产流水线的智能化水平，进一步运用数控系统、智能控制、工业机器人、网络协同制造等技术；在管理运营阶段，鼓励软件研发企业设计高智能化的管理软件，并大力推广 EPR、MES 等集成化、智能化的管理软件在工业企业的运用；就产品而言，要重点推进工业产品的智能化，如能远程控制和无人驾驶的汽车、船舶、飞机，能智能操作的家具及家用电器等。

再次，从产业发展层面来看，我们需要提高智能制造的自主创新能力。在切实推动具有核心自主知识产权成果的研发应用的基础上，发展智能制造关键部件、核心部件以及基础部件的研发生产一体化产业，构建完善智能制造业产业体系。

最后，从政府层面讲，要营造一个良好的智能制造发展软环境。从政策层面上引导智能制造业的发展，出台相关的政策意见或指导规划来明确智能制造业发展的方向和重点；加大中央或地方政府对智能制造研究、开发、投产运营的资金投入，适时鼓励和引进社会资金、民间资本进入该行业，设立专项的研究资金来推动智能制造的发展；加强智能制造研究机构的研发实力，建设培养高素质、多层次的智能制造高端人才队伍；选择一些智能制造的先行技术企业，创建两化融合智能制造示范区，集聚中国智能制造发展的先进经验和技术。

（执笔人：刘培荣、谢谦）

参考文献

国家统计局：《2012 年国民经济和社会发展统计公报》。

厉无畏、王晓娟：《先进制造业的中国之路》。

石镇山：《智能制造—仪器仪表产业面临的挑战和机遇》，《中国仪器仪表》2012 年增刊。

龚伟平：《当代世界先进制造业发展的动因及新趋势》。

科技部：《智能制造科技发展“十二五”专项规划》。

《数字化—智能化重构制造业　中国制造须奋起》，《现代制造装备与技术》2013 年第 1 期。.

陈潮昇：《推动信息化和工业化深度融合发展研究》，《经济研究导刊》2012 年第 7 期。

左世全：《我国智能制造业战略发展思考》，《中国经济时报》2012 年 8 月 13 日。

李欢：《信息化与工业化融合方向及模式研究》，《情报科学》2011 年第 7 期。

B.7

无线网络等信息化基础设施建设思路

摘　要：

无线网络等信息化基础设施建设是推进城市信息化的重要支撑。本文分析信息化与城市基础设施建设总体情况，指出了无线网络建设与“无线城市”面临的问题，重点从技术选择、覆盖方式等角度提出了以无线网络为主的城市信息化基础设施建设思路。

关键词：

无线网络　信息化　基础设施

一　信息化与城市基础设施建设

2002年，自美国费城作为世界上第一个提出“无线城市”概念的城市开始，目前全球有四大洲超过1000个城市已开工建设、形成规划方案或者提出以无线网络为基础的城市信息化建设规划。中国自2006年北京首次提出相关规划、2009年上海嘉定区建成国内首个“无线城市”以来，乘着工信部“宽带中国”的宽带提速计划的东风，各大中型城市的以无线网络为基础的信息化建设也正如火如荼地展开。与此同时，当前无线互联网的市场正飞速发展，并且这一趋势还将延续，超过传统互联网业务只是时间问题。因此，基于无线网络的城市信息化建设无疑是未来城市发展的必然方向。

信息化的“无线城市”实际上包含两个组成部分，即无线网络等信息化基础设施的网络覆盖和对应开发的信息化应用，二者共同为持有接入终端的城市用户提供信息化服务。这二者中，以无线网络为主的信息化基础设施，包括通信基站、主干线服务网络、交换枢纽、数据中心等，与信息化应用形成了“皮”和“毛”的关系。所谓“皮之不存，毛将焉附”，即如果没有信息化基础设施的网络覆盖，相关的应用也就无用武之地；但如果没有完善的应用体系而空有网络覆盖，那么相关的建设投入也就难以吸引到用户、形成良性循环，大笔资金也就只能打水漂。然而无论如何，城市信息化建设的第一步，即为打造全面覆盖、拥有充足容纳能力的信息化基础设施。

二　无线网络建设与“无线城市”面临的问题

尽管目前以“无线城市”为代表的城市信息化建设在全球正如火如荼地开展，但无线城市建设也并非都一帆风顺。最早提出建设无线城市的费城，自 2005 年通过招标开工建设以来，在经历两家公司的倒手后，于 2008 年不得不放弃该计划；无独有偶，澳洲的新南威尔士州政府也由于资金压力在 2009 年不得不宣布取消无线城市建设计划；在亚洲，无线城市建设相对比较成功的新加坡和台北市，也面临着资金亏损的巨大压力。目前国内北京、上海、杭州等一系列大中型城市所开展的无线城市建设，也同样面临有效用户不足、网络覆盖效果不佳等一系列问题。而这些城市所面临的问题主要集中在无线网络等基础设施的建设方面。无线网络等基础性投入需要大量资金，由谁来买单、如何经营保证投资回报、采取怎样的商业模式保证网络最终建设并合理运转，这些都是亟待解决的网络基础建设问题。否则，非但无线城市的基础网络无法最终建成、半途而废，甚至可能造成大批投入成为沉没成本、烂尾投资。

从更长远看，技术总是要更新换代的，因此目前城市信息化基础设施建设中所采取的技术能够使用多久，未来能否相对容易且低成本地实现网络的不断升级、扩容，从而保证中国的城市信息化建设处于相对领先的地位，并且能够与国际性标准实现无缝接轨，甚至主动成为国际规则的制定者，都是需要提前规划的战略性课题。

三　以无线网络为主的城市信息化基础设施建设思路

根据以上所述，在中国要建成完善的以无线网络为主的城市信息化基础设施，需要从战略和战术层面形成一套全面的设计思路。就战略层面而言，这一建设思路包括选择何种技术、采取何种路径及方式达成城市区域覆盖；就战术层面而言，建设思路应当考虑基础设施建设的商业模式。此外，在信息化基础设施建设过程中，相关的监管举措也应跟上。

（一）无线网络建设的技术选择

目前主要无线网络的技术选择集中在接入技术上。目前可选的接入技术主要有 WLAN（Wi-Fi）、3G（包含 3G/3.5G/4G）和 WiMAX 三大类。这三类技术各有特点，但事实上其中任何一种都无法独自胜任整个城市的无线网络运转任务。因此，通常城市化信息基础设施建设中，都会兼顾覆盖范围、经济性等原则，选择其中两种接入技术的组合方案来进行具体施工。

1. 目前可选的无线网络技术及比较

在选择城市无线信息化的基础设施的技术方案时，首先需要比对各种现存无线接入技术的特点和优劣。根据现有相关文献，总结现有的三大类无线网络接入技术特点对比如表 1 所示。

表1　现有无线网络接入技术比较

接入方式	WLAN	3G(含3G\3.5G\4G)	WiMAX
覆盖距离	短(70~300米)	中(1~3公里)	远(10~60公里)
接入装置移动性	静止、低速移动	静止、低速或高速移动	静止、低速或高速移动
带宽速率	54~300Mbps	2Mbps/20Mbps/100Mbps	10~75Mbps
适用接入终端	PC及各类移动终端	各类移动终端	需专用数据卡
主要标准/制式	IEEE802.11	WCDMA/CDMA2000 EVDO/TD-SCDMA/FDD-LTE	IEEE802.16
目前推广状况	成熟推广、广泛使用	3G制式已被主流运营商广泛采用,FDD-LTE已成为国际主流4G网络	2007年被联合国国际电信联盟正式批准为3G标准;目前使用不广
成本比较	较低	低	高
保密性	一般	较好	好

从表1所列三种接入技术的对比情况来看，其中WLAN技术虽然成本较为低廉，安装相对容易（在已有有线网路的基础上只需要增加一个无线路由器即可设置成为AP热点），单个无线路由器可支持接入设备多且种类相对丰富，因此被家庭和办公场所广泛采用；但它的主要缺点是覆盖距离过短，同时网络安全性一般、保密性不高。3G类技术的主要特点是覆盖范围广，并且支持接入设备丰富，但主要缺点是接入速率低（尽管4G技术可以明显提升传输速率，但相应的投入也很大，且相关接入设备的商业环境培养也尚待时日，而3G技术的升级版本——4G技术还存在运营模式上相对3G技术的明显差异，后文将详细讨论）。而WiMAX技术具备速率高、覆盖距离远和保密性好等优点，但其最大缺点在于成本相对高昂，且需要专门推广接入终端，因此目前发展还不成熟，尚不

具备大范围推广条件，相对的运营成本也较为高昂。因此，根据其各自的优劣利弊，目前这三种主流接入技术中任何一种都无法单独担当一座城市的无线基础网络覆盖的重任。

从2G/2.5G到3G/3.5G再到4G技术，对于运营商而言，还存在运营模式上的重要转变。最初的2G/2.5G技术，运营商主要提供语音、短信类基础业务，数据业务只是辅助作用；到了3G/3.5G业务时代，运营商可以将已有的语音、短信等基础业务和数据业务所占用的信令区分开，因此在保证传统基础业务的稳定性基础上，还能够提供相对高速的数据业务体验。然而到了4G网络时代，传统的语音短信业务就将被VoIP等新业务完全取代，而其网络本身也将全面转向提供数据业务。因而，对于运营商而言，从2G向3G业务的转换，只不过是在原有基础业务之上增加了数据类增值服务。但从3G类技术制式转向4G网络制式，不仅意味着网络设备的置换，同时还要面临经营业务上的重大转变，即逐渐抛弃原有的基础业务。但从目前包括国内新兴的第三方通信业务（如微信等基于移动设备app的信息业务）的增长趋势，及其对传统通信业务份额的挤压，导致人均短信发送量甚至语音通话时长下滑来看，各大运营商逐步转型，未来抛弃语音、短信类基础业务也将是不可逆转的趋势，并且随着移动带宽的增加还将加速这一进程①。但总体而言，这是应当由市场需求的变化和市场机制来主导的。

就WLAN接入技术而言，目前可用于城市大规模无线组网的一种组网技术被称为Mesh WLAN。它通过网状分布的无线路由器和网状客户端间的相互合作与协同，实现区域无线环境覆盖和宽带网的移动高速接入。动态自组织、快速灵活自配置和自维护（避

① 见相关新闻http：//tech.sina.com.cn/t/2013-01-29/01598024048.shtml.

免了单点故障导致网络瘫痪）是这种组网技术的突出特点，同时它也能够与现有的固定宽带网络基础设施实现有效、无缝融合。因此是一种成本低廉的无线组网覆盖技术，在人口连续、集中分布的城市区域，是一种非常有吸引力的实现无线网络“最后一公里”接入的方案。

因此，目前可以选择的城市无线网络覆盖方案中，就有“3G + Mesh”和“WiMax + Mesh”两种选择。同时使用三种技术的方案看似可行，但实际上由于接入技术的选择不仅针对无线网络的基础设施，同时也要求对应的用户终端匹配相应的网络制式。而目前移动终端由于便携性和技术实现难度等，还很少有终端同时支持三种制式。尤其是 WiMAX，目前在中国推广度不高，仅在航运业等特种行业使用。从而，三种模式共同推广存在技术难度，往往只能以其中两种的组合为主。因此目前城市无线网络等基础设施建设中，可供选择的方案即为 3G 或 WiMAX 与 Mesh 网络的搭配两种。

2. 国内外技术方案选择案例

美国费城和硅谷地区作为最早建设无线城市的地区，早期主要采用 Mesh 网络方案。近年来，由相关设备制造商（如 Intel、思科、戴尔、SAP 等）推动，在美国和英国的 13 个城市或城区中，已经建设了“WiMAX + Mesh”无线网络。在越南胡志明市、新加坡、台北市等地区，则主要采用 Mesh 网络，但目前也开始探索引入 WiMAX 技术，以结合方案进行建设。WiMAX + Mesh 网络的组合方案，除了可有效搭配覆盖距离、速度相对高、无缝融合外，同时也为未来升级向 4G（FDD - LTE 方案）留下了较好的扩展性，因此目前这一技术方案的接受度和推广度正在逐步提高。

作为世界上 3G 技术发展和商用化较为成熟的日本，则在运营商现有 3G（并向 FDD - LTE 4G 过渡）网络的基础上，由 NTT West 等企业开始建设 WLAN Mesh 无线网络并向居民提供服务。

国内方面，北京以2008年承办奥运会为契机，最早于2006年提出无线宽带城域网建设规划，采用了“WiFi Mesh + WiMAX”组网方案；但截至2012年底，北京市并未实现五环内的全覆盖，而是（事实上）逐步过渡为电信运营商的“3G组网全覆盖 + 部分热点区域WLAN网络重点覆盖”的方案。而国内首个建成无线城市的上海嘉定区，则在2010年上海世博会前，采用“WiFi Mesh + WiMAX”技术率先完成了该市468平方公里内115万人口生活区域的全覆盖；其具体施工方案即为在路灯、电线杆等公共网络设施上安装无线基站的方式。天津市也开始利用已有的基础设施，建设了大规模的城市无线网络监控体系。

与嘉定类似，上海市辖区的i-Shanghai公共WiFi项目，和杭州的公共无线网络项目，均为政府提供的公共免费无线网络，但限制大流量数据业务的使用，仅仅限于提供基本网络服务。与嘉定的不同之处在于，上海市辖区和杭州的公共无线网络并没有对城市进行全面覆盖，而仅仅对人流集中的热点、重点区域进行了覆盖，总体上采用的是“3G + Mesh”覆盖方案。同样采取这一方案的还包括厦门（中国移动的“TD－SCDMA 3G + WLAN”）、成都等城市。

新疆作为人口分布较为稀疏的我国西部城市，实施无线城市的意义更明显，动力也更强。当地的城市信息化基础设施以租用轨道卫星、无线网络和地下光缆三种方式结合，对应普及GPS和3G网络接入终端，同时开发对应的无线应用和管理系统，有效地降低了由于距离较远造成的城市管理难度。新疆的信息化基础设施建设方案，是广大西部地区的一个范本。

3. 适合我国国情的技术方案建议

关于我国无线网络等城市信息化基础设施建设应当采取何种技术方案，首先需要考虑到国内的一个现实背景。那就是我国向电信运营商进行3G牌照发放的时间较晚，近两年才处于开始大规模推广3G制式的市场培育阶段，前期的大规模投资尚未进入业务成熟与回报期。但国内三大电信运营商中，由于3G网络制式的不同，选择自主TD－SCDMA技术的中国移动由于推广相对乏力，大量数据需求对其主要的2.5G和2.75G网络形成巨大压力，其现有网络已经不堪重负；同时移动3G所占用的TDD网段与WiMAX网段共享频率，因此不排除中国移动有可能直接放弃继续3G制式推广而直接迈向WiMAX和4G制式阶段。目前中国移动正在广州试点推广其TD－LTE制式的4G业务，而其所谓自主的TD－LTE与国际流行的FDD－LTE网络实际上90%的核心技术是相同的，且共同占用TDD网段频率。但同时需要注意的是，语音、短信等传统电信基础业务依旧是其主要收入来源，并且由于中国移动在这一市场上依旧占据最大的份额，而一旦4G业务广泛展开，由于带宽条件具备，VoIP通话等新兴免费业务将对传统业务形成巨大冲击。因此中国移动是否真的能痛下决心割舍这一业务尚需观察。

正是由于这一特殊背景，加上目前国内各试点城市多采取与三大运营商合作推广WiFi－Mesh网络的现状，目前我国大部分城市实际上已经形成了3G网络的暖区，而公共热点建设尚处于起步阶段。与此同时，由于WiFi技术的门槛较低，在学校、餐厅、公共娱乐场所和大型商业企业机构中，很多已经通过基于现有有线宽带网络、自行组建内部局域无线网的方式，建成了数目繁多的（室内场所）小型无线基站。因而，目前城市公共无线网络所要覆盖的重点区域，除了大型公共活动场所外，往往是街道、公路、环路、地铁沿线等开放的室外公共空间，而这些区域实际上与现有3G覆盖暖区是有重叠的。

基于目前我国的市场与技术现实，我们需要在现有3G网络、可能未来迈向3.5G甚至4G网络升级的基础上，慎重选择接入技术。如果现今使用了大批WiFi Mesh网络，但一旦未来高速4G网络铺开，反而会造成电信运营商铺设的无线暖区与城市公共网络的直接竞争关系。届时，任何一方占据上风，都会导致另一方的投资成为巨大的重复建设浪费。

因此，我国目前在建设城市无线基础网络时，需要考虑未来升级到4G网络的时间差；同时，架设现有Mesh网络的同时，也要为将来可能升级留下空间和便利。就目前网络制式、占用频道和技术发展趋势而言，在我国大部分城区推广WiMAX－Mesh网络作为公共无线网接入技术可能是更有远见的选择。

（二）以无线网络为主的城市信息化基础设施的覆盖方式

不论是采取“3G＋Mesh”还是“WiMAX＋Mesh”接入技术方案，一座城市的无线信息化基础设施覆盖方式还存在三种不同方案：其一，完全均质覆盖；其二，“暖区（Warm Zone）＋热点（Hot Spot）覆盖”；其三，重点覆盖。

这三种覆盖方式，主要区别在于成本，次要区别在于具体布网的方式。其中完全均质覆盖，主要适用于对城市某一人流集中、网络需求较大的核心区域的完全网络覆盖，要求保证同时在城市的每个角落，不论是街道、社区、大型公共场所，还是公交上，都能够接收到稳定的信号。而暖热区覆盖则适用于对整座城市的覆盖，但仅要求在城市的大部分区域（暖区）能够接收到信号，并且能够享受较低速的数据业务，而在人流相对集中的一些场所则布置容纳能力较大的热点，能够满足大量、相对高速的网络需求。相对于全面均质覆盖方案，这种方案的经济性更好，而且能够避免公共资源浪费。同样的，在我国中西部地区的城市与城市之间，只需要对重点道路、交通枢纽或其他公共设施沿线进行重点网络覆盖，而其中大片的空旷区域、人迹罕至的地区，甚至无须将其设置为暖区，只需依靠专业的卫星数据业务和无线电设备即可满足偶尔的需求。

目前国内外大部分城市所采取的是“暖区 + 热点”的覆盖方案，并且亚洲的日本和我国内地主要采用的是“3G 暖区 + WLAN Mesh”热点方案，欧美则在推广“WiMAX + Mesh”技术方案。相对的，中国台北市（90% 以上）、上海嘉定、杭州部分城区等城市和地区则采取的是完全覆盖方案。而我国新疆等西部城市则采用了重点覆盖方案。从这些案例我们不难看出，各地具体采取何种覆盖方案，应当对当地的地理环境、已有市政设施、居民真实网络使用需求和地方公共财政条件进行综合考量，权衡各方面得失和成本最优方案，从而采取务实的选择。

（三）城市信息化基础设施建设商业模式

1. 目前国内外主流运营模式及比较

综合国内外的城市信息化基础设施尤其是无线网络的建设案例来看，主要存在四种不同的运营模式，即政府主导运作模式、公司主导运作模式、公私合营运作模式和公共分享平台运作模式。这四种模式各有利弊，且发展前景不一。以下将对每种运营模式进行详细分析。

（1）政府主导运作模式。顾名思义，这里无线网络等基础设施即为公共品，城市政府全权负责无线网络设施的投资、建设、维护及运营等事务。典型的如欧洲的比利时、捷克，以及中国北京、杭州、上海等城市，都是由政府来主导无线网络基础设施建设，对项目拥有绝对的控制权。作为承载城市信息化功能的网络基础设施，与水、电、气及道路、地铁等公共事业基础设施具有一定的相似性，具备公共品或至少准公共品性质。因此政府介入其建设是有理可循的。然而这种完全由政府控制运作的模式，也容易导致城市公共财政的压力过大，同时政府也很难从中获得较高的收益来补贴前期的大量投入。譬如已经实现城市 90% 覆盖率的台北，在向用户收费的过程中就遇到了较大困难，在多年推广下注册收费用户数量依旧较少。所以，只有当一个城市的财政实力达到一定的水平，才有可能支撑得起这样的运营模式，但同样需要面对后期收费模式的问题。还需要注意到的一个方面是，上海嘉定区能够在2010年世博会前率先实现城区内无线网络全覆盖，政府负责招标、采购并主导建设的模式的高效率，功不可没。

（2）公司主导运作模式，即由私人机构通过广告、流量收费等方式，完全将无线基础设施建设任务交给市场。世界上第一个无线城市——美国费城正是采取了这样的经营方式，通过招标引入Earthlink公司负责建设该市的无线基础网络。另一家著名的MetroFi公司，也负责了美国的波特兰、圣克拉拉、圣何塞、桑尼维尔等城市的无线网络建设。这两家公司都是民间运营商，全权负责建设无线网络基础设施，随后通过广告收入来向用户提供免费或相对廉价的上网服务。然而作为所谓世界上第一个“吃螃蟹”的城市，费城却没有能够最终完成最初的规划，而MetroFi公司也在2008年不得不宣布全面终止了所有的在建无线城市计划。[①] 究其原因，完全民间主导的建设模式，在运营方面的压力较大；如果前期用户数不能迅速达到一定量，同时产生足够的广告等收入现金流，后期继续投入建设的资金链就很容易发生断裂。因此，完全由私营机构来进行网络基础设施的建设，运营难度相对较大，项目比较容易半途夭折。

（3）公私合营运作模式，也称互联服务提供商（ISP）模式。代表城市如英国伦敦、俄罗斯的莫斯科、新加坡、法国巴黎，及中国台北、上海、成都、广州、武汉、青岛和深圳等。这种模式是由无线网络运营商承建、政府也可以参与共建的方式来主导网络基础设施建设项目，但运营商可通过后期的运营和维护，逐步收回前期

① 见相关新闻http：//tech. sina. com. cn/t/2008－06－20/1002701672. shtml。

投资；政府将以部分补贴的方式帮助运营商负担一部分前期投资费用，从而降低其资金压力，同时政府也将为运营商提供一部分公共资源方面的便利。这一模式最大的好处在于，业务的盈利模式相对于政府完全主导模式更加清晰，同时政府作为后盾也能够保证无线基础网络的全面覆盖建成。譬如，在建设 Mesh 网络时，政府可以向运营商开放路灯、电线杆等城市公共基础设施，允许运营商利用现有公共资源直接架设无线路由和无线热点，这样既便于施工，也便于管理。然而这样的经营模式也存在一定的不足，主要是来自已有的电信运营商方面的压力。譬如采用“3G + Mesh”网络覆盖方案的城市，从事 3G 网络运营的已有电信运营商，与搭建 Mesh 无线热点网的运营商如果不是同一家，势必会导致运营商为了争夺用户流量而激烈竞争，从而不利于市场的健康发展。同时，如果有多于一家运营商参与到同一个城市的无线网络建设中来，又存在如何合理规划相互竞争的运营商的网络架设问题，既不能妨碍市场的公平竞争、不能形成市场寡头合谋，又要避免重复建设、无序过度竞争情形的发生。

（4）公共分享平台运作模式，是通过发动拥有无线宽带接入资质和无线节点的机构、组织和个人，通过类似“加盟营运”的方式，将自身所拥有的资源共享、开放，从而通过自发、自组织方式形成虚拟无线组网社区。这一方案的实施典型如西班牙的 Fon 组织。它的优点在于，有效利用社会上闲置的无线网络带宽资源，实现了较低成本下的网络覆盖。但它的缺点也显而易见：各种加盟宽带接入点没有统一设计的标准，导致网络信号和可供接入带宽水平参差不齐，难以真正实现达标的全覆盖；同时由此可能带来的网络安全和费用甚至法律纠纷等问题，也是巨大而繁琐的管理难题。因此，这一模式真正要大面积推广，实施起来难度相当高。目前大部分国家和地区对其持保留态度，但在某些特定地区，结合当地城市的实际情况，该模式未尝不可适当鼓励和推广，作为一种补充性的无线基础网络平台。

从以上分析来看，由于城市信息化基础设施带有一定的公共品色彩，完全由私营公司来建设和经营的模式，成功者寥寥；而公共分享平台运作模式，并不适合大面积推广。因此，目前大部分国家和地区，是在政府完全主导和公私合营这两种模式中作选择。而同时我们也能够看到，选择哪一种运营模式，答案并非一成不变，需要结合每一座城市、每一个地区的既有设施状况、财政实力和自身特点等因素，具体分析选择合适的建设及运营模式。

2. 适合我国国情的商业模式建议

目前已经试点无线城市网络的北京、上海、杭州等地，都是以三大电信运营商为主来推广 WiFi Mesh 方案。但事实上，由于电信运营商在主推 3G 业务时，尤其对电信和联通两家，数据业务流量费收入已经成为新的增长点，因此对无线热点并没有自发、内生的推广动力——稳定、低廉的公共热点只会直接替代对其收费数据业务的需求。

基于这样的现实，目前我国城市公共无线网络基础设施建设只能靠政府来主导推动。但在具体实施中，是否一定要像杭州那样，政府完全买单、免费提供公共无线网络接入，各地也需要从自身条件出发，量力而行。在已经实现 90% 城区覆盖的台北，一方面公共财政压力过大，另一方面推广收费注册时习惯了免费网络业务的民众又反响不大，注册用户增长缓慢，长此以往一旦财政无力支付、无法形成良性的商业模式，很可能要步美国费城的后尘。

以往国外建设无线城市的一些经验教训也同时表明，完全依靠上网服务本身，是无力形成自洽的商业模式的，需要后续的内容服务建设进一步跟上。正如电信运营商通过推广 3G 移动终端和相关数字服务（如苹果 OS 终端和安卓系统终端的 app 应用市场），以丰富的内容来带动数据业务消费一样，城市无线网络建设不应仅仅止步于建设一张基础网。

与此同时，国内目前很多经营性商业服务场所已经建设的私有WLAN热点，也是可以考虑利用的资源。如果能够借鉴类似西班牙的公共分享平台，找到一条合适的途径和业务模式，充分利用这些已有的社会资源作为补充，那么也不失为一种有效的建设途径以更好地满足城市无线基础网络建设中“最后一公里”需求。

（四）我国信息化基础设施建设中的监管问题

目前，我国并没有具体针对城市无线信息化建设的专门性法规。但从监管主体、建设及经营主体资质监管、建设过程监管和无线网络资源规划监管等涉及无线网络的城市信息化基础设施建设过程来看，各自有一些相关法规和政策可以援引。但由于城市信息化建设属于较新领域，目前国内关于信息化基础设施建设的监管在这几个方面，都还存在着一些问题。

首先，对于城市信息化建设过程中相关监管主体的规定存在主体不明确、多头监管等问题。譬如，由原信息产业部所发布的《关于“公共网络基础设施”含义和范围的批复》，对于公共网络基础设施的内涵进行了定义，尤其是给出了所谓公共网络基础设施和非公共网络基础设施的划分标准，认为只要其服务对象是社会公众，不论设施的权属关系如何，皆可认定为公共基础设施。同时，按照这一定义，无线网络等信息化基础设施就应当被列为所谓的“公共网络基础设施”，从而根据《电信条例》的规定，其建设应由国务院的信息产业主管部门进行统一规划和管理，具体即为我国的工信部以及下属的各省、自治区和直辖市的通信主管部门。但事实上，在无线网络WiFi Mesh的架设过程中，往往需要征用已有的路灯、电线杆等市政设施，但工信部及其下属机构根本无权直接征用，还需与其他相关市政部门沟通。因此在具体建设施工中，还存在不少监管交叉地带，需要更高层面的政府职能部门加以协调。

其次，无线网络基础设施的建设、经营主体资质方面的监管，既存在很多空白地带，也存在不少繁文缛节、降低效率的门槛。例如，在《电信业务经营许可证管理办法》中提到，无线网络的基础设施的建设与经营者，必须在电信主管部门获得批文及相应的业务经营许可证。而如果是提供增值电信业务服务的经营许可证，还存在所谓的专门的跨地区许可证，和各个省、自治区或直辖市管辖范围内的对应的经营许可证。此外，上述所有许可证存在有效期，每五年需要重新申请一次。即便是所建设的无线网络基础设施服务范围很小，仅仅为某个社区或某幢建筑物提供无线服务，那么运营商也必须根据原信产部的《关于加强对电信管道和驻地网建设管理等有关问题的通知》的规定，到相关主管部门去申请对应的经营许可证。由以上所述可见，无线网络基础设施的建设与经营者在相关业务范围资质上有严格的规定。然而根据相关案例资料，实际运营中，由于经营许可证严格划分了无线频率频段等技术标准，我国一些承建单位在实际施工中，往往无法严格按照国家相关规定，一一获取相关资质。由此可见，在我国城市无线基础设施的施工过程中，还存在许多监管空白地带，亟待完善；一方面要加强资质管理，另一方面也应便于相关企业获得相关资质，而不致过多设关设卡。

再次，关于无线网络基础设施建设招标过程的监管。原信产部所发布的《通信建设项目招标投标管理暂行规定》中，对于无线网络等城市通信基础设施的规定明确指出，其主管部门是设立于各省、自治区和直辖市的相关通信管理机构，并且明确了其管辖范围、业务职能和权力边界，包括整个建设招投标过程中的关键流程和关键人员、评定专家的资质审核等。同时，《电信设备进网管理办法》、《通信工程质量监督管理规定》等由相关部门发布并实施的相关文件，进一步明确了建设所使用的设备的技术许可标准等具体细节。从已有的相关管理文件来看，我国无线网络基础设施的每个环节都已经有法、有政策可依，并且细致入微，覆盖全面。然而，目前从我国建设无线城市的各地实践来看，相关的项目招标几乎不经过当地的通信管理机构，监管缺位、缺乏统一管理；同时由于相关管理政策没有能够及时跟上，对较为新兴的技术如 WiMAX 和 WLAN Mesh 网络，主管部门尚未分配相关频率资源并发放对应牌照。而无线网络基础设施工程质量的监管，则更多是由地方信息化主管部门来执行，而非按上文所述，由各地方的通信管理局来负责工程的招标、施工及质量监督等工作。这样的监管现状，一方面可能导致无线网络施工质量难以得到保证，同时由于缺乏专业的技术监管力量，如果辐射等相关指标不能达标，甚至可能危害公众健康；另一方面全国缺乏完善、统一的监管标准，各自为政，也容易导致管理混乱等问题，并且难以避免寻租行为的出现。

最后，无线频率资源的划分与监管。无线频率是极为重要的战略和公共资源，应由国家工信部和无线电管理局等机构统一规划、严格管理。同时，依据频率划分，对相关无线电设备的标准颁布统一监管法规也是必需的。无线资源的监管也是无线网络基础设施安全性的重要保证。而我国对这一领域已经出台了相关法律和政策文件。譬如 2003 年颁布的《无线局域网产品强制性认证实施规则（无线局域网产品）》（后因故未能于预定的 2004 年 1 月实施而延期），以及 2005 年由国家发改委、原信产部和财政部联合发文的《无线局域网产品政府采购实施意见》，对政府采购提出了优先选择符合国家标准（WAPI）并通过国家认证的产品的相关要求（自 2006 年 2 月起实施）。但以上所述的法律与政策、规定、意见，在目前的实际执行中，由于实质性监管的缺位，往往成为一纸空文；各运营商、建设商依旧是各自按照内部标准进行采购、制造并施工，使得无线网络安全问题越来越突出。直到2009年，国内三大电信运营商才明确表态按照WAPI国标统一采购相关设备，而未来相关方面依旧任重道远。因此，我国在统一无线频率划分、统一国内网络设备标准等方面，还需下更多功夫，不仅要出台相关的文件，同时要通过加强实质性监管，把政策真正落到实处。

四　结论

从本文的研究中，总结出中国建设城市无线网络为主的信息化基础设施中的思路。

首先，立足现有3G网络作为城市无线覆盖暖区，在向3.5G乃至4G网络升级的过程中，考虑采用“WiMAX + Mesh”作为城市无线网络建设的接入技术首选，与此同时审慎把握发放4G业务牌照的时间点。

其次，结合各城市自身人口、地理、财政等各方面条件，理性选择完全覆盖、暖热区覆盖或重点覆盖方案。

再次，根据城市财政实力选择政府主导，或公私合营的商业模式进行推广，同时在有条件的地区，可以探索公共平台分享模式作为补充。

最后，工信部、无线电管理局等相关监管机构应共同介入，完善相关法律法规，确保城市无线网络等信息化基础设施建设的全过程透明化、合理化、规范化。

（执笔人：彭鹏）

参考文献

蔡桂浩：《无线城市技术选项和发展策略研究》，《广东通信技术》2009年第9期。

陈才：《2012～2013年智慧城市发展回顾与展望》，《现代电信科技》2013年第Z1期。

陈宁夏：《中国无线城市建设运营模式探讨》，《福建电脑》2009年第2期。

陈清金、张云勇：《中国联通无线城市建设思路及优势分析》，《移动通信》2009年第21期。

陈如明：《城市信息化与无线城市发展策略思考》，《移动通信》2009年第15期。

陈英杰：《中国无线城市发展现况分析》，《电子与电脑》2010年第6期。

方友斌：《浅析无线城市的发展及信息化的推进》，《移动通信》2010年第Z1期。

冯宝华：《后3G时代无线城市运营模式的研究》，中南大学，2012。

傅海：《无线城市发展模式探讨》，《电信技术》2009年第7期。

高功应、史文祥：《基于移动网络的无线城市组网研究》，《邮电设计技术》2009年第2期。

高雪平、刘富春：《制约无线城市发展的因素探讨与建议》，《移动通信》2009年第21期。

宫磊、房海玮：《论无线城市的应用方向》，《信息技术与信息化》2011年第3期。

郭娟娟：《无线城市：改变生活的第五基础设施》，《中国新通信》2011年第16期。

郭正平、张红岩、王容等：《四川移动“无线城市”建设及商业模式研究》，《电信工程技术与标准化》2010年第4期。

何廷润：《无线城市监管政策分析与难点》，《移动通信》2009年第

21 期。

洪卫华：《我国中等城市“无线城市”建设模式研究》，华东理工大学，2012。

胡映红、黄震强、苏艳：《无线局域网（WLAN）的优势和技术架构》，2009 第五届苏皖两省大气探测、环境遥感与电子技术学术研讨会，中国江苏扬州，2009。

黄芷辛：《无线城市中多运营商 WiFi 网络的部署》，《中国新通信》2012 年第 14 期。

阚凯力：《无线城市的运行模式》，《中兴通讯技术》2008 年第 6 期。

李劼、许舫：《新型无线城市发展研究》，《移动通信》2009 年第 21 期。

李珊：《全球无线城市浪潮解析》，《现代电信科技》2006 年第 8 期。

李艳红：《无线宽带网络建设和管理思路探讨》，中国通信学会信息通信网络技术委员会 2009 年年会，2009。

李佑聪：《免费的公共 WiFi 能长久吗?》，《IT 时代周刊》2013 年第 2 期。

刘钢庭：《浅谈无线城市平台的建设及其应用》，《广东通信技术》2012 年第 4 期。

刘克飞、谢浩：《基于智慧城市建设的电信运营商竞合研究》，《电信科学》2012 年第 9 期。

刘磊、王亦斌：《电信运营商“无线城市”发展策略探讨》，《邮电设计技术》2010 年第 3 期。

刘礼白：《数字城市与无线城市的关联》，《电信网技术》2009 年第 1 期。

毛健：《无线局域网（WLAN）技术及应用》，《自动化与仪表》2005 年第 S1 期。

牛钢：《WIFI 技术在实际建设运行中的应用和研究》，北京邮电大学，2012。

潘丽、董利波、周熔：《无线城市：从热点服务到全面应用》，《现代电信科技》2010 年第 6 期。

潘毅明、陈文、沈世锦：《无线城市的覆盖策略研究》，《电信科学》2008 年第 5 期。

邵佩、吴迎笑、温熙华：《无线城市建设中 WLAN 热点的部署及优化》，《电信技术》2011 年第 11 期。

童俊杰、孙文超：《无线城市　精细服务——电信运营商的下一个突破口》，《中国电信业》2011 年第 11 期。

王操、王蕾：《无线城市建设的一般框架研究》，《科技管理研究》2012 年第 5 期。

王亮、胡虹、柳瑞芸：《无线城市建设中 WLAN 规划方法研究》2012 年度全国无线及移动通信学术大会（WMC'12），中国内蒙古呼和浩特，2012。

王亮、胡虹、柳瑞芸：《无线城市建设中的 WLAN 规划方法研究》，《移动通信》2013 年第 2 期。

王瑞峰：《基于 WLAN 构建无线城市的规划设计分析》，《电信科学》2011 年第 6 期。

B.8

电子商务：中国经济发展的新引擎

摘　要：

电子商务是利用计算机和网络等现代信息技术进行交易的各类商务活动的总称，其发展和影响远远超出了人们的预期。本文阐述了电子商务发展现状，梳理了电子商务发展历程及重要作用，分析了存在的问题，并提出了对策建议。

关键词：

电子商务　互联网

说起电子商务，人们不能不感慨2012年11月11日，这个被称为“双十一”的普通一天，引爆了一场网络消费盛宴。11月11日第一分钟，“天猫网络商城”就迎来了1000万购物人群，半小时后，通过支付宝的交易额突破10亿元。两个多小时后，总销售额超过30亿元。截至24时活动结束，支付宝销售额达到创纪录的191亿元。这一天，有2亿多用户登录了网站，1万多商家参与了活动，生成订单超过1亿笔，远远超过美国“网购星期一”15亿美元的纪录。在人们惊叹井喷式消费的同时，电子商务以强劲的姿态表明，一个中国经济发展的新引擎已经诞生。

一　电子商务发展现状

电子商务是利用计算机和网络等现代信息技术进行交易的各类

商务活动的总称。从1999年阿里巴巴电子商务平台诞生至今虽然只有10多年时间，但其发展和影响却远远超出了人们的预期。

从交易规模来看，自2003年开始我国电子商务就保持了快速增长态势，即使受全球金融海啸冲击，2007～2010年年均增长仍然超过30%。2012年网络零售额超过1.3万亿元，在国内消费总额中占比突破4%，整体交易规模超过日本，2013年将会超过美国成为全球第一大网上交易市场。从品类扩展来看，早已从信息家电（3C产品）、图书等标准化品类，扩展到了服装鞋帽、化妆品、食品、家用电器、家居百货、文体用品、珠宝配饰等。京东商城在线销售的商品总量超过3.6万种，许多家庭生活服务、政务服务都能在线上实现，线上零售与线下零售的差异正在迅速缩小。

目前，电子商务特别是网络消费日益呈现出主流化倾向，消费主体从最初的“80”、“90”后正逐步向中老年群体扩展。越来越多的社会中产阶层，在切实体验到电子商务的安全便捷之后，迅速放大购买量，从一般的电子机票逐步向品牌商品过渡。电子商务正成为我国消费者日常商务与生活的重要组成部分，成为居民消费的一个主要渠道。一些商品甚至选择不通过实体店分销而仅在线上销售。还有一些属于炫耀性消费的商品，比如钻石的购买，多数情况下是家庭集体决策的结果，一直被认为不适合网络销售，但事实上我国消费者正逐步接受从网上选购钻石，原因就在于线上销售不仅可以削减多层分销环节的成本，还可节省实体店面的高额租金和装修费，从而大大降低了售价。

网络消费的兴起直接导致了电子商务业务模式的深化。我国电子商务主要分为企业对企业（B2B）、企业对消费者（B2C）、消费者对企业（C2B）和消费者对消费者（C2C）四种模式，目前来看，每一种模式都有不断深化的趋势。京东商城是B2C企业的典型代表，2009年3月它的单月销售额在全国率先突破2亿元，仅仅时隔一年销售额就达到了100亿元，而京东2012年的业绩目标是年收入600亿元！同时，各种商业模式也不再以孤立的形态出现，往往根据企业发展需要适当融入其他商业模式。以京东商城为代表的B2C企业积极引入团购，以C2C为代表的淘宝网先后推出淘宝商城（现在改名为天猫）、聚划算，涉足B2C和团购模式，而以团购起家的聚美优品也在2011年开设了B2C网站。电子商务还在深刻改变和重塑着传统企业的经营模式，许多零售企业正加快建构网络平台，争取网络客源，2008年百联电商OK会员发展到1500万名，网上交易额突破12亿元，成功实现网下与网上的融合。而苏宁、国美与京东商城为做大规模，不断掀起一轮又一轮的价格战，也充分显示了该领域竞争的惨烈。目前，苏宁电器已经正式更名为苏宁云商，试图在更宽广的领域利用电子商务平台，抢占未来竞争的先机。

二　中国电子商务发展历程及重要作用

中国电子商务发展大致经历了三个时期：1999～2002年是萌芽阶段，网民少，网商更少，以8848为代表的一批企业折戟沉沙；2003～2007年是兴起阶段，中小企业电子商务平台——阿里巴巴开始盈利，当当、卓越、淘宝、eBay、易趣等一批电子商务企业快速崛起，网商数量从2004年的400万发展到2007年底的3550万；2008年至今电子商务进入爆发式增长阶段，阿里巴巴、网盛上市标志着B2B领域的发展进一步规范化，淘宝战略调整、百度试水C2C市场，意味着电子商务开始优化和细分，苏宁、国美等传统零售商纷纷跟进，PPG、红孩子、京东商城等更是引爆了整个B2C市场。

电子商务为什么能够在短期内迅速崛起？简单来说，与传统商务模式相比，电子商务可以使商家及时、准确地了解销售情况和供求信息，有针对性地调整生产和销售计划，大大降低了库存成本。同时，规模化、专业化、数字化的第三方物流又能帮助电子商务零售业打通流通渠道，显著降低交易成本。艾瑞公司数据显示，网店与实体店相比，能够节省60%的运输成本和30%的运输时间，降低55%的营销成本和47%的渠道成本。从本质上看，电子商务具有跨越时空的特点。网络可以将地理上分散的企业组织连接在一起，从单纯的地理空间进入地理空间与虚拟空间复合叠加的一个新空间。在这个新空间，信息流和资金流通过互联网可以畅通无阻地流动，极大地拓展了商业空间和提高了交易效率。电子商务能够大大缩小生产者与消费者之间的距离，实现个性化消费和柔性化生产的有效对接，尽可能地释放市场消费能力。

而且，电子商务产业有效地推动了流通业、制造业、物流快递、宽带、支付等产业的发展。特别是作为一种创新，电子商务通过提供新的服务、新的市场和新的经济组织方式，推动着传统经济的转型升级。从这个意义上说，电子商务必将对我国经济社会产生巨大而深远的影响。

推动组织方式变革。在现代经济社会，企业经营环境发生了根本性的变化。市场需求的多样化、个性化以及生产的相对过剩，使得产品生命周期缩短，价格竞争加剧。原有的大规模标准化生产、海量营销模式受到了挑战，企业需要更多地从消费需求出发来组织生产和营销。电子商务正是利用其跨地域、实时化、低成本的特性，推动企业业务流程的改造，甚至创造出全新的经营模式，使原有的大规模工业生产能力对接市场上的小批量个性化需求，实现了柔性大规模定制，提高了企业市场竞争力。

优化区域经济结构。国内商品市场长期存在区域分割的问题。电子商务的发展能够加速区域经济融合，有效促进全国性大市场的形成，帮助中东西部地区工业品及商品更便捷的销售，缩小地区差异，尤其是农村电子商务的发展带动了跨区交易的形成，在一定程度上降低了区域经济发展的不平衡。另外，凭借互联网有助于打破国界和各种贸易保护主义屏障的特点，电子商务还可以为我国中小企业进行海外市场的营销与贸易提供平台，增加出口机会。

增加就业改善民生。调查显示，每增加1%的中小企业使用电子商务，就可带来4万个新增就业机会，每一个电子商务直接就业又可以带动约2.85个间接就业。电子商务还给人们带来了工作、生活方式的转变，使得SOHO和数字化生活成为现实，人们足不出户就可以进行网上购物、网上娱乐、网上旅行预订等，极大地方便了人们的生活。更重要的是，掌握了电子商务技能的草根阶层能够通过诚信勤奋的网上经营来解决生存和发展问题，从而实现自我价值。

三　中国电子商务发展中存在的问题及对策

与世上万物一样，电子商务及其相关产业在发展过程中也出现了一些问题，这是正常的，也是不可避免的。对于不同问题我们应当有所区分，区别对待。有些问题是传统商贸领域也存在的，如假冒伪劣、缺乏诚信等，对此政府应加强监管，积极维护市场的正常交易。还有一些则是由电子商务交易特性衍生出来的问题，如网关认证、网络安全等。还有B2C企业只赚规模、不见盈利的问题，从最早的8848到如今的亚马逊，再到后来成长起来的红孩子、凡客都普遍存在。我们认为，这类问题是在商业创新过程中出现的，监管部门和业界应当抱以宽容的态度，用市场的方法解决，切不可一遇到问题就动用行政手段严格约束。对电子商务产业的监管更多应侧重于对消费者权益的保护，即通过完善相关法律法规，使维护消费者合法权益成为规范企业行为、促进行业健康发展的动力。

确实，电子商务的快速发展对原有商业秩序构成了巨大冲击，特别是与传统产业的矛盾在加深，电子商务的发展不仅影响了传统商业企业的增长空间，也侵占了它们现有的市场。2013 年“两会”以来，关于向电子商务企业征税的问题引发了激烈讨论。实际上，征税问题是传统商业模式与电子商务之间矛盾的集中爆发，税收成为传统产业寻求公平竞争的重要诉求。从国际经验来看，电子商务属于技术密集性高、研发投入大、风险较高的产业，往往需要政府通过税收、融资等优惠政策来予以扶持。美国早在 1998 年就出台了电子商务交易免税法案，50 个州中有 41 个州对网络服务商免征销售税、使用税；45 个州对网上进行的商品交易征收 1% 的消费税、使用税（远远低于常规的 4% 以上的商品销售税）。但随着电子商务竞争能力的增强，美国参议院 2013 年 5 月 6 日通过的《市场公平法案》，允许各州政府对电商进行跨区征税（州外销售低于 100 万美元的网店可被豁免），这在一定程度上削弱了网购的价格优势。当前，我国对电子商务征税具有一定合理性，但其作为战略性新兴产业，在确定向谁征税和征多少税、制定怎样的产业政策时，都应当以促进电子商务产业可持续发展，提高社会整体福利为主要考量，在兼顾当前和长远利益的基础上形成合理的税收方案。

寻根究底，当前电子商务领域出现的问题，关键在于对电子商务的理论研究和阐释不足，没有比较完备的理论体系，也没有前瞻性的宏观规划。缺乏理论依据和产业政策的指导造成了有效监管的缺失，许多职能部门的监管者思想意识落后，简单地把电子商务等同于商务的电子化，依旧按照传统的理论和思想管理电子商务产业，从而导致现行的法律法规、政策环境、市场秩序还不适应电子商务的快速发展。因此，要强化电子商务的教育与培训，培养电子商务人才；特别是要加强电子商务理论研究，制定科学合理的产业规划。大专院校和科研院所应以电子商务产业发展中的现实问题为对象，开展深入系统的理论研究，为产业政策提供理论依据和指导。各地各级政府部门决不能简单搬用其他产业的发展方式，要科学制定电子商务发展规划，保障电子商务健康发展。

（执笔人：荆林波）

参考文献

中国互联网络信息中心（CNNIC），2010。

刘冰涛：《我国电子商务发展现状研究》，《产业经济》2008 年第 6 期。

郭晓慧：《浅谈我国电子商务发展现状及对策》，《管理科学》2010 年第 10 期。

中国电子商务研究中心：《2010 年电子商务市场数据监测报告（上）》，2010 年 8 月 5 日。

B.9

物联网发展对城市空间结构影响初探

——以长春市为例

摘　要：

在全球化进程中，“物联网”作为信息产业发展的新方向，近年来受到广泛关注。本文基于对“物联网”概念、特点及应用的分析，从理论和实证两个层面对“物联网”的发展将会对城市空间结构所产生的影响进行了初步分析和探讨。在城市内部，“物联网”的发展会进一步强化集聚趋势和扩散趋势，使城市空间结构呈现集聚趋势与扩散趋势并存的空间发展非均衡态势，并弱化城市功能分区，加强城市内部各区域的相互融合；在区域层面上，“物联网”的发展会使城镇体系格局由原有的等级结构逐步向平面化的网络体系结构迈进，并形成新的极化和“核心—边缘”空间结构。在理论分析基础上，以长春市为例，将“物联网”发展对城市空间结构的影响具体化，从城市内部空间结构优化、城市外部空间结构重塑和城市发展三个方面进行了分析预测及展望。

关键词：

物联网　城市空间结构　长春市

在全球经济一体化的进程中，信息产业的快速发展以及“物联网”等信息技术的兴起，对当今社会产生了极大的冲击力。就像19世纪初的工业革命给世界带来重大变革一样，信息革命也在深刻地改变着世界。物联网及传感器等具有突破意义的信息技术的逐步成熟，给城市发展带来新的契机，对城市空间结构产生了重大影响。可以说，作为新一代信息技术发展方向的“物联网”，其产生、发展及应用，必将推动城市空间结构的优化和拓展。

一　物联网及其特点

“物联网”作为继计算机、互联网与移动通信网之后的世界信息产业发展的新浪潮，近年来受到广泛关注。“物联网”的出现，打破了单一互联网模式的信息垄断格局，中国移动研究院副院长杨志强甚至预言，这一技术的发展与应用将会催生一个上万亿元规模的高科技市场。

（一）物联网的概念

“物联网”的概念最早由麻省理工学院Auto-ID实验室于1999年首次提出，当时的EPC（Electronic Product Code）系统，即为“物联网”概念的雏形。2003年，美国《技术评论》提出传感网络技术将是未来改变人们生活的十大技术之首。

2005年，在突尼斯举行的信息社会世界峰会（WSIS）上，国际电信联盟（ITU）发布了《ITU互联网报告2005：物联网》，正式提出了“物联网”的概念。

“物联网”（Internet of Things），是指将各种信息传感设备，如射频识别（RFID）装置、红外感应器、全球定位系统、激光扫描器等种种装置与互联网结合起来而形成的一个巨大网络。其目的，是让所有的物品都与网络连接在一起，方便智能化识别、定位、跟踪、监控和管理。

（二）物联网的特点

“物联网”的核心思想是在计算机互联网的基础上，利用标识、无线通信等技术，构造一个覆盖世界万事万物的网络，在这个网络中，物品无须人的干预就能够彼此通信，进行自动识别、信息共享与协同工作。“物联网”主要具有五大特点，一是对物品实现唯一标识，二是对物品进行快速分级处理，三是对物品进行实时监控，四是对物品实行自动非接触式处理，五是实现供应链中各个环节信息共享。

“物联网”用途广泛，遍及智能交通、环境保护、政府工作、公共安全、平安家居、智能消防、工业监测、老人护理和个人健康等多个领域。未来10年内，“物联网”作为一种在全球范围内对物品实现跟踪监控的全新技术，会得到大规模普及，必将在很大程度上改变人们的生活，影响城市的空间结构和发展形态。

二　“物联网”对城市空间结构的影响

城市空间结构是城市要素在空间范围内的分布和联结状态，是城市经济、社会、文化活动等城市功能组织在地域系统上的投射，包含城市内部空间结构和城市外部空间结构两个系统。城市内部空间结构主要指城市内部要素的地域布局和组合关系，而城市外部空间结构主要指城市在区域中的规模序列和分布状态。城市空间结构是多重因素共同影响、交叉作用的结果，“物联网”的产生和发展对城市空间结构的影响不可忽视。作为新一代信息技术的发展方向，“物联网”没有脱离信息技术的范畴，因此，在一定程度上，“物联网”会延续或是强化信息化所重塑的城市空间结构格局。但与此同时，“物联网”作为一种新生事物，它的广泛应用和多维渗透，必将使城市发展及其空间结构处于一种新的影响机制作用下，呈现出新的发展特征。

（一）“物联网”引起城市内部空间变化

“物联网”技术的发展增强了城市的复杂性，也使得城市内部活动的空间组织发生了巨大的变化。以“物联网”为核心的新一代信息技术对城市内部空间所产生的影响，主要表现为集聚趋势与扩散趋势并存的空间发展非均衡的态势，以及城市内部功能分区的逐步弱化。

1. 城市空间变化趋势

“物联网”的发展对城市空间扩展的作用是多方位、多层面的。其中，对集聚与扩散两种相互对立的变化趋势应给予重点关注。

（1）城市空间的集聚化趋势。尽管“物联网”等信息网络对物质空间有一定的超脱性，但是“物联网”本身却需要在具体的空间领域实现。“物联网”等新兴技术的应用会首先从城市基础设施完备、智力资源丰富的区域信息网络中心开始，使城市中心地区的吸引和辐射能力逐步增强，成为多种功能和大量信息融合的复合体。为满足多功能、高质量的协调合作需求，城市必将呈现出各种功能在中心地区进一步集聚和融合的趋势。城市空间集聚化趋势会促进城市中心地区进一步发展繁荣，使城市中心地区功能更为强大和多样。

（2）城市空间的扩散化趋势。“物联网”的蓬勃发展，使城市各种功能的发挥可以不受空间限制，而是根据各自的发展战略需要自行选址。虽然城市的信息实时监控和网络系统管理不能阻止和取代自然条件和资源对城市区位选择的影响，也不能取代现代化交通运输网络的发展，但“物联网”的普及却可极大地提高城市各种功能的区位自由度和空间相互作用，从而导致经济运行对空间依赖程度逐步降低，使城市空间向外扩张的能力得到放大。这就是城市空间的扩散化趋势。扩散化趋势引导城市人口和产业向城市外围疏散，使城市部分职能外迁，拓宽了城市活动空间，延伸了城市地域分布范围。

2. 城市空间的非均衡扩展

在现实环境中，“物联网”等信息技术的发展是非均衡的，不同地域获得信息服务的程度不同。在城市逐步发展的过程中，集聚与扩散两种趋势互为补充、共同作用。可以说，“物联网”将使城市空间结构发展呈现出集聚趋势与扩散趋势并存的空间发展非均衡的态势。集聚化趋势使得高层管理机构加速向中心城市集中，进一步强化和扩充城市 CBD 的功能和作用；分散化趋势使得制造业从城市中分离出来，形成研发中心、产业园区等。而为了便于同管理机构联系，分离出来的产业一般分布在交通和通信较为发达的城市外围，或沿交通走廊延伸。因此，城市空间的扩展表现为中心城市高度集聚，并向外呈非连续性用地扩展。

3. 城市内部功能分区逐步弱化

“物联网”等信息技术的高度发展，会使城市原有的区位优势相对降低，随着不同区位地段所带来的超额利润的差距逐步缩小，城市土地级差地租的梯度将会趋于平缓。因此，传统的城市内部功能分区格局将日趋模糊。与此同时，新兴信息技术所带来的人们生活方式的改变，如“远程办公”、“远程教育”、“网上购物”、“网上诊疗”等将使居民对固定场所的依赖性大为减弱，使得城市的功能分区逐步弱化，多功能的复合社区将成为城市空间的重要组成部分。城市发展逐步走向多种功能混合，城市土地的使用性质呈现出兼容化的趋势。

（二）“物联网”影响城市外部空间格局

“物联网”的快速发展和广泛应用，将使得不同层面区域空间组织发生剧烈变化。在区域层面，城市间单纯的行政等级联系逐步向复杂的网络式互动联系转化，新的城镇体系格局将逐步孕育。与此同时，新的极化作用也将通过新兴信息技术的密切联系，逐步形成新的“核心—边缘”空间结构。

1. 城镇体系格局向网络化迈进

高度发达的信息技术，使城市空间不断扩展，对外联系更加紧密，城市之间、城市与地区之间联系加强，城市群体的空间关系从“独善其身”走向“共荣共进”。特大城市、大城市、中小城市和各类城镇、乡村等不同级别的城镇组合成城镇系统，中心由一个或几个特大城市构成，通过基础设施将大、中、小城市及各类城镇、乡村连接成一个信息网络，各个城镇成为信息网的节点。与此同时，随着信息网络的畅通，信息话语权下放，以及信息组合方式更加多样，城乡之间联系将更为密切，城乡差距逐步缩小，原有的“金字塔”等级结构有望向平面化的网络结构演变。

2. 新“核心—边缘”空间结构逐步形成

随着“物联网”技术的发展和区域性信息网络的形成，掌控“物联网”标准和信息资源的特大城市将成为新一轮的垄断中心，控制区域的经济活动，主导区域城市的发展方向，甚至将影响区域的文化理念和价值判断，而那些无力发展信息经济的城市则会更加衰落。由此可以推测，在“物联网”发展初期，其所带来的极化效应会大于涓流效应，在一定程度上加速特大城市的极化，并使中小城市和农村地区被“边缘化”，地区差异的不断扩大会导致新的极化空间的产生，进而在大的区域范围内形成新的“核心—边缘”空间结构。

三 “物联网”对长春市空间结构及城市发展的影响

基于上述“物联网”的发展对城市空间结构影响的理论分析，本文以长春市为例，具体预测分析“物联网”发展在长春市城市空间结构优化和整合，以及城市发展的过程中所起到的积极作用。

（一）长春市概况

长春市是吉林省省会，东北地区中心城市之一，是全国重要的以汽车工业和农产品加工业为主的加工制造业基地和科教文中心城市。长春市下辖朝阳、宽城、南关、二道、绿园和双阳 6 个城区及榆树、农安、德惠和九台 4 个县市。长春市位于东北平原腹地，吉林省中北部地区，西北与松原市毗邻，西南与四平市相连，东南与吉林市相依，东北同黑龙江省接壤。从宏观区位看，长春市位于东北亚经济圈和大图们江经济圈的接近几何中心的位置；从中观区位看，长春市地处中国东北地区交通主干线京哈大动脉和图乌公路十字交通要道；从微观区位看，吉林省域的绝大多数高速公路在长春市会聚，使长春市成为地区性交通枢纽。

（二）“物联网”优化城市内部空间结构

城市空间结构的优化和整合是为了使空间结构更加高效、开放、有序，使城市空间利用更加集约和长久，以产生更大的经济效益（节约效益、集聚效益、规模效益）、社会效益和生态效益。“物联网”等新兴信息技术的应用，有助于加快城市更新和发展，推动城市内部空间结构的优化和整合。

1. 长春市内部空间结构概述

长春市是中国为数不多的按照现代城市规划理论建设的城市之一，良好的城市景观基础和多年的生态城市建设，使城市内部人工环境与自然环境和谐统一，城市空间结构总体呈紧密团状，并开始呈现沿对外联系通道指状蔓延的趋势。在城市建设过程中，长春市逐步形成了“疏朗、大方、通透、开放”的人工生态城市景观，以及以“同心圆、放射状；圆广场、宽马路、四排树；南北方向为街、东西方向为路”等为特色的城市空间结构。城市用地功能布局以人民广场为中心，呈现较为明显的圈层式特点，居住生活用地主要布局在建成区中部，工业用地相对集中地分布在城市外围；“放射干道 + 密集支路”的路网体系支撑城市交通，形成了城市道路对外扩展的基础，并塑造了城市中心地区尺度宜人的街区结构。

2. 城市内部空间结构优化

由于“物联网”这一新的动力机制的作用和影响，长春市的城市空间结构将呈现集聚趋势与扩散趋势共同作用的空间发展非均衡态势。如何利用“物联网”的发展，在避免城市极化效应所带来的高人口密度、高土地价格和交通拥堵等“单中心”城市弊端以及城市大规模扩展所造成的粗放经营和土地资源浪费等城市问题的前提下，进一步推进城市更新与新区建设，是长春市内部空间结构优化和整合的关键所在。长春市应按照“解密外疏”的主导思想规划城市未来发展，城市空间结构将由单中心平面扩张，通过市政府南迁、南部新城区建设、铁北地区大开发、长春西客站综合开发和“退二进三”工程加速推进，逐步转向“中心城区 + 绿化隔离带 + 外围组团”的“多中心分散组团式”结构。在“物联网”技术支撑下，未来长春市将按照“组团布局、轴向发展”的思路，构建“双心、两翼、多组团”的城市空间结构。即在人民大街轴线南端建设城市新中心，与人民广场地区的原城市中心形成南北“双心”结构，实现对中心城区的有效疏解；以城市发展的西南、东北两个主要方向为“两翼”，东北方向以产业职能为主，西南方面以产业和生活职能为主，强化城市空间在两个轴向上拓展；建设净月组团、富锋组团和兴隆组团等城市组团，为产业发展提供理想空间，实现城市内部空间结构的优化（见图1）。

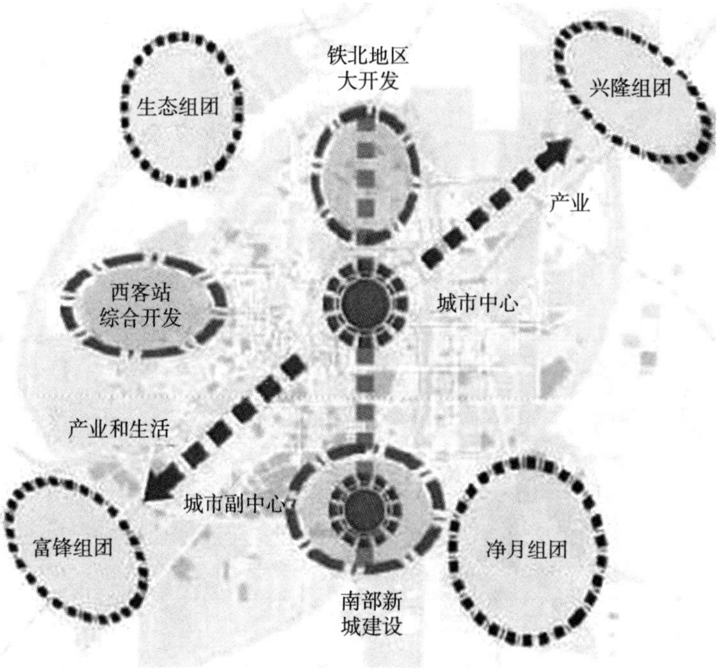

图1　长春市内部空间结构构想

（三）“物联网”重塑城市外部空间结构

城市外部空间结构是城市在区域中的规模序列和分布状态的主

要体现，在城市空间结构研究中意义重大。“物联网”的快速发展和广泛应用，将在不同区域层面上对长春市外部空间结构产生影响，使得吉林省城镇体系结构发生一定程度的变化。

1. 长春市外部空间结构概述

长春市是吉林省的省会和特大城市之一，作为省域经济发展的重要空间聚集地，一直以来引领着吉林省的经济和社会发展，在吉林省城镇体系格局中地位突出。

近年来，吉林省已经基本形成较为完整的城镇体系结构（见表1），并逐步呈现出以城镇为中心的区域发展格局，初步形成中部、东南部、东部、西部四大区域框架体系（见表2），显露出“一群三组团”的发展态势。中部包括长春、吉林、四平、辽源和松原5市，东南部包括通化市和白山市，东部为延边州，西部是白城市。

表1　吉林省城镇体系结构

等级	规模（万人）	城　镇	人口（万人）	数量（个）
特大城市	100以上	长春、吉林	572.8	2
市(州)	50~100	四平、松原(含前郭)、白山(含江源)	328.8	7
	20~50	延吉、通化、辽源、白城		
县城	10~20	蛟河、榆树、公主岭、东丰、梅河口、桦甸、舒兰、洮南、敦化、珲春、德惠、农安、九台、梨树	400.0	38
	10以下	辉南、汪清、双辽、扶余、长岭、柳河、通榆、伊通、镇赉、和龙、乾安、龙井、大安、永吉、图们、临江、安图、靖宇、磐石、抚松、通化、集安、长白、东辽		
小城镇		英俊镇、奢岭镇、卡伦镇等(不含20个县城镇)	152.4	406

表2　吉林省四大区域基本情况

地　区	总人口（万人）	占全省（%）	城镇人口（万人）	占全省（%）	城镇化率（%）	GDP（亿元）	占全省（%）
中　部	1932	71.3	981.3	67.5	50.8	5568.54	79.6
东南部	357	13.2	221.6	15.2	62.1	756	10.8
东　部	218.7	8.1	155.3	10.7	71.0	379.65	5.4
西　部	203	7.4	95.8	6.6	47.2	290.08	4.2
总　计	2710.7	100	1454.0	100	53.2	6994.27	100

2. 提升长春市区域中心城市地位

由于“物联网”布局具有区位因素的考虑和明显的“城市偏好”，长春市可以凭借完备的基础设施和丰富的智力资源，率先成为区域的信息网络中心，拉大与周边城镇和农村地区的差距。因此，随着“物联网”的发展，长春市作为掌控“物联网”标准和信息资源的特大城市，其吸引和辐射能力会在比较优势和极化效应的作用下进一步增强，新的“核心—边缘”结构将使长春市的区域中心城市地位得到不断提升。在依托“物联网”提升长春市区域中心城市地位的过程中，长春市应重点强化交通枢纽和物流中心建设，并以“物联网”为突破口，在区域范围内率先实现经济、社会、生态各个运作层面的智能化、网络化、数字化，引领区域向信息社会和知识经济时代的“数字城市”方向迈进。与此同时，作为全国重要的科教文中心城市，长春市拥有雄厚的光电子信息研究和应用基础，如果能够充分发挥自身优势，借鉴无锡“感知中国”国家级示范区的发展经验，在省域范围乃至东北地区率先建设“物联网”技术研发中心和产业园区，积极构建产业公共平台，加快产业集聚和人才集聚，使长春市成为掌握“物联网”核心关键技术、具有区域影响力的“物联网”技术创新中心、产业创新中心及应用示范中心，为吉林省乃至东北地区“物联网”技术的推广和普及提供技术支撑、智力支持和产业示范，将对长春市区域中心城市地位的提升起到显著的积极作用。

3. 以长春市为核心构建吉林省中部城市群

伴随着“物联网”的应用及相关产业的发展从区域中心城市长春市向其他等级城镇甚至农村地区的逐级深入，以“物联网”等信息技术为基础构筑的网络化支撑体系，将使吉林省的特大城市、大城市和中小城市由零散分布状态逐步形成网络体系，也将使城市规模等级较高、经济基础和未来发展潜力较好的中部地区的城镇体系格局由原有的等级结构逐步向平面化的网络体系结构演进。为顺应由“物联网”发展而在省域范围内形成新的“核心—边缘”空间结构，以长春市为发展核心、构建吉林省中部城市群意义重大。

随着“物联网”等新兴技术的应用，作为贯通整个东北经济发展的中部核心地带，吉林省中部地区将逐步形成以长春市为核心，吉林、松原、四平、辽源等各等级城市关联紧密、产业互补、资源共享、设施共建和规划联动的吉林省中部城市群，重点推进全国汽车整车和零部件制造及出口基地、农产品生产和加工基地、高技术产业集聚区、服务产业升级区和文化创意产业先行区的建设，打造吉林省的现代农业基地、新兴工业基地、科教人才基地以及和谐生态基地，承担起带动吉林省经济社会全面发展和省域范围内的城乡统筹、协调共进的重要任务，成为带动东北地区经济发展的三大增长极之一，引领东北老工业基地产业结构调整和升级。值得一提的是，在吉林省中部城市群建设过程中，长春市应积极向东发展，推进长吉一体化，做大发展极核，推行网络化开发模式，使长吉两市成为省域社会经济发展的引擎和支撑，并以产业上较强的互补性，促进两市经济全面融合，提升长吉的整体竞争力，构筑起吉林省发展的脊梁，形成具有跨区域辐射能力的强大增长极（见图2）。

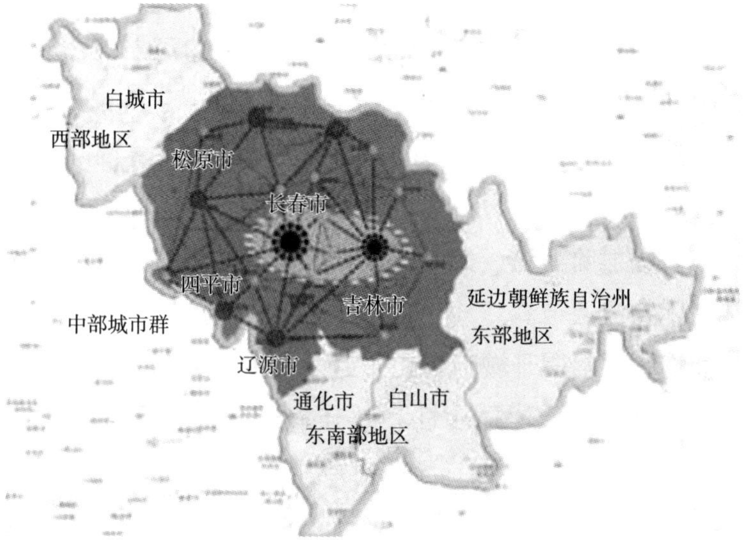

图2　长春市外部空间结构构想示意

（四）“物联网”促进城市发展

城市自其产生之日起，就处在一个不断更新发展的过程中。“物联网”等新兴信息技术的普及应用，将会影响产业空间布局，有助于提高人们生活质量和城市运行质量，提升城市功能，从而更好地发展城市。

1. “物联网”优化物流产业空间布局

在“物联网”逐步发展和普及应用的过程中，与“物联网”关联最为紧密的物流产业无疑将最先受到影响。城市仓储物流的发展战略和空间布局将在新的技术支撑下得到长足发展，从而带动城市用地布局的新一轮优化调整。长春市是国家确定的17个区域性物流节点城市之一。“物联网”技术的应用将实现生产企业无须原料库和成品库，所需原材料直送工位，为物流产业空间整合、产业集聚以及园区网络化、信息化、规模化建设等搭建更加广阔的平台。长春市将围绕汽车及零部件、农产品加工、光电子信息、生物与医药四大产业和区域性大型专业批发市场的物流需求，形成布局合理的公共物流节点和物流服务网络体系，重点打造汽车、二道、长江路、经开、绿园五大物流园区，并充分发挥长春内陆港和长春龙嘉国际机场的物流潜力，逐步建设形成以长春为中心，连接省内主要城市，辐射哈、沈、大、齐、鞍等周边城市的区域转运型物流中心和国际物流通道。

2.“物联网”提升城市功能和运行质量

作为一种具有广泛适用性和超强渗透力的新兴技术，“物联网”在人们生产生活中有着广泛的应用前景。随着“物联网”技术成熟应用于城市生产生活的各个领域，城市原有的支撑体系和运营系统将在技术手段和运行模式上得到突破和优化，从而使市民生活品质、长春市的城市功能和运行质量得到大幅提升。

例如，在加强长春市城市基础设施建设的过程中，通过应用“物联网”的信息传感和全球定位等技术，即可完成对给排水、电力、能源等城市基础设施的实时监控，实现线路管网检查、质量监测、负荷管理、损失管理、需求供给平衡等一体化智能管理。又如“物联网”在长春市智能交通系统中的应用，出行者通过智能交通系统可以提前了解道路交通流量等信息，设计合理的出行路线，节约交通时间和交通成本，从而在区域交通网络层面充分利用道路资源，避免或减少交通拥堵的产生，减少不必要的油耗和环境污染。

四 结论

“物联网”作为一种新的推动因素，对城市发展所产生的影响值得关注。本文对“物联网”的发展将引起的城市空间结构演进和优化等做出了初步分析和探讨，并以长春市为例进行了实证研究。“物联网”的发展对长春市空间结构的影响具体如下：①城市内部空间结构方面，“物联网”的发展将使得长春市由单中心平面扩张向“双心、两翼、多组团”的“多中心分散组团式”城市空间结构转变。②城市外部空间结构方面，“物联网”的发展将促使新的“核心—边缘”结构产生，在省域范围内构建以长春市为核心的吉林省中部城市群，并推进长吉一体化，不断做大发展极核。③城市发展方面，“物联网”的广泛应用将进一步优化物流产业空间布局，并将在提升城市功能和运行质量上起到积极作用。本文研究虽然并不全面深刻，但作为一种尝试和探索，希望能够在城市与区域研究领域起到一定的积极作用。

（执笔人：陈曦、翟国方）

参考文献

年福华、姚士谋：《信息化与城市空间发展趋势》，《世界地理研究》2002 年第 11 期。

周庭有：《感知“物联网”》，《智能建筑与城市信息》2009 年第 9 期。

张南：《中国移动：物联网是“万亿级”产业》，《通信世界周刊》2009 年 9 月 21 日第 7 版。

潘金生：《基于物联网的物流信息增值服务》，《经济师》2007 年第 9 期。

胡向东：《物联网研究与发展综述》，《数字通信》2010 年第 4 期。

ITU，“Internet Reports The Internet of Things”，http：//www. itu. int/

dms_ pub/itu - s/opb/pol/S - POL - IR. IT - 2005 - SUM - PDF - E. pdf, 2009 - 12 - 27.

扬帆：《“物联网”——热概念的冷思考》，《通讯世界》2009 年第 10 期。

王光辉：《物联网战略的国际观察与思考》，《科技创新与生产力》2010 年第 4 期。

史文勇、李琦：《数字城市：智能城市的初级阶段》，《地理前沿》2006 年第 13 期。

姜晴：《城市空间结构布局优化研究》，《经济研究导刊》2009 年第 31 期。

方维慰：《信息技术与城市空间结构的优化》，《城市规划设计》2006 年第 13 期。

Gallion A. B. , *The Urban Pattern*, Van Nostrand: Van Nos-trand Reinhold Company, 1983.

马超群、何艳芬：《信息化作用下的城市发展研究》，《西安邮电学院学报》2008 年第 13 期。

周年兴、俞孔坚、李迪华：《信息时代城市功能及其空间结构的变迁》，《地理与地理信息科学》2004 年第 20 期。

顾朝林、甄峰、张京祥：《集聚与扩散——城市空间结构新论》，东南大学出版社，2001。

吉林省统计局：《吉林省统计年鉴 2009》，中国统计出版社，2009。

Leamer E, Storper M. ," The Economic Geography of The Internet Age", *Journal of International Business Studies*, 2001 (32).

Gorman S. P. ," Where are The Web Factories: The Urban Bias of E-business Location", *Tijdschrift Voor Economische en Sociale Geografie*, 2002 (93).

B.10

中国三网融合的竞争格局与规制政策取向

摘　要：

三网融合在欧美国家走过了成熟的15年历程，中国的三网融合仍处于起步阶段。本文从三网融合的产业竞争格局的梳理出发，认为中国三网融合困境的主要表现是：电信进入IPTV领域的政策不明朗，广电进入宽带领域格局分化，电信和广电两大阵营对比实力相差悬殊。造成困境的主要原因为：纵向一体化的产业结构以及三网融合驱动力不足。笔者提出将内容规制和网络产业规制分离，在网络产业建立统一的规制主管部门，解决网络间互联、结算和IPTV等具体问题的规制政策建议。

关键词：

三网融合　产业竞争　规制政策　互联网

三网融合是指电信网、广播电视网、互联网在向宽带通信网、数字电视网、下一代互联网演进过程中，三个网络通过技术改造后在技术功能趋于一致、在业务范围趋于相同，网络通过互联互通和资源共享，最终为用户提供语音、数据和广播电视等多种服务的产业融合发展趋势。三网融合是互联网快速发展和带宽扩容的结果：语音业务和电视视频业务逐步实现IP化使得三个网络最终趋同。

我国三网融合从1997年首次在全国信息化工作会议上提出到现在已经历了十几年的历程。1997年4月，国务院在深圳召开全国信息化工作会议，会议讨论通过了《国家信息化总体规划》，提出了"我国信息基础设施的基本结构是'一个平台、三个网'。一个平台即是互联互通的平台，三个网是电信网、广播电视网和计算机网"。三网的概念被首次提出。经历了2001～2009年的酝酿期和2010～2012年的政策博弈期，我国的三网融合政策从2012年5月开始深入实施。2012年11月，国务院批复同意组建中国广播电视网络有限公司，并确认新成立的公司由广电总局负责组建和代管。新公司被正式命名为中国广播电视网络有限公司，注册资金为45亿元，主要负责全国范围内有线电视网络的有关业务，并开展三网融合业务。①

在IPTV、CABLE MODEM、EOC等技术快速发展的推动下，国内的三网融合走过了自下而上的发展初步阶段，形成了局部初步三网融合的局面。国务院也积极推动三网的融合发展，2010年推出了三网融合试点方案，2012年将试点城市推广到54个。由于历史和体制的原因，我国的电信业务、互联网业务和广播电视业务分别归属工业和信息化部和广电总局管理，在三网融合技术和业务发展的现实条件下，规制体系和规制政策已显不适应。但关于三网融合的规制政策是否进行调整？需要哪些调整？相关的争论比较多，不同部门的利益纠结在一起。为此，本文将梳理三网融合的国内外文献，从理论层面系统地介绍三网融合的演进。在理论基础上，归纳我国当前三网融合发展的基本格局，以及存在的问题。接下来试图从产业结构和产业驱动力的方向，解释我国三网融合的现状和问题。最后提出相关的规制建议。

---

① 信息来源：http：//tech. qq. com/a/20121115/000116. htm。

一　关于三网融合的理论综述

（一）国外的产业融合理论

1988年，日本经济学家植草益在《产业组织理论》[①]一书中阐述了产业融合对市场的影响，并在《信息通讯业的产业融合》[②]中把产业融合定义为通过技术革新和放宽政府管制降低行业壁垒，加强各行业企业之间竞争与合作的关系。认为产业融合不仅出现在信息通信业，能源业、运输业、金融业乃至制造业的产业融合也在进行当中，产业融合是一种世界范围的经济现象。以色列经济学家谢伊在《网络产业经济学》[③]中分别就规制放松之前、部分放松规制和完全放松规制三种情况分析与电话网和互联网的市场融合过程，并认为如果取消电话、互联网市场的准入规制，双方可以互相进入，则不会存在市场排挤，也不会存在网络瓶颈。由此延伸到有线电视，认为规制者应该允许所有的服务提供商提供电信、广电和互联网服务。欧洛（Ono）和奥基（Aoki）[④]设计了一个三维的产业融合框架模型，利用该模型描述了电信行业、广电行业等信息产业融合的过程及发展方向。该模型从信息传播方式、平台和带宽三个方面将不同的信息服务划分为三个维度和八个象限，通过各维度和象限之间的转换来描述信息产业融合的过程。

① 植草益：《产业组织理论》，卢东斌译，中国人民大学出版社，1988。

② 植草益：《信息通讯业的产业融合》，《中国工业经济》2001年第2期。

③ 奥兹·谢伊：《网络产业经济学》，上海财经大学出版社，2002。

④ Ono, R., Aoki, K., "Convergence and New Regulatory Frameworks", *Telecommounications Policy*, 1998, 22 (10).

（二）国内的三网融合呼声

国内三网融合的研究文献有一部分主要集中在技术和加快三网融合的推进上，认为技术领域的进步为三网融合铺平了道路，技术的演进正逐渐趋向一致。这些研究文献从业务层面和合作策略上给出了一些建议。蒋林涛（2006）认为 IPTV 与广播电视网、Internet 和电信网及其业务直接相关，但不同运营商对 IPTV 业务有不同定位。电信运营商认为 IPTV 业务体现于电视节目在 IP 网中的组织和传送形式，有线电视网络运营商认为 IPTV 业务是利用有线电视网来提供数字电视节目和电视节目以外的信息服务。张睿（2008）针对国内三网融合普遍接入理论与研究的不足，对国内外三网融合普遍接入理论与管制政策的现状进行了对比分析，认为实现三网融合普遍接入只需要在现有的电信网、互联网和广播电视网上进行改造即可，该文建立了普遍接入的指标体系，并对综合评价模型进行改进，采用线性加权、非线性加权与理想点法相结合的评价方法，客观地评价了各个地区的技术实施状况。

而关于三网融合的竞争和规制研究的主要文献有：顾彦成和胡汉辉（2008）[①] 以谢伊模型为基础对上海三网融合的产业结构进行了研究。张昕竹、马源、冯永晟（2011）[②] 通过规制体制的 Probit 选择模型研究认为我国应该选择统一规制体制，以适应三网融合的要求。韦乐平于 2010 年分别发表了《三网融合的思考》、《三网融合的发展与挑战》和《三网融合的发展与思考》。从全球视角和我国三网融合的实际情况对电信网、互联网和广播电视网的现状、特

① 顾成彦、胡汉辉：《网络型产业的渗透与融合问题研究》，《产业经济研究》2008 年第 3 期。

② 张昕竹、马源、冯永晟：《电信广电应分业规制还是统一规制》，《当代财经》2011 年第 8 期。

征、问题和趋势做了分析和对比，并指出了IP技术和数字媒体发展奠定了融合的基础，我国三网融合的主要挑战为监管体制障碍。2011年2月，中国工程院副院长邬贺铨发表《中国三网融合的特点与挑战》一文，认为发达国家已经实现或正在深入推动三网融合，而中国的三网融合有自身的特色，既能创新管理模式也存在新的挑战。中国的三网融合进程中需要新的管理模式，而集成播控平台的引入给管理模式带来挑战，因此需要相关行业合作创新才能适应。

从国内外理论研究来看，技术的进步是三网融合推进的根本原因，市场化运营的主体是三网融合得以实现的关键。下文将结合上述理论背景，分析当前我国三网融合的产业竞争格局。

二　国内三网融合产业竞争格局

（一）电信形成了规模发展的趋势

1. 电信企业对宽带基础设施的长期投入形成电信企业互联网资源

20世纪90年代初，当时的邮电部电信总局开始了互联网的建设，后来分立的电信企业经过十余年的长期培育和投入，才建设成初具规模的宽带市场。以中国电信为例，从宽带业务开始得到规模发展的2004年开始，每年投在宽带基础设施上的投资由100亿元逐步增长到2011年的330亿元，CAPEX占收入的比重由初期的70%逐步降至54%，也就是说中国电信在培育用户需求的同时，每年要将运营收入的50%～70%投入到宽带网络的基础设施建设上。而在网络运营方面经过多年的业务竞争和业务流程再造等改革，企业的运营能力与独家垄断阶段有了较大改观。继承原网通骨干网的中国联通在宽带业务的发展历程与中国电信基本一致。

表 1　中国电信历年的宽带收入和投资数据

年份	固网CAPEX（百万元）	其中宽带及数据业务（百万元）	宽带及数据业务占比（%）	固网收入（百万元）	其中公众宽带业务（百万元）	其中其他数据业务（百万元）	其中数据及出租电路（百万元）	公众宽带业务收入占比(%)	宽带用户数（百万户）	互联网接入业务CAPEX占收入比（%）
2002	45000			101010	5998	2431				
2003	61587			141782	10007	3210		7	7	
2004	56307	9910	17.6	152754	14109	3015		9	14	70
2005	53864	11150	20.7	169310	17862	2958		11	21	62
2006	49085	14480	29.5	175093	23630	3031		13	28	61
2007	45558	19909	43.7	178656	31340	3013	9183	18	36	64
2008	48410	26093	53.9	180402	40786		10231	23	44	64
2009	39200	21207	54.1	173750	47807		11492	28	56	44
2010	43037	27630	64.2	165414	54965		12371	33	63	50
2011	49551	33100	66.8	162242	61691		14191	38	77	54

资料来源：笔者根据中国电信上市公司年报及推介材料整理。

2. 电信运营商的 IPTV 发展经历了监管灰色地带

随着技术的进步，光纤技术在宽带建设中得到广泛使用，电信运营商宽带网络的技术升级和建设的积极性得到大大激发。同时受到带宽限制的电视视频传输业务获得规模运营的可能。宽带运营商中中国电信和广电系内容提供商上文广于 2005 年 7 月开始联合运营上海 IPTV，经过了跨省推广的灰色地带后，目前中国电信在运营的 IPTV 用户已经达到 1500 万户左右，形成了初步规模发展的趋势。而中国联通在 IPTV 业务的投入相对保守，截至 2011 年底的用户数不足 100 万户。

（二）有线电视网络进入宽带业务过程呈现分化局面

与电信企业形成全国级大型国有企业不同，有线电视网络企业长期处于政企一体化的分区域运营状态，虽已经逐步建立了一些省级、市级的大型运营公司，但管理体系和治理结构决定了其市场化水平和运营能力仍处于较低水平。

我们通过分析三家A股上市的地区有线电视网络企业的运营和三网融合的效果，可以看到有线电视网络2001～2002年进入宽带市场后，运营结果分化较大，见表2。

表2　全国有线电视网络用户数及广电系统总收入

年份	有线电视用户数（百万户）	有线电视入户率（%）	其中：城市用户（百万户）	其中：农村用户（百万户）	其中：数字电视用户（百万户）	广电总收入（百万元）
2005	129	35	—	—	4	
2006	140	37	85	55	13	109912
2007	153	40	91	62	27	131640
2008	164	42	98	66	45	158391
2009	175	44	107	69	63	185285
2010	189	46	116	73	89	230187
2011	203	49	121	81	115	271732

资料来源：国家统计局统计年鉴，2006～2012年。

北京地区有线电视网络公司歌华有线从2001年开始进入宽带市场，但过程并不顺利，公司的IPO募投项目就包括宽带社区建设，由于连年亏损，用户增长缓慢，到2009年才达到12万用户，测算后的收入占主营业务收入的10%左右。

深圳地区有线电视网络公司天威视讯从2002年开始进入宽带市场，发展速度较高，2011年已经发展用户33万户，占当地市场份额约为25%，宽带收入占网络业务收入的比例达到32%。一方面由于天威视讯的宽带业务经营相对专业化，另一方面中国电信子公司深大电话公司是公司第二大股东，持有公司9.74%的股份也为公司业务的拓展提供了空间。

陕西地区有线电视网络公司广电网络2010年宽带业务用户11.5万户，宽带业务占网络业务收入的比例为12%。

截至2011年底，三大电信集团合计运营收入为9661亿元，固网运营收入在2620亿元，其中宽带业务收入为972亿元。而广电系统总收入为2717亿元，其中来自网络运营的收入为563.78亿元。电信和广电两大阵营的整体实力相差悬殊。那么，我国的三网融合为什么会呈现这样的竞争格局？下文将从产业结构和产业驱动力两个方面进行分析。

三 中国三网融合的产业结构和驱动力

电信和广电两大阵营对比的实力相差悬殊，广电部门和电信主管部门为部门利益开展政策博弈，这样的产业格局是由我国三网融合的产业结构和驱动力决定的。主要包括以下两点。

（一）产业呈现纵向一体化的结构

1. IBP和ISP纵向一体化

中国电信和中国联通的纵向一体化特征明显，双方作为原中国电信骨干网在南北拆分后的部门，既是全国最大的IBP，也是最大的驻地网和ISP。由于中国电信和中国联通的纵向一体化，在宽带接入用户市场上，中国电信和中国联通也是占据了完全主导地位。来自中国移动集团旗下的铁通、来自广电的各省网络公司以及来自一些本地的ISP是市场的主要竞争者，但它们的市场份额仍相对较小。主要原因包括三方面：一是纵向一体化带来的中国电信和中国联通的骨干网资源优势导致网络质量存在差异；二是目前宽带产品结构中仍以ADSL产品为主，中国电信和中国联通在驻地网建设中具有明显的固网优势；三是小型ISP的接入带宽掌控权仍在竞争对手手上，必然会导致接入流程的困难和接入带宽不足。

2. 垄断寡头在南北分别占绝对主导地位

中国电信在南方21省和中国联通在北方10省居于绝对的主导地位。2005~2010年，宽带业务在中国市场还处于培育阶段，市场需求没有被激发，接入网区域的实装率不高，非主导运营商的规模效应较难显现。由于主导电信运营商缺乏互联互通的积极性，广电系统进入宽带市场受到网络质量的限制，用户的接受度打折扣。

3. 中小ISP的区域化

具有接入网的部分中小ISP只在区域存在，已经并入中国移动的铁通作为ISP在各地以铁路为区域特点进行布局，鹏博士（含长城宽带）也集中在大中城市的局部区域。

4. 广电网的行政化

有线电视网络企业原本在用户接入环路上最有可能打破瓶颈设施限制，但由于管理体制的因素，行政化色彩突出，区域割裂。有线电视网络企业的管理体系和公司治理结构决定其半行政化的特点，公司的经营目标不在于利润最大化、规模最大化和公司价值最大化；股权结构复杂，不易整合；区域分散，没有集团战略。缺乏统一的规制部门，部门利益博弈导致进展缓慢。

有线电视网络公司的垄断市场地位导致公司的市场化程度不高，公司的整体运营效率远低于竞争相对激烈的电信运营商。同时宽带网络运营的复杂性超过有线电视网络，广电系统的运营和服务能力难以适应。

（二）三网融合的驱动力

国外的三网融合过程中，技术的推动力激发了运营公司业务创新的热情，使得企业的范围经济效应得以体现；在融合之前，有线电视网络企业已经形成市场化的运营主体，电信的开放竞争也使得企业不断寻找新的业务增长点；政策的作用是扫除障碍，均衡市场力量。及时建立一体化的规制管理体系是一个重点；即便是未实现一体化规制的国家，也明确了网络的规制边界和协调机制。

由此可知，三网融合的驱动力主要来自技术驱动力、客户需求驱动力、政策驱动力和企业驱动力四个方面。对于不同的驱动力，我国与欧美国家的强度存在一定差异（见表3）。

表3　国内外三网融合驱动力比较

驱动力	欧美国家	中国	主要表现
技术驱动力	强	更强	三网融合的时间点更晚，网络融合的技术更成熟，利用IP网开展视频业务的带宽条件更充分，利用有线网开展宽带业务的CMTS、EOC等技术更成熟
客户需求驱动力	强	强	客户希望运营商能提供综合信息服务
政策驱动力	一般	强	中国政府有较强的驱动力加快网络和产业的融合，但规制的顶层设计仍未完成
企业驱动力	强	分化	国内的电信企业的融合驱动力很强，但广电体系的市场化能力制约发展驱动力

国内三网融合在技术驱动力上要强于欧美国家当年融合的阶段，在政策驱动力上政府的意愿也比较强烈，客户的需求应该是一致的。但企业驱动力的分化和规制顶层设计的缺失是整体三网融合动力不足的主要原因。电信和广电运营商未来都将成为融合后的电

子通信业的综合服务商，企业从客户需求出发，开展技术和业务的创新，实现竞争和合作，在市场中检验一切才是问题的关键。

四　三网融合规制政策思考

根据上文对三网融合相关理论的梳理、对国内三网融合竞争格局的分析，目前国内三网融合的关键问题有以下几方面：其一，以部门利益为主导的利益体系是制约三网融合进程和产业发展的关键因素；其二，电信企业和广电企业的实际力量差距和市场能力差距是制约三网融合进程和产业发展的重要现实；其三，要实现真正的三网融合和市场对等进入，互联网的互联互通和网间结算、电视媒体监管的分割等具体政策的调整是重要前提。

为此，面向三网融合的产业发展趋势，电信及互联网规制体系的变革是重要举措，只有改变现在这种部门利益博弈的现状，信息技术产业才能得到长足的发展。

（一）将新闻舆论规制从广电网络规制剥离，建立统一的通信和信息业规制部门，实现三网融合的一体化规制

我国目前处于转型经济体系，转型经济中政府规章制度均衡的形成，是由以经济利益为核心的一系列因素促成的。它由规章制度的成本与效益所决定，由利益集团的博弈所形成，并受到正式规则和非正式规则的制约。或者说，政府规制是在成本约束、利益集团博弈和规则冲突之间寻求均衡的结果。随着规制改革的进程，规制均衡也是动态演进的（陈富良，2002）。

三网融合的推进过程充分反映了部门利益之间的博弈，广电企业集团、电信企业集团、广电规制部门、通信规制部门形成了博弈的利益集团。技术进步使得三网融合有实现的可能，欧美国家已经

形成的网络和运营的融合也充分证明了网络融合的必然性。

2003年，英国成立新的通信业管理机构Ofcom，融合了原有电信、电视、广播、无线通信等多个管理机构的职能，极大地促进了网络融合的产业发展。

美国《1996年电信法》是一份基石性文件，它为三网融合扫清了法律障碍。对于电信业和广电业的混业经营，FCC是美国对广播电视、电信进行管理的独立监管机构。

鉴于我国对新闻舆论监管的现实，应该将原来广电总局所承担的新闻舆论规制职责独立剥离，将广电总局的广播电视网络规制职责与工信部网络和信息规制职能合一，组建融合的电信、互联网、电视、广播、无线通信、信息业等统一规制部门。这样，可以扫清由于部门利益博弈形成的障碍，加快通信信息业的快速发展。

（二）实现双向对等进入，发挥市场竞争的作用，形成融合产业的竞争主体

三网融合的发展现状反映政府规制改革已经具备条件。三网融合中互联网的发展对通信信息、广播电视等其他领域的影响是深刻而剧烈的，产业技术变化和替代产品的存在使得垄断产业的市场力量不可能不受约束地发挥作用，但由于政府规制的存在，所有的重要决策都要经过政府规制部门的审批，这些企业在竞争中处于被动的地位。如在数字电视还在快速发展的同时，电视本身的收视率已经在下降，网络视频占据了更多的市场，有线电视网络企业却不能积极面对现实，开发新产品和保留用户。

在规制一体化的同时，对于市场竞争主体而言最重要的就是尽快开放实现广电和电信的双向对等进入，尽快建立真正企业化运营的全国有线电视网络公司，三网融合的企业之间通过市场竞争来实

现网络、资金、人才等资源的配置，从而激发企业的创新能力，促进整体市场的发展。

（三）解决互联网网络间互联和结算，IPTV和OTT等电视播控规制等操作实际问题

广电企业进入互联网市场还存在一个实际的问题：互联网网间互联和结算。首先是互联要开放，减少互联的审批和障碍，扩大互联带宽，提高网络质量。其次互联结算价格制定应主要采用LRIC定价原则，并和ECPR定价原则结合，充分考虑企业历史的网络投入，制定互联互通的最高限价，并同时鼓励企业间通过协商扩大互联带宽和降低互联价格。最后还要在各电信和广电企业之间扩大互联点设立的数量，减少网络传输的障碍。

影响电信企业进入电视领域（IPTV和OTT TV）的实际问题是：电视播控的规制应该放开，将电视播控平台放在相对中立的平台，保证广电企业和电信企业在播控问题上处于相对公平的地位。这样既可以保证新闻规制的安全需要，也可以确保企业公平竞争。同时还有利于激发行业更多企业参与产业链，促进新媒体的发展。

（执笔人：陈富良、王林）

参考文献

植草益：《产业组织理论》，卢东斌译，中国人民大学出版社，1988。

植草益：《信息通讯业的产业融合》，《中国工业经济》2001年第2期。

奥兹·谢伊：《网络产业经济学》，上海财经大学出版社，2002。

Ono, R. , Aoki, K. , "Convergence and New Regulatory Frameworks", *Telecommounications Policy*, 1998, 22 (10).

顾成彦、胡汉辉:《网络型产业的渗透与融合问题研究》,《产业经济研究》2008 年第 3 期。

张昕竹、马源、冯永晟:《电信广电应分业规制还是统一规制》,《当代财经》2011 年第 8 期。

陈富良:《S - P - B 规制均衡模型及其修正》,《当代财经》2002 年第 7 期。

B.11

智慧城市发展模式：一个综合逻辑架构

摘　要：

智慧城市发展模式是由一定的城市主体，在一定的资源条件下，基于特定的驱动因素所形成的智慧城市发展理念、发展目标、发展路径、制度规范、评价体系等方面整体性的认识和规律性的把握。智慧城市发展模式具有地域属性，智慧城市发展模式分为国家、区域和市域3个层次。智慧城市发展模式的逻辑架构应该包括：主体要素、资源要素、驱动要素、路径要素、规范要素、目标要素。基于具体的主体要素、资源要素、驱动要素，必定产生不同的发展路径、规范制度和发展目标，所以智慧城市发展模式也会呈现复杂化特征。

关键词：

智慧城市　发展模式　逻辑架构

关于智慧城市的发展，国内外学者和研究机构从不同维度提出了若干不同的见解。国外学者研究偏向于智慧城市发展的逻辑框架、发展因素和维度，而国内学者偏向于智慧城市发展模式的研究。这使得我们无论在理论研究还是实践应用上都存在不完整、片面和不合理性。其弊端体现在智慧城市发展模式缺乏内在的逻辑架构，发展要素和维度的解释力有待提高。因而要注意智慧城市发展要素、维度之间的关联性和互补性，对发展要素作静态和动态分析，注意发展要素的政策性、地域性和时效性。然后对各要素进行逻辑整合，做出预设和判断，形成一个综合性的智慧城市发展模式的逻辑架构。

一　智慧城市发展模式的层次

从纵向层次来看，智慧城市发展模式分为国家、区域和市域3个层次。所以智慧城市发展模式的选择和确定，既要参照国际成熟的一般经验和规范，更要从国家、区域和市域特点出发，充分考虑到各自发展的差异性、多样性。在不同的历史时期，不同的区域或社区，不同的主体都会在发展目标的指引下去践行不同的智慧城市发展模式，或将模式情境化。

（一）国家层面

不同的国家在智慧城市发展模式上存在差异。经济、文化、资源、社会规范、制度等方面的不同对智慧城市的国际实践有影响。智慧城市建设战略规划则从智慧城市的整体利益、根本利益、长远利益出发，通过对智慧城市未来发展趋势的科学分析和准确预测，确定未来一段时期内智慧城市的发展方向和目标；同时对智慧城市结构、功能、区域发展进行合理的安排和布局，调控和引导智慧城市建设朝着有序、包容、健康的方向发展。智慧城市发展战略规划有利于智慧城市群功能和定位的错开，促进智慧城市之间的协同合作，防止地方保护主义和恶意竞争，谋求共赢。智慧城市建设的战略规划制度创新是智慧城市健康发展的关键。国家层面的智慧城市建设行动计划是智慧城市建设战略规划的初步实施和社会实践。前者是纲，后者是目。智慧城市建设行动计划是城市近期建设规划和专项规划，进一步明确了智慧城市建设的发展方向、路线图、任务、进度表以及重大攻关项目和发展政策。行动计划有利于加强对智慧城市建设过程的宏观调控。国家层面的智慧城市建设的可操作性制度框架包括：智慧城市建设的管理体制（比如行政体制、决策机制、实施机制、参与机制和监督、评价机制等）、政策法律法规等。这就需要建立具有约束力的国家层面的智慧城市发展制度规范，使得智慧城市建设有法可依、有法必依、执法必严、违法必究。树立智慧城市建设制度规范的权威性，有利于提升智慧城市建设绩效、避免资源浪费。

（二）区域层面

区域智慧城市发展模式，就是指某一国家或地区智慧城市发展过程中所形成的，具有一定鲜明特色的智慧城市管理和运行机制。目前世界上形成了三大区域智慧城市发展模式：以美国、巴西为代表的美洲模式；以英国、法国、德国、芬兰、意大利等国为代表的欧盟模式；以韩国、马来西亚、日本等为代表的亚洲模式。美洲模式以市民为中心，致力于城市治理、可持续发展、经济转型和增长。美国杜比克是经济危机促进转型的智慧城市的典型案例。20世纪80年代随着木材加工业的衰退，这个6万人的城市通过使用信息通信技术，优化和运营市民和城市管理资源，从而演变成一个充满活力的可持续发展枢纽，成为美国城市经济转型最快的一个城市。它有着多元化的劳动力以及水、能源和建筑物维系的当地产业。欧盟模式从总体上讲是总分模式，强调欧盟委员会在智慧城市建设中的统筹规划作用，同时发挥各欧盟成员国的自主能动性。经济增长是欧盟智慧城市建设的主要动因。欧盟在基础设施建设与相关技术创新、公共服务、交通及能源管理等领域进行了多项成功的实践并取得了突出的进展。亚洲模式强调政府牵引和主导地位，普遍以基础设施为着力点，拉动与智慧城市相关的信息化产业发展。韩国在部署宽带基础设施方面大幅度领先，这催生了城市新发展。继“数字城市”之后，韩国推出“u－城市”举措。从2004年起，韩国信息及通信部（MIC）在构建最新信息技术基础设施和智慧城市方面发挥主导作用。就目前我国区域智慧城市发展状况而言，长江三角洲、珠江三角洲和京津环渤海湾三大智慧城市圈“形体日见丰满”，已成为带动全国智慧城市发展的重要增长极和领跑者。其中长江三角洲地区近年来经济快速增长，区域合作不断加强，智慧城市建设先声夺人，正成为我国经济增长的一个强力引擎。

（三）市域层面

由于城市的资源禀赋、产业基础与所在国家、地区的发展战略不同，不同的城市也选择了各式各样的智慧城市发展模式。从20世纪90年代初开始，全世界各地纷纷将信息和通信技术（ICT）应用于城市。大量的术语和定义被用来描述大都市ICT模式，比如虚拟城市、智慧城市、宽带大都市、知识库城市、无线城市、移动城市、数字城市、无处不在城市和智能城市等。第一个模式是美国在线“数字城市”，这是一个通过分组服务模拟城市所形成的网络环境。日本的京都和荷兰的阿姆斯特丹作为数字城市，应用了3D网络模拟城市和当地生活（街道、企业、商场等）。这些网络应用演化到虚拟现实（VR）环境，运行在城市的物理边界之外。利用ICT作为社会目的的一个独特模式是“哥本哈根库”。它是一个公开的数据库，包含有关当地社区和资源的有用信息。另外，苏格兰的克雷格米勒使用ICT作为协作工具以组织市民群体，给当地社区提供社会服务；英国赫尔和我国北京使用安装在城市里的光纤作为骨干网，称为“城域网”。城域网提供访问满足当地机构公开信息和服务的宽带，旨在简化日常生活。北京数字城市是为2008年奥林匹克运动会而部署的，最初只是提供相关的信息和服务。比利时的安特卫普则以“数字化大都市”的形式来使用城域网。为了分享信息和服务，比利时和阿姆斯特丹进行了互联。日内瓦则用城域网与位于该地区的外国企业进行互联，然后将城域网提供给公众使用，为所有当地企业构建一个数字市场。韩国首尔的“宽带大都市”将城市里的公共机构、市民和企业互联起来形成高密度光纤网络。“移动城市”纽约在城市里安装了无线宽带网络，提供免费访问及各种服务。这些城市也被称为“无线城市”，而其无线宽带网络被称为城域无线网或城市无线网。韩国松岛新城和日本大阪是第一批“u－”城市的发展模式。

二　智慧城市发展模式构成要素

智慧城市发展模式是由一定的城市主体，在一定的资源条件下，基于特定的驱动因素所形成的智慧城市发展理念、发展目标、发展路径、制度规范、评价体系等方面整体性的认识和规律性的把握。其逻辑思路是谁来建设、靠什么建设、建设的驱动力是什么、怎样建设、如何保障建设、建设成什么样的智慧城市。因而，智慧城市发展模式的逻辑架构应该包括下列6个要素：主体要素、资源要素、驱动要素、路径要素、规范要素、目标要素。

（一）主体要素

主体要素是指在智慧城市建设过程中，追求自我利益的个人、法人和从事社会管理的组织机构，它分为政府组织、企事业组织、民间组织和城市居民。政府组织是智慧城市发展的主导者。同时，政府组织担负着城市规划、建设、经营、管理的责任，是基础设施的主要投资者之一，是城市发展的领导者。企业是智慧城市发展的参与主体。智慧城市是城市政府在促进城市可持续、健康、包容性发展的前提下对城市资源市场化运作的过程。这一过程离不开作为智慧城市经济主体的各类企业的参与。企事业组织、民间组织在智慧城市发展过程中起着举足轻重的作用。按照市场要求，建立现代企业制度，通过资本运营的方式来建设运作智慧城市资产，是智慧城市经营、运作、管理最有效、最有活力的商业模式。因此，企事业组织、民间组织理应成为智慧城市建设中市场行为的代表者和执行者之一。市民是智慧城市建设的决定力量。城市居民是城市生产、生活等活动的主体，是城市基础设施和公共设施的一般消费者，并与城市的人文形象、地方特色和城市发展等息息相关。城市居民的文化素质、思想意识和创新精神是智慧城市建设顺利进行、效果扩散的必要条件。作为信息社会的缩影，智慧城市应该基于城市居民的需求，反映公众的社会诉求和价值追求。市民作为城市经营的最终受益者，也应当承担起其应有的责任和义务，增强参与意识，加强对智慧城市建设的监督。因而主体要素是对智慧城市服务潜在用户组的描述：终端用户（比如居民、企业、学生），终端用户组（比如商会、协会、行会），通过智慧城市提供公共和商业服务的服务人员、组织或机构（比如政府公务员、公共事业机构、企业）。从一般意义上讲，人自身也是智慧城市的一部分。他们既可以被动地接受他们感兴趣的信息，也可以积极地产生、提供信息，还可以和其他用户、城市核心基础设施交换各种信息。他们甚至可以通过桥接和路由不同网络之间的通信，在那些核心基础设施缺少网络覆盖的地方参与通信网络扩展。他们还可以以本地信息提供人的角色发挥积极作用。从特殊意义上讲，人是智慧城市的第一资源。专业技术人员的技术水平及劳动力素质决定投资企业引进、消化和吸收新技术的能力。如果专业技术人员及员工技术素质普遍低下，学习和掌握新技术就有较大的困难，这就降低了投资效益，增加了投资风险。居民素质是影响城市活力的根本因素，高素质的居民对于旅游者、投资者来说是非常具有吸引力的。因此，智慧城市应该是具有文化底蕴、人文素养和技术素质的以人为本的城市。

（二）资源要素

资源要素是指智慧城市建设中各种技术、资金、区位等非主体性要素，是主体之外的客观事物。资源要素具有广泛性和基础性。只要有利于城市可持续发展和生态环境保护，有利于增加城市吸引力和综合竞争力，有利于吸引要素积聚，有利于筹集城市发展资本，无论是可以资本化还是资产化的资源，无论是物质的还是精神的、有形的还是无形的，都是智慧城市资源的范畴。智慧城市主要的资源要素之一是基础设施和应用服务。基础设施包括通信基础设施和提供大量智能的关键的物联网技术。智慧城市通信基础设施意味着充分灵活和自组织，它利用固定路由器、移动中继器、监测城市状况的各层面的大范围的传感器，给市民提供增强的服务，实现所有类型信息传输的多重传送。智慧城市的基础设施是一个无缝互连的异构通信和传感器网络。它们可以从环境中采集信息，能够提供多种服务。访问安全、隐私保护、地理空间信息、上下文感知和基于位置的服务、智能文档、网络服务管理、路由、普适计算和环境智能等技术构成了智慧城市的软环境。智慧城市是一个“智慧的生态系统”，它给市民提供多重先进的、以用户为中心的和用户共同创造的服务。这些应用服务使得智慧城市融入生活成为可能。例如，在分布式 IT 基础设施（人行道、道路、灯柱、智能店面、信息亭等都可能安装有传感器）的支持下，通过无处不在的计算，我们用手机就可以访问这些服务或生态系统的组成部分。基于运行在异构传感器、便携式手持设备（便携式设备上的传感器通过中间件平台可实现智能应用）的中间件、通信协议，可以实现灵活的、随时随地的通信。除了基础设施和应用服务外，智慧城市的资源要素还包括可以利用的各种无形的资源，比如区位、国家政策、城市文化、城市开放程度、政府治理效率、招商引资力度等。

（三）驱动要素

驱动要素是解决发展的动因问题。智慧城市建设是一个复杂的调适性过程，不同的智慧城市主体基于不同的利益诉求，利用不同的资源，进行错综复杂的实践交往。并且智慧城市建设存在时间、空间等方面的差异。所以智慧城市发展模式的驱动因素也呈现各种样式，大致分为5种。

1. 经济增长

经济增长和产业结构调整是智慧城市发展模式的经济驱动要素。经济增长实质就是产业的升级和成长，资源要素流动以产业为依托。由于产业平均利润率不同，伴随着经济的增长，经济主体为追求利益最大化使得各种资源要素必然会在不同的产业之间自由流动。智慧城市促成了产业结构的升级，表现为第二、三产业的比重增大；而产业结构的调整、演化又反作用于智慧城市的发展。目前，排名前100的城市产值占全球GDP的25%。通过将人们聚集在一起，智慧城市激发创造力，并进一步刺激经济活动。发达国家积极更新旧的城市基础设施，而发展中国家投资于新城市基础设施。到2030年，发展中国家需要40万亿美元进行城市基础设施建设，这为智慧城市经济发展带来了巨大的创新机遇。先进的通信网络和服务，使居民的需求层次、消费结构都将发生变化。定制的、个性化的商品比重将会上升，从而增加经济发展要素，促进企业改善管理。随着计算机精英民众的增多，智慧城市能吸引更多的新兴服务业，提高生活标准。旅游业也在发展，因为参观者能更容易实现在线访问。高速网络连接将进一步促进城市经济的发展。

2. 城市治理

城市治理是智慧城市发展模式的管理驱动要素。智慧城市为创新城市管理提供了新的发展路径和愿景。智慧城市的运作效率可以从多方面入手，比如智慧政务、智慧交通、智慧安全等。作为智慧城市应用服务的智慧政务，不仅可以通过建立信息技术基础设施为市民提供有效信息和服务，还可以有效地处理突发事件，进行公共事务管理，维护社会秩序、公平和正义，提高市民生活水平和满意度。而智慧交通将信息技术、物联网技术等综合运用于交通体系，建立一种立体的、全方位的、实时的、准确的、高效的运输综合管理系统。智慧交通利用各种网络，向用户提供各种必要的信息和灵便的服务，将人、时间、空间系统地协调起来，提高交通运输效率，也有助于防止交通事故的发生，保障交通安全。安全是城市居民生存的基本要素。智慧安全通过监测、控制、预防和处理危及城市生存和发展的各类不安全因素，提升城市危机应对能力，使得城市在突发事件或自然灾害面前游刃有余，并能防患于未然，将危及城市安全的因素消灭在初始阶段。智慧安全全方位地监控公共基础设施和公共空间，也能提升公共安全和公共工程效率，并提高生产力。

3. 环境保护

环境保护是智慧城市发展模式的（可持续）发展驱动要素。能源、环境变迁是全球性大城市扩张不得不面对的一个严峻问题。环境问题关系城市的存在和可持续发展。智慧城市建设为城市可持续发展提供新的引擎。能源是城市的生命，作为智慧城市的重要应用，智慧能源应运而生。能源的需求和信息量成正比。在网络节点递增的情况下，要么开发出新的能源，要么节约能源，实行智能能源管理的能源集约式发展。智慧能源可以实现能源的可持续供给、能源优化配置，提高能源设备利用效率，促进能源市场的繁荣发展。采用感知器和嵌入处理能力设备的智慧建筑能自动跟踪建筑内各个装置的能量使用状态。在用电高峰期保证重要基础设施和企事业单位能源供应的同时，最大限度地优化客户端不必要的能源供应。既减少能源浪费、降低能源成本、减少二氧化碳排放量，又可以实现能源的高效率利用。分布式能源供给能够保障能源供给的安全性、可靠性和广泛性。另外智慧垃圾回收处理系统以及环境监控系统也为城市环境保护提供有力的保障。

4. 民生服务

以民生服务为导向，增强居民幸福感和满意度是智慧城市发展模式的需求驱动要素。智慧城市的最终落脚点还是服务民生。无论是应急响应、获取营业执照还是帮助孩子们补习功课，智慧城市都会为市民提供高效的管理和创造性。居民可以支付账单，获取行政许可证，访问当地交通问题、事件和休闲活动方面的信息。学校、医院、城市办公室、图书馆和社区中心充分利用彼此的资源和基础设施，让居民为社区做出贡献，并与当地政府沟通。居民能共享网络，首次在家门口享受电子政务。城市的目的就是为市民创造安全、自由的环境，为人的发展提供最好的机会。城市安全为社会、经济和政治秩序稳定提供保障。作为健康保障的远程医疗通过自动远程、自我检测和诊断，能提供更人性化的医疗保健，支持老年人自给自足的独立生活。智慧城市为城市居民提供安全、健康、节能、舒适、便捷的生活方式，促进居家舒适化、居住环境安全化，实现“以民为本”的全新生活体验。智慧城市不仅可有效管理居家，还将旅游、社交、教育、娱乐、医疗、办公等有机地结合在一起，实现住宅自动化、生活运筹化，为生活创造便利，改变居民的生活习惯，影响居民生活的方方面面。

5. 技术进步

技术进步是智慧城市发展模式的技术驱动要素。20 世纪 70 年代末到 90 年代，以信息技术为特征的第三次技术革命将人类社会从传统的工业社会推向信息社会，信息化成为当今世界的新潮流。城市是经济和社会发展的会聚地，是信息化建设的基地。随着技术的迅猛发展，信息通信应用和服务已经成为构建有竞争力城市的基本要素。信息通信技术进步已经彻底改变生活的各方面。技术的发展具有融合性和沿承性。如果说 Web1.0 是互联网，Web2.0 是社会化媒介的涌现和用户生成的内容，Web3.0 是语义网络，那么 Web4.0 就是物联网。当连接到互联网上的“物或物体”超过连接到互联网的人的数量之时就产生了物联网。各种技术的糅合、演进和物联网技术的涌现催生，推动智慧城市的发展。无处不在的传感网络和无线连接的融合，更便宜、更快速、更小的计算机使得人们更容易智能地控制系统，并增强人们的能力。

（四）路径要素

发展路径这个概念包含两个层面的理解，第一层面是指共性因素，事物发展的规律性结果，隐含自然选择；第二层面是指特殊因素，事物发展具有时间、空间和社会属性，涉及起始条件、选择准则和认知，也就是事物的发展充满多样性。好的路径是一种适宜的自然选择，不够好的路径同样也是选择。人通过行为的选择可以改变自然选择的结果，将共性的因素情境化，从而表现为路径的改变。智慧城市发展路径是对智慧城市发展模式的具体践行，是对智慧城市顶层设计方案、任务书、路线、进度表的贯彻落实。发展路径实施涉及智慧城市建设的环节、步骤、方式、方法、措施、进程等多方面内容，是智慧城市建设取得实效的必经之路。智慧城市发展路径的选择寓含着价值判断因素。在实施过程中，智慧城市要立足理念，瞄准目标，倡导个性，尊重差异，努力探索有特色的智慧城市之路。从自然选择来看，智慧城市发展的切入点有4种：基础设施驱动启动型、核心技术驱动启动型、智慧应用驱动启动型、混合推动型。路径的不同与城市资源环境等因素密切相关。如果不重视城市资源要素和具体特征，就容易造成城市功能雷同、资源浪费，也容易忽视区域、城市发展的可持续性和协调性。忽视区域、城市的现实状况，造成产业结构单一的局面，进而引发城市之间不正当竞争，造成市场垄断、滥用政策优惠等地方保护主义现象。使行政力量侵占市场功能，阻碍生产要素按照正常规律流动和配置。制约产业整合、产业结构调整和资源共享，降低城市规模效应和城市群协同效应，也抑制了城市聚集经济作用的发挥。因此，智慧城市建设必须切实对城市的优势、劣势、机会、威胁等进行合理分析、定位和动态评估。

（五）规范要素

规范要素是智慧城市发展模式得以稳定存在并持续开展的行为规范和指导纲领，是智慧城市发展模式实践取得成效的必要保障。规范要素既有制约性制度，也有激励性制度，智慧城市建设应采取制约性制度和激励性制度相结合的动态调整模式。智慧城市建设既要积极探索智慧城市标准化建设，又要兼顾具体化的、弹性的地方制度；要鼓励制度创新，不能千城一面。评价体系是重要的规范要素之一，是对智慧城市发展模式的价值评判，是对智慧城市建设及其项目指标的绩效认定。评价要素包括项目可行性评价、过程评价和绩效评价，是一种全程式的评价。目前我国智慧城市重视绩效评价，而轻视可行性评价和过程评价，出现盲目跟风、盲目建设等现象，使智慧城市建设的绩效大打折扣。要做好智慧城市评价，必须针对智慧城市的理念、目标、路径和制度，确立科学的、规范的、合理的评价标准，适当引进社会评价，强化过程评价，突出创新能力的评价。智慧城市建设最终落脚点是绩效评估。随着智慧城市在全球的开展，制定客观公正的评价指标体系，对于推动整个智慧城市建设具有不可或缺的重要意义。对一个城市的智能化水平及其信息技术应用进行定量和定性分析，可以更好地了解一个城市向智能化迈进的程度，把握潜在的市场机遇和制定进一步的发展战略规划。评估机制确保智慧城市建设、信息社会进程处于正确的轨道上。监测执行是智慧城市建设目标实现的有力保障。利用指标监测有助于确定政策的全面影响，使决策者可以借鉴成功的政策，避免无效的措施，优化解决方案，少走弯路，有利于城市包容性和社会公平、公正、正义及效率的实现。

（六）目标要素

目标要素是指智慧城市发展模式实践的出发点和落脚点，是智慧城市理念指导下智慧城市所期望达到的理想规格和总体要求。智慧城市的目标因地理、资源、环境等不同而不同，以人为本、造福民生是智慧城市发展模式最基本的目标。根据城市自身的特色和优势，确立鲜明的智慧城市目标是智慧城市实践所要迈出的实质性的一步。目标要素体现了智慧城市发展理念。而城市发展理念是智慧城市发展模式所尊崇的观念和原则，规定着智慧城市的性质和方向。理念要素包括人才理念、定位理念、价值理念、创新理念等，其中价值理念是智慧城市发展模式的核心。智慧城市理念具有统筹作用。理念决定智慧城市的顶层设计、任务书、路线图、进度表等。智慧城市理念是智慧城市的灵魂，是城市文化的硬核，是一种深层次的社会意识形态。智慧城市理念赋予城市以永恒的生命，并将城市从石化形式隔离开来。智慧城市理念决定智慧城市发展模式的合理性、沿承性和凝聚性。通过对智慧城市发展模式主体要素、资源要素、驱动要素、路径要素、规范要素、目标要素的分析，我们给出一个智慧城市发展模式的逻辑框架，如图1所示。

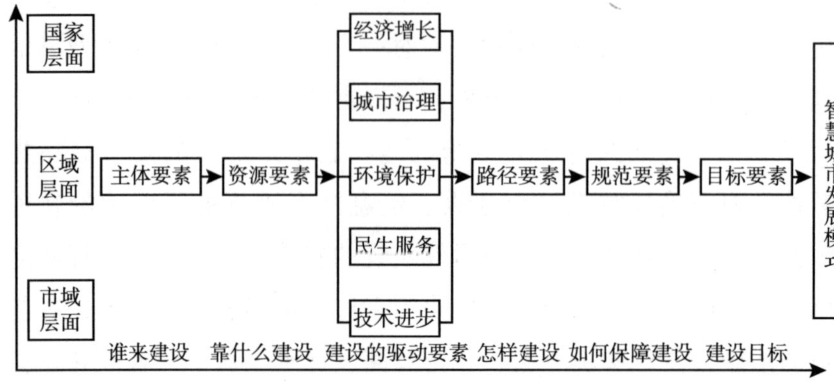

图1　智慧城市发展模式逻辑框架

三　结语

智慧城市发展模式是一个综合的、各种要素相互联系的统一体。在该模式中，通过智慧城市主体的利己或公益行为，利用通信基础设施、提供大量智能的关键技术以及各种有形、无形的资源，以经济增长和产业结构调整、城市治理、环境保护、增强居民幸福感和满意度的民生服务、技术进步为驱动要素，产生智慧城市发展路径、规范制度、发展目标等内容，从而衍生出智慧城市发展模式。基于具体的主体要素、资源要素、驱动要素，必定产生不同的发展路径、规范制度和发展目标，所以智慧城市发展模式也会呈现复杂化特征。如根据推动主体的差异，智慧城市发展模式可以分为政府主导型、市场主导型和混合推动型；根据发展动因差异，智慧城市发展模式可以分为经济增长偏向、城市治理偏向、民生服务偏向、环境保护偏向、技术进步偏向的发展模式和均衡发展模式；根据发展切入路径差异，智慧城市发展模式可以分为基础设施启动型、核心技术启动型、智慧应用启动型和综合推动型；根据发展资源投入来源差异，智慧城市发展模式可以分为开放型发展模式和内源型发展模式。上述不同角度的分类相互组合，可以形成多种不同的智慧城市发展模式。

（执笔人：吴标兵、林承亮、许为民）

参考文献

李德仁、龚健雅、邵振峰：《从数字地球到智慧地球》，《武汉大学学报》（信息科学版）2010 年第 35 期。

钱大群：《智慧的城市在中国》，IBM 商业价值研究院，2009。

IBM 云计算中心 Hipods：《“智慧的地球”——IBM 云计算 2.0》，IBM 中国公司，2009。

徐全平、张晖、邢涛等：《传感器网络与智慧地球》，《信息技术与标准化》2009 年第 10 期。

陈锐：《物联网——后 IP 时代国家创新发展的重大战略机遇》，《中国科学院院刊》2010 年第 25 期。

姚万华：《用智慧谋划“智慧城市”》，《中国信息界》2010 年第 1 期。

张陶新、杨英、喻理：《智慧城市的理论与实践研究》，《湖南工业大学学报》（社会科学版）2012 年第 1 期。

何东：《智慧城市创新发展模式和策略探讨》，《信息通信》2012 年第 1 期。

B.12

移动信息技术影响下的城市空间结构研究进展

摘　要：

手机用户、手机网民规模的不断增大意味着移动信息技术的出现和应用带来了信息革命的第二阶段。移动信息技术开始赋予空间以新的内涵，其影响下的空间结构成为地理学研究的主要内容之一。本文重点梳理西方学者近年来关于移动信息技术及其影响下的城市研究范式、研究内容变化的最新成果，以期了解最近的学术动态，并为国内相关研究提供借鉴。

关键词：

移动信息技术　城市空间结构　网络空间　实体空间

2010年，全球手机用户占总人口的78%，手机信号覆盖面积达90%，互联网用户占总人口的29.7%，移动宽带用户占12.6%[1]。截至2011年6月，我国手机网民增至3.18亿，成为网民规模（4.85亿）的主体[2]，3G基站总数达到71.4万个，3G用户总数达到7376万[3]，说明以移动设备、无线网络为代表的移动信息技术在社会应用中不断普及。如果将老的信息技术（收音机、电视、固定电话）向新的信息技术（移动电话、个人计算机及互联网）转变称为信息革命的第一阶段，那么，移动信息技术

(Mobile Information and Communication Technologies, MICTs) 的出现和应用就是信息革命的第二阶段。Kellerman (2010) 将移动信息技术的发展分为4个阶段：基本通信设备（笔记本电脑和手机）、信息系统（互联网和短信服务（SMS））、传输系统（无线保真技术（Wi－Fi）和3G系统）、高端设备（3G手机、上网本和平板笔记本电脑）。[4]

空间是地理学研究的核心内容，近30年来，随着信息技术的不断发展，信息技术对空间的影响成为地理学者关注的焦点。国内外学者以电信基础设施为研究对象，运用网络场所方法（CP）、问卷调查、深度访谈等方法，从空间类型[4－15]、城市体系[16－18]、经济空间组织[19－21]、居民行为[22－26]等方面展开研究。与固定信息技术相比，移动信息技术在更大程度上放松了对空间的束缚，移动设备的爆炸式增长、信息和通信技术的融合、无线基础设施建设和移动宽带服务进一步加剧网络空间与地理空间之间的融合、互动。为了了解移动信息技术影响下的空间研究会发生哪些变化，本文重点从研究方法和研究内容两个方面，全面梳理西方学者的最新研究成果，也希望为国内相关研究提供借鉴。

一　研究范式与研究方法转变

研究范式是研究方法、研究思维的集成，也是概念、方法和科学体系，科学发展遵循“前范式—范式—范式竞争—范式更迭—新范式”的模型。[27]在移动信息技术影响下，各种流的速度和强度比以往更强大，尤其是信息流强化了人与场所的流动性，新形式的“虚拟”和“想象”流动正在出现，并与物理流动相结合。手机作为一种新技术应用，其互动和通信的新方式涉及流动状态，因此，手机的使用在范式转型中起重要作用。Sheller (2006) 在社会科学领域提出“新流动范式”（New Mobilities Paradigm），从“位移范式”（Displacement Paradigm）到“新流动范式”均强调无处不在的网络覆盖，注重移动信息技术与流动性之间的衔接关系。[28-29]在流动性范式的重新配置中，时空观念被改变，场所、行为和人们之间的界限变得模糊，行为可以不按照时间线性排序，行为与其发生场所不再固定不变。

移动信息技术既是新的研究手段，又是研究对象，促使地理学研究方法更加重视新技术的应用及相邻学科理论和方法的借鉴。研究方法由早期的手机会话分析（Conversation Analysis，CA）方法转变为利用 GPS 方法、时空日志方法、“网络研究”方法、反距离权重差值法（Inverse Distance Weight，IDW）和核密度差补法（Kernel Density Interpolation，KDE）等进行空间分析。“时空日志”方法可以是文字、图案或数字，记录受访者的时间、地点、行为活动等，与 GPS 相比研究周期较长，分析精度也有限。通过网站、多用户探讨组以及使用计算机模拟的“网络研究”方法主要有两种：“网络场所方法”（CP）和“网络空间方法”（CS），[30]其中，“网络场所方法”是利用有形的基础设施来分析“虚拟”的城市间的联系，“网络空间方法”是建立在万维网结构的基础上，如超链接和搜索引擎的结构，关注信息在城市间、城市内部的生产、传播、消费产生的重要影响。

同时，出于安全和隐私的考虑，基站数据、网络运营商或官方统计部门的标准统计数据都很难获取，或信息技术发展很快，一些数据公布时已经过时，影响到了研究者使用以移动信息技术为基础指标开展研究的积极性。因此，基于手机、LBS、GPS 的移动定位数据变得尤为重要，移动定位被视为城市空间研究的信息资源。移动定位数据来源有两种，一是使用移动追踪手机，根据无线电波确定区位；二是数据自动存储在移动运营商的自动存储数据库。随移动定位而来的新数据预示着方法论上的革命，研究周期将缩短，分析精度也将有所增加。

二　研究内容

移动信息技术影响着城市空间结构的网络空间和实体空间，同时，加剧二者的融合、互动。可视化研究突破了网络空间的研究瓶颈，丰富了研究内容，而实体空间则在世界、区域、城市层面受移动信息技术的影响。

（一）网络空间及其与实体空间的关系

由于网络和信息技术的发展，虚拟空间研究扩展至网络空间（Cyberspace）、数字场所（Digiplaces）和网络景观（Cyberscapes）三个方面，网络空间与实体空间的相对关系发生改变，网络空间的可视化研究也有了突破性进展。网络空间不再被认为是嵌入实体空间的一种无中心、无场所的虚拟形式。Dijst（2004）认为因为在线行为总是包含在实体世界中，虚拟空间根植于社会、实体空间，影响程度有待研究。[31] Crutcher（2009）认为实体空间和网络空间是相互交错的，网络空间包含关于实体空间的数据，因而影响实体空间。[11] Kellerman（2010）认为信息技术的创新及应用使得用户不受区位和时间因素的限制，可以通过宽带服务即时和永久地接入网络空间，这促进了网络空间与实体空间的融合关系。[4] Zook（2011）研究发现网络空间的大小与其对应的实体空间规模有关，都市圈的网络空间规模都比较显著。[32]

西方学者大多以全球最常用的搜索引擎——谷歌为研究对象，图解网络空间的愿景。Zook（2007a，b，c）指出网络用户借助谷歌地图和谷歌地球的卫星图像，引导自身在实体空间中的移动，或将实体场所的所有特征、因素以数字形式集中于网络空间，这个数字与实体的混合过程产生了数字场所，数字场所使得网络空间的尺度有形或无形。[10,12,33] Cohen（2007）认为数字场所是日常空间活动的扩展，是可变的，并由实践、概念化、表现的互动来构成。[34]

Crutcher（2009）认为网络景观是指互联网上有关场所的地理编码数据的种类、数量和质量。[11] Graham（2011）使用谷歌地图中用户生成地标的数量作为指标，重点研究网络空间对实体场所的映射，即网络景观，并提出网络景观的制图分析。研究认为，网络景观是虚拟复合环境（Palimpsest）通过网络的文件、图像、视频和身临其境的环境成为物理场所的镜像；WEB 2.0 的映射服务是技术支撑，网络景观对线下世界产生强化作用；互联网内容创建和用户生成均表现出地理不均衡格局；链接最终成为混合场所（Hybrid Places）的一部分。[35] 近年来，网络制图能力发生了根本转变，任何场所可以在网上用各种方式表达出来，WEB2.0 的映射服务导致以场所为基础的点生产（Place-based Peer-production）的爆炸。Turner（2006）指出的做法是网络用户利用在线工具，访问场所的虚拟层，创作和共享地图，如维基百科、谷歌地图，被不同的学者分别称为新地理学（Neogeography）[36]、云协作（Cloud Collaboration）[37]、志愿地理信息（Volunteered Geographic Information）[38]、制图 2.0（Maps 2.0）[39]。

总之，谷歌地图和谷歌地球的应用成为网络空间引导实体空间的活动典型，场所基于 WEB2.0 网络空间产生了一个全新的维度——受虚实环境双重影响的可交替维度，数字场所和网络景观构成了人类活动的新元素和人类对实体世界的新视角。下一步的研究方向是：研究网络景观和数字场所的轮廓和影响；网络映射场所类型和信息类型；地标生成的用户行为研究；网络空间信息的过滤、排序和测量。

（二）实体空间转型与重构

1. 世界层面的实体空间

衡量城市间的“距离”是西方地理学者长期关注的焦点，这个焦点最突出的表现且世界城市网络（WCN）研究，研究视角包括：快递和邮政邮件量、航空旅客、远洋集装箱、地方之间的光纤指示数量等。随着移动信息技术的发展，基于用户生成的地标参照的信息距离成为研究新视角。以移动信息技术为切入点的世界城市网络研究（WCN）目前仍处于一个描述性的水平，多数实证分析主要是基于物质媒介或互联网媒介的世界城市之间的连接度研究，其中，基于互联网媒介的研究可以更加详细地测量世界城市网络的连接度，减少研究者对政府统计数据或商业市场数据的依赖。

基于“网络场所方法”（CP）的世界城市网络研究已经较成熟。Grubesic（2005）以美国为例，通过互联网流量的数据分析，发现不对称性存在于整个美国的信息流动和网络接口之间。[40] Tranos（2009）以欧洲内部互联网骨干网为研究对象，基于城市连通的欧洲城市网络的关系认识，聚类分析和总结全球网络中城市的新地位。[41]基于“网络空间方法”（CS）的研究虽刚刚起步，但在不断完善中。Heimeriks（2006）分析科学网站的超链接网络，研究学术领域的发展和研究机构及在其环境中的相关机构之间的关系。[42] Devriendt（2011）基于定量和定性的超链接分析，使用网络搜索引擎——谷歌推导出全球100个主要城市的信息排名。研究发现：传统发达的西方城市在环保措施方面信息排名较高，新的亚洲金融中心在商贸方面信息排名较高。[43] Zook（2011）使用特殊设计的软件程序访问谷歌地图，空间搜索全球100个主要城市在半径5英里的中心范围内的用户生成地标（User-generated Placemarks）（仅限于2009年9月存在超过一个星期的地标）。基于谷歌地图索引的用户生成地标和关键词的数量，建立一个全新的空间统计模型。分析说明全球100个主要城市之间，以信息联系强度为衡量标准的距离是如何变化的，提出以人流、物流、信息流，即以地方之间的联系强度衡量距离。[44]

2. 区域层面的实体空间

在分析移动信息技术的影响时，区域层面和世界层面同样重要。首先，由于移动信息技术的使用，距离在区域层面仍然发挥效用，这在学术界已有了少量的实证研究。Zumkeller（2005）指出电信，特别是通话和短信可以保持甚至加强远距离的接触。[45] Mok（2010）从人际交往的角度，对比分析1978和2005年多伦多地区86位受访者的数据，证明邮件、手机的使用使得距离在人际交往中仍起作用。[46] 即使是社区变得全球在地化（Glocalisation），[47] 也只是对距离的缩减而不是消亡。总之，互联网创建了一个差异化的核心地位，距离在人与人之间、城市之间改变，空间在不均衡地收缩、翘曲。

其次，基于区域经济发展对信息技术的潜在需求及其对外部发展环境的应对，信息技术在促进区域经济发展中产生区域融合和分离两种矛盾趋势。移动信息技术实现了信息和知识超越距离的传输，这种即时的、虚拟的互动开辟了广泛的经济互动选择，成为跨区生产网络、创新网络的基础[48]。在信息产业中，企业成为创新者，借助移动信息技术创新企业内部进程和商业组织，重新校准产品制造和营销步骤的时间增量，重塑经济活动的地域配置及其在生产网络中的地位[49]。服务业是对信息技术最为敏感的行业，一是移动服务的多样化，如移动互联网接入、位置服务（LBS）、地理信息标注服务、即时信息（IM）、多媒体短信服务（MMS）、个性化信息娱乐、以GPS为代表的卫星导航应用等，在手机与互联网融合之后，移动互联网服务扩张，并为信息服务提供了新机遇。[50]

二是电子商务线上、线下空间的融合，Weltevreden（2006）以荷兰8个城市中心的零售商为例，探讨零售业的线上空间和线下空间的结合。研究强调零售战略的杂糅，综合考虑地理差异、销售密度和空间内容相关性，以互联网方式嵌入社会经济实体零售环境。[51]三是信息技术的应用使得服务外包或全球采购成更加便利，推动服务业经济的增长和地理区位的不断变化，鼓励企业建立旨在实现大规模生产服务的区域或国家中心[52]。对于接受信息技术较缓慢的产业，结构、社会和技术因素的相互作用克服行业固有的文化和管理，促进信息技术融入该行业，以配合企业的外部环境和不断变化的行业发展需求[53]。

3. 城市层面的实体空间

移动信息技术对城市内部空间的影响主要有：一是以手机为切入点研究城市时空效用、社会图景的改变；二是基于手机使用的意义场所的出现；三是居民信息化程度提升带来的流动性增加。

（1）城市时空效用。May（2001）认为信息技术对时空的影响在地理分布上表现出高度地不均衡。[54]Calabrese（2006，2007）开展了手机实时跟踪的试点应用以及手机使用实时和历史的可视化的试点研究。[55-56]Ahas（2005，2007）追踪300名手机用户做“社会定位方法”分析，描绘社会空间地图。[57]Jukka（2010）计算和可视化了手机使用密度。[58]Sevtsuk（2010）使用从移动运营商收购的汇总数据，在移动天线的特征值分析的基础上，分析了罗马城空间使用的时空格局和时空节奏。[59]Ahas（2010）从爱沙尼亚最大的移动服务供应商获取超过50万匿名受访者的历时12个月的数据，测试、开发手机定位模型，用于计算手机用户的意义场所、地理和城市研究。[60]

时间地理学在充分考虑了信息技术的影响因素之后，扩展了基于个人的时空研究框架，Shaw（2009）发展了一套时空地理信息系统体系结构，将信息社会人类活动与互动数据作为连续的时空过程进行组织与管理，从时空一体化的角度研究人类活动－移动模式。[61] Couclelis（2000，2004）指出行为、场所和时间的协作已经被信息技术削弱，人类行为往往分化成分布在不同时间和地理位置的行为。[62－63] Schwanen（2006，2008）认为移动信息技术导致时间的并行（工作、家庭、休闲），从根本上改变了家庭、企业和其他城市行为者的行为的时空组织，[64] 通过哥伦布和乌德勒支的资料文献和实证对比研究，发现互联网和手机放松了时间的约束，比增强空间灵活性程度更强。[65] 从现有文献研究中，可以得出结论：配备无线上网和其他应用程序的手机比有线信息技术更加减轻时空约束，对空间容量的影响也更小。

（2）意义场所。移动信息技术创造出来的数字空间和网络没有取代真实的城市空间，而是增加了日常生活的新维度[66]。手机或无线互联网链接使私人和公共空间的进一步模糊[67]，Sheller（2004）称之为“移动公众”（Mobile Publics）[68]。移动用户的使用意图与处于该环境中的地理客体之间的关系是复杂的，个人赋予场所特定的意义。[69] Kopomaa（2000）认为手机为公共空间提供了新生活，为居住、工作以外的社会互动提供了“第三场所”，即在通信网络中社会互动的场所。[67] 一些研究者认为手机作为“第三场所”（Third Place），不同于实际地理区位，有其自身的空间特点，基于适应活动空间概念诠释个人实现区位选择的结构，也被称为微地域活动空间（Micro-geographical Activity Space）[70]。Nurmi（2006）提出意义场所 Meaningful Locations 的概念，随着移动生活方式和移动通信的日益普及，手机经常访问的、对个人有意义的场所，居住和工作场所就是最普通的一种。[71] Nobis（2009）指出手机使用的“场所”发生了相当大的变化，外出走动、工作时、在家中这三个场所的重要性都在增加。[72] Licoppe（2008）研究发现：与其他场所相比，在家使用手机频率较低；在工作场所中，手机使用频率对工作紧急程度高度敏感，即工作（或工作场所）越固定，手机使用频率越低，相反亦然。[73]

（3）居民流动性。快速增长的移动宽带流量，即信息流允许远距离展现自身，并具备全球和地方双重属性[45]。信息流赋予了人们极大的流动性[61]，流动性成为更经典的空间主题。移动设备的使用改变了人们的流动性和行动目的，由此带动学术界关于信息技术和流动性的关系研究。Salomon（1986）将信息技术对流动性的潜在影响分成两个基本类型："替代"、"互补性"。[74]在此基础上，Senbil（2003）又细分成四种类型：替代（Substitution）、互补（Complementarity）、修正（Modification）和中立（Neutrality）。[75] Mokhtarian（2003）在回顾信息技术和流动性之间相互关系的概念、理论方法和实证研究结果之后，提出一般性结论：鉴于现有的信息技术和流动性互补趋势，未来互补关系可能会加强。[76] Choo（2004，2005）强调二者的互补关系，尽管在定向权重上是不对称的。[77-78] Nobis（2005，2006）发现信息技术和流动性之间的关系随使用的信息技术手段不同而不同，使用手机和流动性之间的相关性最强。[79-80] Kellerman（2010）认为虚拟流动的不断增长可以增加而不是减少实体的流动性[4]，Zook（2011）也认为数字链接完全可能产生人的物理流动[32]。

在实证研究中，Zumkeller（2005）通过抽样调查德国南部402户家庭，发现：手机使用和流动性的互补关系导致居民流动的增加[45]。Nobis（2009）以德国为例，通过问卷访谈1945位受访者，并对比2003年、2007年的访谈结果，从个人层面上证实了手机和流动性之间的互补性[81]。Licoppe（2008）使用手机软件收集区位信息和通信方式，利用与深度访谈相结合的方法，以24位居住在巴黎的成人为样本，进行为期一星期的测试，连接通信研究和移动研究之间的鸿沟[73]。可以预计，居民信息化水平的提高及其带来的流动性增强会对居民出行行为、购物行为、娱乐行为等产生影响。

三　结论与讨论

综上所述，随着移动信息时代的到来，城市空间结构研究正在发生新的变化。

（1）由于移动设备普及率的提升及其便携特征，手机、谷歌成为移动信息时代地理学研究的新手段、新对象，并越来越重要。

（2）在以往信息技术对空间影响的研究中，互联网域名数量、骨干网带宽容量是用于城市网络研究，即城市外部空间结构的主要指标，在移动信息时代，手机研究将更多应用于基于个人层面的城市内部空间结构中。

（3）从现有研究成果看，西方研究进展明显快于国内，内容更加丰富，国内研究仅涉及居民行为、时空约束、网络空间、城市网络。但是，国内外研究都较侧重于城市外部空间结构，如何在基于个人的研究成果基础上，进一步落实城市功能空间研究，需要在新数据、新方法、新理念方面共同努力。

（4）移动信息技术的出现和应用是信息革命的第二阶段，无线网络与移动设备结合带动了移动服务的发展，开创了移动信息时代。"新流动范式"成为空间问题与流动性之间的桥梁，地理学研究面临更加复杂的研究对象，研究方法需要多学科的融合及新技术的应用。

（5）移动信息技术影响下的地理学空间研究集中在网络空间及其与实体空间关系和实体空间转型与重构上。在网络空间，西方学者借助谷歌地图和谷歌地球使得虚拟空间研究包含了网络空间、数字场所和网络景观三个方面；实体空间在世界层面、区域层面、城市内层面受到由移动信息技术带来的技术、经济、社会等多方面的影响。

（执笔人：翟青、甄峰）

注释

[1] 电信管理局：《2011 年 5 月我国 3G 基站建设及用户发展情况》，2011－12－23，http：//www. miit. gov. cn/n11293472/n11293832/n11294132/n12858447/13904203. html. 2011。

[2] H・巴凯斯、路紫：《从地理空间到地理网络空间的变化趋势——兼论西方学者关于电信对地区影响的研究》，《地理学报》2000 年第 1 期。

[3] 李双成、王羊、蔡运龙：《复杂性科学视角下的地理学研究范式转型》，《地理学报》2010 年第 11 期。

[4] 刘卫东、Dicken P、杨伟聪：《信息技术对企业空间组织的影响——以诺基亚北京星网工业园为例》，《地理研究》2004 年第 6 期。

[5] 汪明峰、宁越敏：《城市的网络优势——中国互联网骨干网络结构与节点可达性分析》，《地理研究》2006 年第 3 期。

[6] 甄峰：《信息时代新空间形态研究》，《地理科学进展》2004 年第 5 期。

[7] 甄峰、魏宗财、杨山等：《信息技术对城市居民出行特征的影响——以南京为例》，《地理研究》2009 年第 9 期。

[8] 中国互联网络信息中心（CNNIC）：《第 28 次中国互联网络发展状况统计报告》，2011－12－23，http：//www. cnnic. cn/dtygg/dtgg/201107/W020110719521725234632. pdf。

[9] Adams P C. ，“A Reconsideration of Personal Boundaries in Space-time”，*Annals of the Association of American Geographers*，1995，85（2）.

[10] Ahas R，Mark U. ，“Location-based Services：New Challenges for Planning and Public Administration?”，*Futures*，2005，37（6）.

[11] Ahas R，Silm S，Järv O et al. ，“Using Mobile Positioning Data to Model Locations Meaningful to Users of Mobile Phones”，*Journal of Urban Technology*，2010，17（1）.

[12] Anumba C，Dainty A，Ison S et al. ，“Understanding Structural and Cultural Impediments to ICT System Integration：A GIS-based Case Study”，*Engineering，Construction and Architectural Management*，2006，13（6）.

[13] Bathelt H, Turi P. , "Local, Global and Virtual Buzz: The Importance of Face-to-face Contact in Economic Interaction and Possibilities to Go Beyond", *Geoforum*, 2011, 42 (5).
[14] Batty M. Editorial: "The Geography of Cyberspace", *Environment and Planning B: Planning and Design*, 1993, 20 (6).
[15] Bryson J R. , "The 'Second' Global Shift: The Offshoring or Global Sourcing of Corporate Services and the Rise of Distanciated Emotional Labour", *Geografiska Annaler*, 2007, 89 B (S1).
[16] Calabrese F, Colonna M. , "Lovisolo P et al. Real-time Urban Monitoring Using Cellular Phones: A case-study in Rome", *Intelligent Transportation Systems*, 2011, 12 (1).
[17] Calabrese F. , "Ratti C. Real Time Rome", *NETCOM*, 2006, 20 (3-4).
[18] Castells M. , *The Rise of the Network Society*, Oxford, Blackwell, 2000.
[19] Choo S, Mokhtarian P L. , "Do Telecommunications Affect Passenger Travel or Vice Versa? Structural Euqantion Models of Aggregate U. S. Time Series Data Using Composite Indexes", *Transportation Research Record*, 2005.
[20] Choo S, Mokhtarian P L. , "Elecommunications and travel demand and supply: aggregate structural equation models for the U. S. ", *transportation Research Board*, 83rd Annual Meeting, Washington. 2004.
[21] Cohen J E. , "Cyberspace as/and Space", *Columbia Law Review*, 2007, 107 (1).
[22] Couclelis H. , "From Sustainable Transportation to Sustainable Accessibility: Can We Avoid a New Tragedy of the Commons?", Janelle D G, Hodge D C. Information, Place, and Cyberspace: Issues in Accessibility. Berlin: Springer-Verlag , 2000.
[23] Couclelis H. , "Pizza over the Internet: E-commerce, the Fragmentation of Activity and the Tyranny of the Region", *Entrepreneurship & Regional Development*, 2004, 16 (1).
[24] Crampton J W. , "Cartography: Maps 2. 0", *Progress in Human Geography*, 2009, 33 (1).
[25] Crutcher M, Zook M. , "Placemarks and Waterlines: Racialized Cyberspaces in Post-Katrina Google Earth", *Geoforum*, 2009, 40 (4).
[26] Devriendt L, Boulton A, Brunn S et al. , "Searching for Cyberspace: The Position of Major Cities in the Information Age", *Journal of Urban Technology*, 2011, 18 (1).
[27] Devriendt L, Derudder B, Witlox F. , "Cyberplace and Cyberspace: Two Approaches to Analyzing Digital Intercity Linkages", *Journal of Urban Technology*, 2008, 15 (2).
[28] Dijst M. , "2004. ICT and Accessibility: an Action Space Perspective on the Impact of New Information and Communication Technologies", Beuthe M, Reggiani A,

Zamarini L., *Transport Developments and Innovation in an Evolving World. Berlin*, Springer, 2004.

[29] Dodge M, Kitchin R., *Mapping Cyberspace*, Routledge, London, 2001.

[30] Gary F., "Innovation, Time, and Territory: Space and the Business Organization of Dell Computer", *Economic Geography*, 2006, 82 (2).

[31] Goodchild M F., "Citizens as Sensors: The World of Volunteered Geography", *GeoJournal*, 2007, 69 (4).

[32] Graham M, Zook M., "Visualizing Global Cyberscapes: Mapping User-generated Placemarks", *Journal of Urban Technology*, 2011, 18 (1).

[33] Graham M., "Neogeography and the Palimpsests of Place: Web 2.0 and the Construction of a Virtual Earth", *Tijdschrift voor Economische en Sociale Geografie*, 2010, 101 (4).

[34] Grubesic T., "Murray A. Geographies of Imperfection in Telecommunication Analysis", *Telecomunications Policy*, 2005, 29 (1).

[35] Hampton K, Wellman B., "The not so Global Village of Netville", Wellman B, Haythornthwaite C. The Internet in Everyday Life. Oxford: Blackwell, 2002.

[36] Heimeriks G, Besselaar P., "Analyzing Hyperlinks Networks: The Meaning of Hyperlink Based Indicators of Knowledge Production", *International Journal of Scientometrics, Informetrics, and Bibliometrics*, 2006, 10 (1).

[37] Henderson T, Kotz D, Abyzov I., "The Changing Usage of a Mature Campus-wide Wireless Network" I, n Proceedings of the Tenth Annual International Conference on Mobile Computing and Networking, Philadelphia, PA, 2004, 9.

[38] ITU. Key ICT indicators for developed and developing countries and the world (totals and penetration rates, 2011 - 12 - 23. http: //www. itu. int/ITU - D/ict/ statistics//at_ glance/KeyTelecom. html.

[39] Jukka M K., "Planning Fire and Rescue Services by Visualizing Mobile Phone Density", *Journal of Urban Technology*, 2010, 17 (1).

[40] Kalakota R, Robinson M., *M - Business: The Race to Mobility*, McGraw - Hill, 2002.

[41] Kellerman A., "Cyberspace Classification and Cognition: Information and Communications Cyberspaces", *Journal of Urban Technology*, 2007, 14 (3).

[42] Kellerman A.," Mobile Broadband Services and the Availability of Instant Access to Cyberspace", *Environment and Planning A*, 2010, 42 (12).

[43] Kopomaa T., *The City in Your Pocket: Birth of the Mobile Information Society*, Gaudeamus, Helsinki, 2000.

[44] Licoppe C, Dana D, Zbigniew S et al., "Using Mobile Phone Geolocalisation for 'Socio-geographical' Analysis of Co-ordination, Urban Mobilities, and Social Integration Patterns", *Tijdschrift Voor Economische En Sociale Geografie*, 2008, 99 (5).

[45] Lyons G, Urry J. , "Travel Time Use in the Information Age", *Transport Research A*, 2005, 39 (2-3).

[46] Malecki E. , "The Economic Geography of the Internet's Infrastructure", *Economic Geography*, 2002, 78 (4).

[47] May J, Thrift N. , "Introduction", May J, Thrift N. Timespace: Geographies of Temporality. Routledge: London, 2001.

[48] McNett M, Voelker M. , "Access and Mobility of Wireless PDA Users", *Mobile Computing Communications Review*, 2005, 9 (2).

[49] Mok D. , Wellman B, Carrasco J. , "Does Distance Matter in the Age of the Internet?", *Urban Studies*, 2010, 47 (13).

[50] Mokhtarian P L. , "Telecommunications and Travel: the Case for Complementarity", *Journal of Industrial Ecology*, 2003, 6 (2).

[51] Nobis C, Barbara L. , "Communication and Mobility Behaviour-a Trend and Panel Analysis of the Correlation Between Mobile Phone Use and Mobility", *Journal of Transport Geography*, 2009, 17. Nobis C, Lenz B, Vance C. , "Communication and Travel Behaviour: Two Facets of Human Activity Patterns, Timmermans, H. Progress in Activity-based Analysis", UK: Oxford, Elsevier, 2005.

[52] Nobis C, Lenz B. , "Communication and Mobility Behaviour-a Trend and Panel Analysis of the Correlation Between Mobile Phone Use and Mobility", *Journal of Transport Geography*, 2009, 17 (2).

[53] Nobis C, Lenz B. , "The Impact of ICT on Activity Programs and Mobility International Specialists Meeting on ICT, Everyday Life and Urban Change, Bergen, Netherlands", 2006.

[54] Nurmi P, Koolwaaij J. , "Identifying Meaningful Locations", Paper Presented at 3rd Annual International Conference on Mobile and Ubiquitous Systems: Networks and Services (MobiQuitous), San Jose, CA, 2006.

[55] Pain R, Grundy S, Gill S et al. , "So Long as I Take My Mobile: Mobile Phones, Urban Life and Geographies of Young People's Safety", *International Journal of Urban and Regional Research*, 2005, 29 (4) .

[56] Reichenbacher T, Crease P, Sabbata S. , "The Concept of Geographic Relevance", Proceedings of the 6th International Symposium on LBS & TeleCartography, 2009.

[57] Rutherford J, "Gillespie A, Richardson R. The Territoriality of Pan-European Telecommunications Backbone Networks", *Journal of Urban Technology*, 2004, 11 (3).

[58] Rutner S, Gibson J, Williams R. , "The Impact of the Integrated Logistics Systems on Electronic Commerce and Enterprise Resource Planning Systems", *Transportation Research Part E*, 2003, 39 (2).

[59] Sadoun B, Al-Bayari O. , "Location Based Services Using Geographical Information Systems", *Computer Communications*, 2007, 30 (16).

[60] Salomon I. , "Telecommunications and Travel Relationships: a Review", . *Transportation Research A*, 1986, 20 (3).

[61] Schwanen T, Dijst M, Kwan M P. , "Introduction—The Internet, Changing Mobilities, and Urban Dynamics", *Urban Geography*, 2006, 27 (7).

[62] Schwanen T, Kwan M P. , "The Internet, Mobile Phone and Space-time Constraints", *Geoforum*, 2008, 39 (3).

[63] Schönfelder S, Axhausen K W. "Structure and Innovation of Human Activity Spaces", *Arbeitsbericht Verkehrs-und Raumplanung*, 2004.

[64] Senbil M, Kitamura R. , "Simultaneous Relationships Between Telecommunications and Activities", 10th International Conference on Travel Behavior Research, Lucerne, 2003.

[65] Sevtsuk A, Ratti C. , "Does Urban Mobility Have a Daily Routine? Learning From the Aggregate Data of Mobile Networks", *Journal of Urban Technology*, 2010, 17 (1).

[66] Shaw S L. , "A GIS-based Time-geographic Approach of Studying Individual Activities and Interactions in a Hybrid Physical-virtual Space", *Journal of Transport Geography*, 2009, 17 (2).

[67] Sheller M, Urry J. , "The New Mobilities Paradigm", *Environment and Planning A*, 2006, 38 (2).

[68] Sheller M. , "Mobile Publics: Beyond the Network Perspective", *Environment and Planning D: Society and Space*, 2004, 22 (1).

[69] Tranos E, Gillespie A. , "The Spatial Distribution of Internet Backbone Networks in Europe: A Metropolitan Knowledge Economy Perspective", *European Urban and Regional Studies*, 2009, 16 (4).

[70] Turner A. , *Introduction to Neogeography* Sebastopol, CA: O'Reilly, 2006.

[71] Urry J. , *Mobilities* , Polity Press, Cambridge, 2007.

[72] Weltevreden J W J, Atzema O A L C. , "Cyberspace Meets High Street: Adoption of Click-and-mortar Strategies by Retail Outlets in City Centers", *Urban Geography*, 2006, 27 (7).

[73] Woudsma C. , "Understanding the Movement of Goods, Not People: Issues, Evidence and Potential", *Urban Studies*, 2001, 38 (13).

[74] ZHEN F, WEI Z C. , "Influence of Information Technology on Social Spatial Behaviors of Urban Residents", *Chinese Geographical Science*, 2008, 18 (4).

[75] Zook M, Devriendt L, Dodge M. , "Cyberspatial Proximity Metrics: Reconceptualizing Distance in the Global Urban System", *Journal of Urban Technology*,

2011, 18 (1).

[76] Zook M, Graham M, Miller H J. , *From Cyberspace to DigiPlace: Visibility in an Age of Information and Mobility Miller H J. Societies and Cities in the Age of Instant Acces*, Springer, 2007b, 88.

[77] Zook M, Graham M. Mapping DigiPlace, "Geocoded Internet Data and the Representation of Place", *Environment and Planning B: Planning and Design*, 2007a, 34 (3).

[78] Zook M, Graham M. , "The Creative Reconstruction of the Internet: Google and the Privatization of Cyberspace and DigiPlace", *Geoforum*, 2007c, 38 (6).

[79] Zook M. , "Devriendt L, Dodge M. Cyberspatial Proximity Metrics: Reconceptualizing Distance in the Global Urban System", *Journal of Urban Technology*, 2011, 18 (1).

[80] Zumkeller D. , "Stagniert die Nachfrage im Personenverkehr?", DVWG. Demographischer Wandel Mobilitaet und Verkehr Schriftenreihe der Deutschen Verkehrswissenschaftlichen. Berlin: Springer, 2005.

企业案例

Case Studies on Enterprises

B.13

大唐电信践行高科技中央企业转型发展之路

摘　要：

我国的城市信息化建设离不开有能力提供相关基础设施建设所用设备和技术并具备国际领先的技术水平和创新研发能力的本土企业。大唐电信作为一家代表国内最先进电讯技术的高科技中央企业，一直以来都是我国信息化技术自主创新的排头兵。本文分别从大唐电信集团以创新驱动技术研发，紧贴国家创新战略的正向创新模式、创新平台搭建和产业链生态打造，以及科学发展、积极应对市场竞争的管理和战略三个方面，全面介绍了大唐电信作为一家高科技型中央企业的转型发展的成功经验。

关键词：

大唐电信　自主创新　转型发展

大唐电信科技产业集团（简称“大唐电信集团”）是一家专门从事电子信息系统装备开发、生产和销售的大型高科技中央企业。目前已形成无线移动通信、特种通信、集成电路设计与制造、战略性新兴产业及产业金融五大板块战略布局。作为我国无线移动通信科技自主创新的主力军和践行创新型国家战略的典范，大唐电信集团紧贴创新型国家战略，坚持创新驱动，先后主导提出 TD - SCDMA（3G）和 TD - LTE - Advanced（4G）国际标准，推动 TD 成功实现产业化与规模商用，全力推动我国移动通信产业的结构升级与国际竞争力的提升，探索并成功实践“正向系统创新”的高科技中央企业转型发展模式，为我国社会经济持续健康转型发展做出重大贡献。

一　坚持创新驱动，引领信息通信产业快速发展

大唐电信集团以系统标准为引领，打通移动通信和集成电路产业链，拥有国内无线移动通信和集成电路领域最雄厚的科研开发和技术创新实力，大幅提升我国在该领域的国际竞争力。

（一）持续引领国际标准竞争，TD 产业发展取得阶段性成果

大唐电信集团坚持创新驱动，打破国外技术垄断，主导 3G TD - SCDMA 和 4G TD - LTE - Advanced 国际标准竞争，取得我国电信史“零”的突破，实现了我国对全球移动通信的标准从追赶到引领的创新；历史性地打造形成以我国本土企业为主体的，从芯片、仪表、系统到终端的完整民族移动通信产业链，带动本土企业实现 TD 系统设备国产化率 95%，远高于其他制式标准，彻底改变我国移动通信产业和全球市场格局。大唐电信集团已成为 TD - SCDMA

市场主流的设备供应商之一，掌握 TD－LTE 技术、专利、标准和核心设备最完整的厂家。在 TD－SCDMA 系统设备历期招标中，始终保持市场份额第一阵营的地位；在中国移动 TD－LTE 扩大规模试验网建设中，主要指标名列前茅。另外，大唐电信集团依托自身技术优势，成功攻克高端仪器仪表技术难关，填补我国高端通信仪表空白，首次实现高端仪表对外出口，其中 TD－SCDMA 一致性测试仪表市场占有率达到 100%。

大唐电信集团积极推动 TD 产业化和规模商用。目前，TD 产业蓬勃发展，成绩斐然，截至 2013 年 9 月，TD－SCDMA 用户总数突破 1.69 亿户，呈加速增长态势，占国内 3G 用户总数的 45.9%，成为全球发展最快的 3G 网络。

（二）集成电路设计与制造协同发展，产业链整体竞争力显著提升

伴随着无线移动通信领域的快速发展，作为我国高端集成电路的中坚力量，大唐电信集团在集成电路设计和制造方面取得了显著成果。

1. 集成电路设计方面

大唐电信集团布局高端集成电路设计环节，实现我国移动通信芯片从“无芯”到“有芯”的关键突破，成为国际领先的 TD－SCDMA 终端解决方案提供商和终端基带芯片供应商。TD 终端芯片累计出货量处于市场前列，市场份额超过 30%，为我国基于 TD－SCDMA 的 3G 成功商用贡献了重要力量。目前，面向 4G 商用，大唐电信集团将努力实现从“有芯”到“强芯”的转型升级，全力开发基于 28nm 的 TD－LTE 终端芯片及其解决方案。此外，大唐电信集团以安全芯片为核心，是国内生产规模最大、产业链最完整、设备最先进的智能卡芯片提供商，年发行能力超过 2 亿张，居民二

代身份证、社保卡芯片的市场占有率均超过25%。大唐电信集团是国内首家在金融IC卡领域完成国际EMVco芯片安全体系认证的企业，正积极推进金融IC卡和移动支付芯片的研发和产业化进程。

2. 集成电路制造方面

2008年，大唐电信集团战略入资中国大陆规模最大、工艺最为先进的集成电路制造企业——中芯国际，成为其第一大股东，打通了集成电路和无线移动通信产业链，实现集成电路关键环节“自主可控、为我所用”。通过改善公司治理、促进产业互动等举措，推动中芯国际健康发展，使其成为我国本土唯一一家具有40nm高端工艺制程和12英寸晶圆大规模成熟生产能力的集成电路制造企业。2012年中芯国际占我国集成电路市场份额为22%，并为本土设计企业提供未来一系列产品演进的持续配套工艺和产能支撑能力。中芯国际的发展有力带动了我国集成电路装备制造业和设计业的快速发展，公司中国大陆IC设计客户收入占比显著提升。

二　紧贴创新型国家战略，大力提升科技创新能力

（一）实践正向系统创新发展模式

大唐电信集团依托TD－SCDMA核心技术优势，积极探索TD－SCDMA产业化的有效途径，在科学把握高科技成果转化一般规律的基础上，通过实现与之相匹配的战略管理、资源配置、运营管理、产业协调、市场营销、队伍建设及文化变革等一系列的改革创新工作，大力实施正向系统创新战略，探索走出一条“技术专利化、专利标准化、标准产业化、产业市场化、市场国际化”的高科技成果转化的道路。

正向系统创新通过确立正向的技术发展路线，依靠自主技术积累构建核心技术链，从核心技术、标准等技术链高端环节出发，打造完整产业链，最终形成产业主导权和竞争力的一种创新模式。正向系统创新具有技术的原创性和高端性、创新协同性和产业链完备性。正向系统创新的成功需要具备一些基本条件，正向系统创新要素罗盘如图 1 所示。

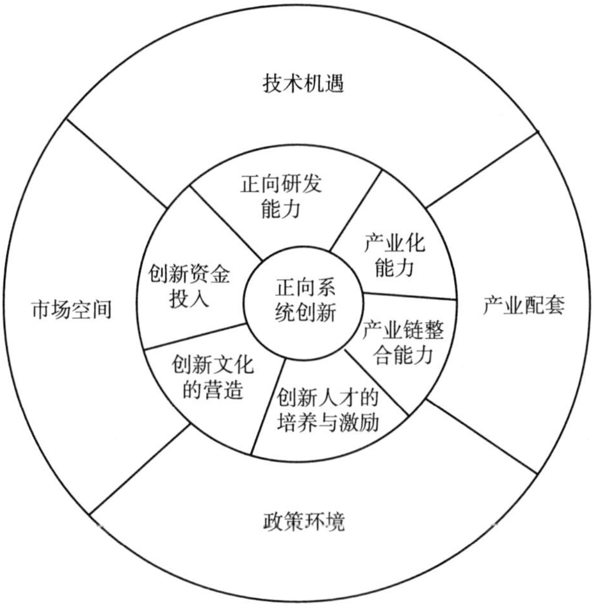

图 1　正向系统创新要素罗盘

对于 TD－SCDMA 产业而言，大唐电信集团的发展思路是推动高端国际标准的产业化，实现市场化，带动相关重要产业实现国产化。通俗地讲就是从标准形成专利，从专利形成主导产品，从主导产品最后再辐射出配套产品，形成完整的产业链。然后在一些配套产业中，通过参股或者技术转让的方式，与产业链下游相关产业进行合作，最后利用中国制造把这些产品做出来。

我国企业创新模式大多先简单模仿加工，而后开始从外观到内在技术的创新，走逆向创新方式。大唐电信集团从核心技术研发和国际标准入手，通过正向系统创新成功推动 TD－SCDMA 产业化和大规模商用，实现我国本土企业从逆向创新向正向创新的转换，使我国无线移动通信成为少数几个具有国际竞争力的领域之一，为我国其他重大战略领域创新提供了重要借鉴。

（二）建立国家级科技创新平台和具有中央企业特色的自主创新体系

大唐电信集团积极践行创新型国家战略，通过不断增强自主创新能力，推动集团逐步成长为我国移动通信领域自主创新的领军企业和国家科技创新的重要载体。大唐电信集团自 2006 年起就着手建设形成以 TDD 技术标准为主线，企业为主体，整合内外部创新资源，引领产业和市场为导向，以无线移动创新中心为平台，依托国家级实验室和国家科技重大专项，促进产学研用相结合的具有中央企业特色的自主科技创新体系。

1. 打造国家级科技创新平台

2008 年，大唐电信集团获批建设“无线移动通信国家重点实验室”，是国家首批 36 家依托企业建设的国家级重点实验室之一。随后，大唐电信集团获得国家发改委批准，承建“新一代无线移动通信系统技术国家工程实验室”。2010 年，大唐电信集团整合内部创新资源，成立大唐无线创新中心，进一步增强其在无线移动通信国际标准、前沿技术公共研发平台等方面的竞争力。

作为国家科技创新和重大科技研发任务的重要载体，目前，大唐电信集团承担着“核心电子器件、高端通用芯片、基础软件”国家科技重大专项一、“极大规模集成电路装备与成套工艺”国家科技重大专项二和“新一代宽带无线移动通信网”国家科技重大专项三的重大课题任务，同时参与国家电子信息产业调整与振兴规划中“TD 3G 产业新跨越”和“集成电路升级”两个重大工程的主要任务。

2. 建立高效协同的研发体系

大唐电信集团积极推动内外部研发协同与合作，构建高效协同研发体系。以国家级实验室为平台，发挥国家重点实验室在前瞻性、应用基础性和平台性研发方面的作用，进一步发挥国家工程实验室在为产业化准备、配合概念验证等技术试验方面的作用。同时结合高校、研究所、海外等科技资源，实现开放创新型研发管理，推进产学研用相结合，实现商业模式正向循环。大唐电信集团先后与清华大学、北京大学、复旦大学、上海交大、中国科学院计算所等国内22所高校、院所签订战略合作协议，并与爱立信等全球领先企业合作共建研发中心，通过多种方式，推动研发与创新资源的协同，提高研发的效率与质量，加快促进创新成果的转化。

在集团内部，深入推进战略、路标、预算、考核相结合的一体化研发管理体系，充分发挥无线创新中心和国家重点实验室在公共研发、产业支撑中的平台作用，推动集团内各产业单位研发层面的交流合作，不断提升整体核心竞争力。

（三）打造自主、可控、健康、可持续的产业生态系统

1. 推动全产业链合作

移动通信产业的竞争不仅仅表现为企业与企业之间的单项优势技术或产品的竞争，还表现为一条产业链同另一条产业链的竞争。面对TD－SCDMA产业化初期薄弱的产业链基础，大唐电信集团加强与国际、国内厂商合作，实现系统设备环节产业化，推动芯片、仪器仪表、手机终端厂家加入TD－SCDMA产业链，并与运营商共同推动产业成熟。

2. 促进TD产业联盟发展

在大唐电信集团的积极参与下，TD－SCDMA产业联盟联合

TD－SCDMA 产业上下游企业，配合运营商的需求，提升工程化水平，使 TD－SCDMA 产业能够尽快满足成熟商用标准。同时，为扩大 TD－SCDMA 产业的国际影响力，大唐电信集团积极参与 TD－SCDMA 产业联盟与国际电信业相关组织与机构的合作，为 TD－SCDMA 产业拓展更大的国际市场空间。TD－SCDMA 产业联盟是中国自主发展 TD－SCDMA 产业一个重要的里程碑，体现了我国通信行业对于 TD－SCDMA 标准的信心，成为 TD－SCDMA 产业步入良性循环的起点。

3. 构建全球视野下的产业生态系统

未来的移动通信产业竞争，必定是产业生态系统之间的竞争。谁能把握住产业生态系统发展的趋势，谁就有可能在移动通信下一轮竞争中胜出。大唐电信集团推动构建的自主、可控、健康、可持续的 TD 产业生态系统将带动 TD 产业实现新跨越。

（四）开创选人用人工作新局面

作为国资委“人才强企”重点联系企业，大唐电信集团积极创新引才用才育才机制，不断优化人力资源配置，持续提升人力资本效能，支撑企业实现跨越式发展。

1. 调整优化组织结构，加强公司治理机制建设

积极开展组织结构优化，建立分层分类的公司治理机制，推动有关院所改制改革，提升组织运营效率和核心竞争力。以国家重点实验室为平台，建立首席科学家实验室运行机制，细化用工、激励和预算等方面的政策，为首席科学家实验室的运营管理提供职能支持和服务保障。紧密围绕集团产业发展战略与“人才强企”规划，面向各产业板块核心单位建立重点联系制度，推动组织结构变革与人才结构优化，全力支撑产业发展。

2. 加强人才培养力度，加快培养复合型人才

2010 年 12 月，大唐电信集团和北京邮电大学在京签署战略合作框架协议，建立大唐大学，成为首批企业大学试点单位。推进了企业开放式创新平台的建设，加快了高端创新型人才的培养，探索了行业龙头企业与高校联合培养人才的新模式，进一步加强人才培养力度，制定三年培训工作规划。通过依托大唐大学等相关资源，加快培养符合现代企业管理制度要求、适应 4G 产业化发展需要、具有良好市场开拓意识的复合型人才。

3. 创新引才模式，持续优化人力资源配置

以实现战略人才布局优先于核心产业布局为目标，大力培养和引进集团产业发展所需的战略性高端人才。一是启动“英才 100”工程，紧密围绕五大产业板块发展要求，统筹规划企业高端人才需求，创新引才模式。二是加强专家科技人才管理体系的顶层设计工作，积极推荐集团科技人才参加创新人才推进计划、政府特殊津贴专家等国家级、省部级人才评选，集团已有 7 人入选国家“千人计划”。三是加强集团总部能力体系建设，积极探索建立适合企业人才特点的干部任职资格体系，试点实施梯队干部“1 + 2”人才储备制度，拓宽优秀人才使用渠道和培养模式。

4. 完善激励促进机制，提高人力资本效能和预算水平

根据集团战略规划和 4G 产业化发展需要，探索激励机制改革，结合企业经营发展的实际情况，坚持激励与约束并举，持续优化薪酬配置。一是启动人力资本效能提升计划，规划未来轻型用工策略。积极推进人力资本效能评优和对标活动，着力提高各单位人力资本运营效率和产出效率。二是深入挖掘不同人才队伍的激励需求，积极实施全面激励计划。在有条件的企业积极拓展 EVA 增量利润分享等中长期激励计划；采取“单位统筹规划、个人自助参与”方式，搭建员工家庭综合福利平台。三是按照国资委有关要求，探索建立人力资源分类预算管理体系，提高人力资源配置科学化水平。

（五）注重科技创新投入，取得突出成绩

自2006年以来，集团的科研投入占销售收入比重持续多年超过10%，现累计拥有专利超过16000项，其中，核心基础专利占90%以上。大唐电信集团的发明专利数增长了近10倍，专利覆盖中、美、日及欧洲国家等13个国家，PCT年度专利申请量保持世界500强地位，集团发明专利总量、人均专利拥有量和专利成果转化率均列中央企业第一位。核心专利成果转化率超过85%。大唐电信集团被列为国家专利工作示范单位，并成为首批企业知识产权教育基地。2012年，大唐电信集团选送的专利项目获得中国专利的最高奖项——“第十四届中国专利金奖”。集团也被国资委确定为“十二五”期间“科技强企”战略重点联系单位。

2013年1月，由大唐电信集团董事长真才基作为项目第一完成人的“TD－SCDMA关键工程技术研究及产业化应用”荣获国家科技进步奖一等奖。这标志着带动我国信息通信产业的群体突破，提升中国信息通信产业国际竞争力的TD标准及其产业化，在国家层面首次得到认可和肯定，也是大唐电信集团等项目申报单位实现我国工业界第一次核心技术创新，历史性地打造形成由本土企业主导、众多国际通信企业参与、具有国际竞争力的产业链所做贡献的高度褒奖。

三　坚持科学发展，提升产业市场竞争能力

（一）推动组织变革与流程再造

针对大唐电信集团原有体制难以承担起产业化运作与管理的实

际情况，2009 年，成立大唐电信科技产业控股有限公司（大唐控股），将大唐控股作为产业化运作平台，在大唐控股层面建立健全适应 TD - SCDMA 产业化的配套组织与管理体系，全面建立现代企业制度，从组织层面保障产业化顺利进行。

大唐控股建立战略决策委员会、投资咨询委员会、技术产品路标委员会构成的决策支撑体系。针对科研型机构产业化、市场化功能不完善的突出问题，建立扁平化组织架构，从供应链、市场销售、客户服务、信息化等各种核心业务入手，完善产业化组织和功能。积极实施流程再造，通过横向打通信息共享渠道，纵向完成业务流程穿越，提升运营效率。最后，形成了战略规划、全面预算、经营业绩考核一体化的“三位一体”责任落实体系。

（二）走“轻型工业化”发展道路

2006 年，TD - SCDMA 产业化和市场化初期，大唐电信集团自身生产厂房、设备及工艺，已经落后业界先进水平一代以上。无法满足 TD - SCDMA 大规模产业化对加工和工艺的要求，如果进行产业制造技术的升级换代，不仅需要大量资金，而且改造需要时间，无论资金还是时间都难以满足 TD - SCDMA 产业化和市场化时间窗口要求。在内外部环境压力下，大唐电信集团推行“轻型工业化”的经营策略，退出生产制造业务。充分利用我国已经形成的强大制造能力，将生产制造过程外包给本领域内有竞争力的制造企业来实现产品的提供，从而大幅度降低了企业的经营成本。大唐电信集团集中资源和精力布局产业链高端，改变了中国企业只能通过“来料加工、两头在外”形式赚取微薄利润的状况，实践了由“中国制造”向“中国创造”模式的转变。这对企业自身的健康发展及国家经济结构的调整都有重要的借鉴意义。

（三）布局产业链关键和高端环节

在移动通信产业链中，无线子系统的研发、芯片设计、核心软件平台、芯片制造等环节价值高、知识密集是产业链的高端关键环节。2006～2008年，TD－SCDMA基本能够满足商用需要。但当时我国集成电路企业已有的工艺技术水平无法承接TD－SCDMA芯片制造业务。为了彻底解决TD－SCDMA及后续技术演进所需的集成电路工艺配套能力缺失的问题，实现大唐电信集团对集成电路产业制造环节的高端布局，2008年，大唐电信集团成立联芯科技，聚焦高端芯片设计。同年，大唐电信集团战略入资中芯国际集成电路制造有限公司。2012年成立大唐联仪，专注于通信领域仪器仪表高端环节的研发、测试、销售和服务，填补了我国在仪器仪表高端环节的空白。大唐电信集团通过布局产业价值链高端环节，打造了企业核心竞争优势，使企业具备高获利的潜力，确保企业持续经营的能力。

（四）面向国际化市场经营

TD－SCDMA及其后续演进技术的国际化，是大唐电信集团满足TD－SCDMA在国内市场规模商用之后，推动TD－SCDMA市场化深入发展所提出的一个战略性、全局性的命题。大唐电信集团在推动TD－SCDMA在国内市场进行商用的同时，已经开始TD－SCDMA及其后续演进技术在国际市场的布局规划。2012年，随着TD－SCDMA的后续演进技术TD－LTE－A正式被接纳成为4G国际标准，TD技术在国际市场获得越来越多的认同。移动通信领域的知名国际厂商均已参与到TD产品研发和产业生态体系之中，截至2013年9月，全球已发放104张TD－LTE牌照，遍布各个区域，包括亚太、中东、非洲、拉美以及美国等，可覆盖人口超过

30亿，其中40个国家共部署21个TD－LTE商用网络，41个网络正部署或计划部署，全球TD－LTE终端达222款，TD－LTE基站从5000个到2013年底达31万个，TD－LTE用户数已接近500万。

当前，即将出现的新一轮科技革命和产业变革与我国加快转变经济发展方式形成历史性交会，为实施创新驱动发展战略提供了难得的重大机遇。大唐电信集团将努力在我国信息通信领域打造一家具有自主知识产权和国际竞争力的大型高科技中央企业，成为我国新一轮产业转型发展的排头兵。

B.14

ZZT金相结构生成油标准建设及产业化调研报告

摘　要：

本文基于国家提出自主创新战略和节能环保发展的背景，以ZZT金相结构生成油——一种汽车工业的新技术为研究对象，对汽车润滑油行业的现状与发展趋势、ZZT金相结构生成油的产品效能和技术意义进行了调研，深入讨论了目前该技术在行业标准建设和技术产业化过程中所面临的一系列问题和挑战，从而提出针对性的相关政策建议。

关键词：

ZZT　润滑油　标准建设　产业化

党的十八大提出要实施创新驱动发展战略，要坚持走中国特色自主创新道路，到2020年进入创新型国家行列。本课题充分凝聚权威研究专家和润滑油技术创新领先实践团队的智慧，以落实建设创新型国家、发展战略性新兴产业、建设资源节约型和环境友好型社会等重大国家战略使命为出发点，站在全球润滑油技术革命与产业发展高端，以“立足润滑油技术创新，推动产业转型升级，技术标准化先行，产业化同步跟进”为理念，以润滑油行业发展现状梳理为切入点，深入分析ZZT金相结构生成油实现的重大技术突破，充分认识ZZT金相结构生成油的科学应用价值与意义，重点围绕 ZZT 金相结构生成油标准建设和产业化，剖析面临的瓶颈，提出了发展思路及相关政策建议。

ZZT 金相结构生成油是利用 ZZT 技术，以润滑剂为载体的自修复剂，达到摩擦表面后，在摩擦能的作用下，与金属表面发生置换反应，实现金属可控“生长”，生成一层金属类的陶瓷保护层，从根本上解决了机械、汽车的摩擦、磨损、金相修复工程技术。

试验显示，ZZT 金相结构生成油金相结构十分坚硬和润滑，可大幅提高发动机缸压并使各缸的缸压保持平衡，凭此实现五大功能。①大幅降低发动机噪音；②显著降低废弃物排放量；③延长发动机使用寿命；④提高燃油使用效率，节约能源；⑤降低发动机温度。这些重要功能顺应了国家发展节能减排新技术新产品，有效解决紧迫的节能与环保问题的倡议。ZZT 技术广泛应用让世界进入节能、环保、多循环的可控时代，并将推动动态制造标准化、产业化。

一 润滑油行业现状和发展趋势

由于 ZZT 技术创新与标准建设主要源于润滑油产品的创新升级，虽然其实际应用功能和效果已经大大超越了润滑油本身，对润滑油行业进行扼要分析对于研究 ZZT 能源标准建设问题很有必要。

（一）润滑油及其功能

润滑油是用在各种类型机械上以减少摩擦、保护机械及加工件的液体润滑剂。润滑油就像是工业机械及汽车发动机的血液，具有以下五项重要作用：一是润滑作用。润滑油为发动机提供磨损保护，可提高发动机的燃烧效率，减小发动机磨损，从而延长使用寿命。二是清洗作用。润滑油可增强发动机工作过程中产生的中温漆膜、高温积炭、低温油泥等不易溶解物的可溶性，使这些污物不容易沉积在部件上，还可以清洗已沉积胶状污物。三是冷却作用。内燃机的热能效率较低，25%的热量转化为驱动力，1/3以上热量通过冷却系统和润滑油散发出去，润滑油可冷却活塞部分、轴瓦部分热量。四是密封作用。优质的润滑油可以密封发动机内部构件之间存在的间隙，避免因为可燃混合气体渗入油底壳导致发动机动力下降并加剧燃油污染稀释及老化变质。五是防腐防锈作用。润滑油中的碱性添加剂可以中和发动机工作过程中产生的酸性气体，并可吸附金属表面因酸性气体遇水产生的酸性物质，防止酸性物质对发动机部件的锈蚀。

从组成上看，润滑油主要由基础油和添加剂两种成分构成，人们在日常生活中经常听到的矿物油、合成油指的就是基础油。

润滑油基础油。API将基础油分为五类，将基础油的主要化学组成（饱和烃、硫含量）和反映基础油综合特性的黏度指数作为分类的依据。当前，为适应润滑油发展的需要，润滑油的基础油正由Ⅰ类向Ⅱ类、Ⅲ类转变。基础油的升级，相应地对基础油炼制技术提出新的要求。我国是润滑油的主要生产国，润滑油基础油生产能力居世界第三位。基础油需求年平均增长率高于全球水平2～3个百分点，但2010年需求量将不超过640万吨。因此预计未来10年我国基础油产能仍将保持过剩态势。按API基础油分类来衡量，Ⅰ类基础油生产能力过大，Ⅱ类以上基础油生产能力严重不足。2005年市场对加氢处理、加氢裂化等Ⅱ、Ⅲ类基础油的需求已达到总需求的15%以上，预计2010年将达到20%～30%。这也是当前我们国家润滑油产品处于市场低端的原因之一。

润滑油添加剂。是润滑油中的重要成分，一定量的添加剂可以赋予润滑油新的特殊性能或加强其本来具有的某种性能。这些物质都能够提高油品润滑作用，在一定程度上起到减轻机械部件间的摩擦、磨损的作用。其作用机理在于极压抗磨剂的主要成分能够在极压高温条件下产生物理化学变化，进行分解，利用添加剂或其反应后的生成物的物理的吸附性能，在机械部件表面形成一层吸附膜或弹性膜，从而起到减少摩擦、磨损的作用。

从润滑油的后续技术演进方向来看，主要有以下几个方面：提高润滑油的质量，要采用新技术生产润滑油基础油，由 I 类向 II 类、Ⅲ类转变，采用加氢技术炼制；采用低硫、磷、氯的金属添加剂，降低润滑油中的硫、磷、氯的含量，保护净化尾气的三元催化装置，减少润滑油残余物对环境的危害；研制生产生物环保、可生物降解的润滑油品种。通过提高润滑油的烟怠分散能力，提高润滑油的抗氧化、抗磨损能力以满足发动机的技术要求；延长车辆、设备的换油周期。

（二）润滑油市场和行业发展趋势

1. 市场方面

由于润滑油广泛应用于各行各业，一般而言，润滑油市场规模与 GDP 和工业行业生产规模呈现正相关关系，润滑油产销量数据的高低直接反映经济的冷暖和脉动。但也不是绝对的，在一些国家，润滑油市场发展速度也会超过 GDP 和工业市场增长速度。在我国，随着汽车、工程机械、机床、电力行业的快速增长，各类装备技术快速壮大，润滑油市场需求保持了 10 年以上的持续增长，2012 年润滑油表观消费量已经近 700 万吨，增长的持续性在全球都处于领先地位。在需求量不断攀升的同时，我国润滑油的用油档次也呈现快速发展势头，直接与国际接轨的高档油品被广泛应用，形成了进口品牌与国产品牌两大润滑油市场。其中，国产品牌主要有中国石化旗下的长城润滑油和中国石油旗下的昆仑润滑油以及各大民营润滑油品牌；进口品牌以壳牌、美孚和嘉实等较早进入中国市场的品牌为代表。2013 年，润滑油市场除了面临汽车、工程机械等行业需求减少和国内经济增长放缓带来的压力外，更遭遇了基础油、添加剂等上游资源成本快速上涨的严峻挑战。严峻的市场形势，倒逼越来越多的中小型企业投入更多精力、财力在细分市场或者区域市场进行开发，行业发展进入了精细化时代。《2013～2018 年中国润滑油行业市场前景调查及投融资战略咨询报告》指出，由于工业设备大型化和精细化发展、节能环保理念不断强化和汽车技术的突飞猛进，高端润滑油产品市场空间越来越广阔，对产业链高端的竞争将越来越激烈。与此同时，高端润滑油产品大幅延长了换油周期，它的广泛应用，在汽车消费量增长到一定程度后，必然导致总体需求下降，市场竞争更加趋紧，尤其是低端润滑油产品生存空间将越来越小。

2. 发展趋势方面

未来在润滑油市场上的竞争，最重要的优势可能是能够在技术等方面处于领先地位。一是能够适应设备功率更大、体积更小、运行条件更为苛刻的要求，并能延长设备使用寿命，降低操作费用的润滑油将会得到发展。二是基础油的水平需要不断提高。Ⅲ、Ⅳ类基础油的大量使用，生物可降解的基础油、合成基础油得到广泛使用。基础油的基本性能包括热氧化稳定性、抗剪切安定性，低硫、低磷、低黏度、低挥发性、低水平、低科技含量的润滑油将失去市场。三是能够提高燃油效率，提高动力输出。降低环境污染的环保型产品日益受到人们的青睐。四是高效能的特殊材料，如优势复合添加剂、纳米添加剂、复合材料等增压抗磨剂的广泛采用，使润滑油添加剂市场将会出现新的繁荣。五是多级别内燃机油、高级别汽柴通用油更为市场认可；包括农用车润滑油等专用润滑油细分市场会出现并成为未来的一大发展趋势。

（三）润滑油产品创新需求

汽车的大量使用，促进了中国石油消耗量的增加；与此同时，机械工业的蓬勃发展，也促进了润滑油消耗量的增加，并对润滑油产品的创新提出了更高的要求。一方面，治理大气污染需要更加高效、节能和低排放的润滑油。目前机动车排放的氮氧化合物、挥发性有机物和可吸入颗粒物，在城市中心区所有污染源中的“贡献”比例已分别达到66%、90%和26%。数据证明，如今的城市污染已经由过去的煤烟型污染转变成以机动车污染为主。根据我国公安部统计数据，截至2012年6月底，中国机动车总保有量达2.33亿辆。随着汽车保有量的增加，我国汽车污染物排放总量也日趋上升，汽车排放造成的大气污染严重影响了人们的生活和身心健康。另一方面，机械摩擦磨损无处不在，持续消耗大量的能源和机械部件。解决金属摩擦、磨损自行修复成为一个世界性难题。根据一项世界范围内的统计资料显示，近1/2的能源消耗于机件间的摩擦上，而磨损比摩擦造成的损失还要大若干倍。美国每年由于磨损造成的材料消耗量约占材料总产量的7%；摩擦磨损给美国造成的经济损失占国民生产总值的2%~8%。特别是随着科学技术的发展，现代机械不断向高压、高热负荷、高精度、高功率、长使用寿命方向发展，摩擦磨损带来的问题更加突出。低机械摩擦损失需要更加高效的润滑油，减少或抑制摩擦磨损。这就要求在正常或非正常工作时，摩擦材料具有自动补偿或修复能力，但这是传统润滑油无法做到的。因此，市场迫切需要具有高承载能力、良好抗磨损性能、对磨损表面具有较强磨损修复功能的新型润滑油。

二　重要技术创新探索：ZZT 金相结构生成油

ZZT是指相对于静态制造技术基础上达到零能源、零排放的科学技术。ZZT金相结构生成油成功研制，凝聚了润滑油技术创新的重要力量和创新智慧，实现了传统润滑油技术的重大突破。

（一）ZZT 金相结构生成油的定义

ZZT 金相结构生成油，是指以现有石油材料和新材料为基础原料，采用高新技术工艺加工而成的一种新型产品，也称之为动能油。ZZT 金相结构生成油是一种不同于传统车辆润滑油标准的新型动能油。在机械摩擦副相互运动的同时，以润滑剂为载体的自修复剂与机械摩擦过程中磨掉的金属粉体产生置换反应，生成新的金相结构物质，也就是在金属表面生成一层金属类陶瓷保护层，减轻机械磨损。在生长到一定程度时，摩擦系数降低，温度降低，生长停止，厚度为 2 ~ 9μm，实现了金属的可控“生长”。金相修复工程技术从根本上解决了机械、汽车的摩擦、磨损。ZZT 金相结构生成油在应用范围和功能上超出了传统润滑油的范畴。

（二）ZZT 金相结构生成油的作用机理

ZZT 金相结构生成油的作用机理完全不同于润滑油添加剂的吸附膜和化学反应膜，而是采用表面工程技术和金属磨损动态生长可控技术，通过催化剂和其他材料，在机器设备、车辆正常运转的条件下，使摩擦副表面产生新的金相结构保护层。这层保护层具有与摩擦副基体材料组织和添加剂元素不同的金相结构，具有超滑超硬、耐高温、耐腐蚀等特性。提高发动机缸压并保持缸压稳定，在运行时减少油耗，降低噪音、尾气的排放，提高动力性能，延长机械使用寿命，同时延长机械换油周期，有效地减少能源消耗和污染排放。

传统的润滑油添加剂发挥作用周期一般比较短，吸附膜或弹性膜的吸附作用或其本身的结构决定了其作用的不可持久性。当前在润滑油添加剂的市场上，急需一种持久性更强，抗摩擦、磨损效果更为明显的新的添加剂或新材料，甚至是从现有自然矿藏资源中探索新物质，以补充原有添加剂材料的不足，以提高润滑油的抗摩擦、磨损效果，延长其使用周期，也就是延长了机械或车辆的换油周期，从而减少能源的浪费，实现节能降耗。ZZT 金相结构生成油能够很好地实现这些功能，有效满足市场需要。

（三）试验检测结果

1. 清华大学摩擦学国家重点实验室检验结论

①ZZT 金相结构生成油表现出良好的减磨性能，经过一段时间的使用后，ZZT 金相结构生成油可以使摩擦副的摩擦系数比不含 ZZT 的同牌号油的摩擦系数明显降低。②ZZT 金相结构生成油具有良好的抗磨性能，ZZT 可使磨损表面的磨损程度大为减轻。③试样断面 SEM 观察表明，在基体材料表面有一层厚度为 2 ~ 3μm 的与基体材料组织明显不同的保护层生成，EDS 分析发现保护层中有少量的来自添加剂的元素，除 P、S、Ca，以及 Mg 和 Si 外，还含有比基体更高比例的 C 和 O。

2. 交通部汽车运输行业能源利用监测中心检测结果

经检验，在委托单位（博林高科）提供的捷达 FV7160GiX 轿车上使用市售 SF 级润滑油，与使用“秒妙高级发动机清洗油”清洗发动机并换用“ZZT 金相结构生成油”效果相比，按 GB/T14951 ~ 1994《汽车节油技术评定方法》计算，检测结果见表 1。

表 1　ZZT 金相结构生成油检测结果

1	市区运行模式节油率	3.1%
2	城间运行模式节油率	3.3%
3	快速车道运行模式节油率	3.7%
4	IV 档加速时间对比系数	0.991
	与原车相比加速时间减少	0.9%

续表

5	汽车怠速排放污染物 CO 的量值下降	24.3%
	HC 的量值在高怠速时下降	15.4%
	低怠速时下降	12.1%
6	滑行阻力下降	8%

3. 产品技术参数检验结果

利用国内生产的最先进的四球机（厦门天机自动化有限公司制造），于2007年11月7日晚18~20时所进行的对比实验，实验名称SF15W-40，在相同数量的样品中，一个加入一定比例的ZZT金相结构生成油材料，另一个不加ZZT金相结构生成油材料，在相同的试验载荷、转速、运行时间、初始温度的条件下进行，其对比结果见表2。

表2　ZZT 产品技术参数检验结果

项目名称	SF15W-40	SF15W-40+ZZT	差额数(±)	对比百分数
磨斑直径	0.552mm	0.522mm	0.030mm	降低5.4%
绝对温度平均值	45.9℃	46.6℃	+0.7℃	增加1.5%
绝对温度最大值	60.6℃	60.4℃	-0.2℃	降低0.33%
相对温度平均值	27.5℃	25.1℃	-2.4℃	降低8.73%
相对温度最大值	42.3℃	38.8℃	-3.5℃	降低8.27%
摩擦系数平均值	0.132	0.127	-0.005	降低3.78%
摩擦系数最大值	0.146	0.140	-0.006	降低4.18%
摩擦力平均值	5.277	5.092	-0.185	降低3.5%
摩擦力最大值	5.857	5.601	-0.252	降低4.3%

注：试验载荷为40.0kgf；运行时间为3600秒；转速为1200rpm/min；温度为21.6℃。

（四）产业化推进现状

博林高科（北京）石油化工有限公司是 ZZT 金相结构生成油关键专利技术的拥有者、标准的倡导制定者和产业化主导者，主要从事 ZZT 金相结构生成油、发动机清洗油、ZZT 动能油及其他相关产品的研发、生产、销售和服务。博林高科自 1987 年开始自主研发 ZZT 汽车发动机清洗油、金相结构生成油、动能油、节能减排油、降低噪声油、提高缸压油、动态制造油，ZZT 动态制造工程技术处于国际领先水平。经过多年的不懈探索，博林高科攻克了超低磨损、金属磨损这一世界性难题，又创造性地提出了钢铁可控“生长”技术、“动态制造”技术，并成功研制了 ZZT 节能复合新材料、“航母”牌石化产品、ZZT 动能油新产品、ZZT 金相结构生成油。2006 年 7 月，“ZZT - 动能油”被北京市发展改革委员会评为“节能环保产品”。ZZT 金相结构生成油的核心技术在我国具有开创性，其技术已申请了多项国家专利，拥有自主知识产权，特别是在节能、环保、延时等方面取得了重大突破。发动机清洗油与高端发动机油相融性好，克服了传统润滑油清洗方法的弊端，具有清洗操作简便、清洗时间短、清洗效果好、费用成本低等特点。

国家标准化管理委员会发布了《关于下达 2007 年第五批制修订国家标准项目计划的通知》（国标委综合〔2007〕100 号），ZZT 金相结构生成油标准被纳入编制范围，由博林高科（北京）石油化工有限公司负责起草，项目编号为 20075423 - T - 469。

2013 年 1 月，唐山市人民政府与博林高科（北京）石油化工有限公司签订了战略合作协议。战略合作的主要内容是，确立建设以曹妃甸工业区 ZZT 科技园区为世界第一家以降低石油、汽车消耗及排放为主的 ZZT 节能新材料、新产品、新产业，并集研究、检测、生产、国际化为一体的科技园区。ZZT 产业达产后，将改善唐山市现有碳排放格局，打造世界级科技大港，为国家和世界新能源环境产业做出一定贡献。根据合作协议，主要分三步推进，第一步，投资建设“ZZT”研发、检测、生产、销售、物流和金融中心，以占领市场；第二步，在曹妃甸区规划建设 15 平方公里“ZZT”科技园；第三步，积极展开与国内外能源环境领域企业集团的合作，促进相关企业入驻“ZZT”科技园。严格控制进驻园区“ZZT”节能减排对比量化标准，企业达到“ZZT”节能减排对比量化标准的方可进驻。在唐山市规划建设世界第一个“ZZT”汽车动态制造科技园、世界第一个“ZZT”汽车节能减排科技园、世界第一个“ZZT”新物质、新材料科技园等 21 个相关高端科技园区，总规划面积 105 平方公里，产值约 2000 亿元，在能源环境产业领域为国家做出贡献。

三　科学应用 ZZT 技术产品的价值与意义

ZZT 金相结构生成油标准的执行将会对相应的润滑油产品做出明确技术要求，低端润滑油将被淘汰出市场。这个标准将对润滑油增加新的指标要求。ZZT 金相结构生成油的科学应用的价值与意义将体现在以下几个方面。

（一）创建国家自主创新标杆

标准是支撑国民经济和社会发展的重要技术制度，也是国家综合竞争力的基本因素，已经成为评估国家科技创新和产业核心竞争力的重要依据，是全球产业竞争的战略高地，更是衡量政府执政能力、创新能力的标志。当前，我国在全球竞争格局中的一个重要短板就是自主创新能力严重不足，特别是关键技术创新及成果产业化能力较弱，缺乏有影响力的国际标准。ZZT 金相结构生成油是我国具有完全知识产权的高附加值产品，其成功研制及标准的建立将填补国内空白，成为国际高端科技的一个里程碑，成为我国迈向创新型国家行列的一面旗帜。

（二）破解国家发展资源约束与瓶颈

一方面，实现集约高效利用能源。机械摩擦无处不在，时时刻刻在消耗大量的能源，世界上 30% 的损耗是由摩擦引起的。解决摩擦、磨损问题，以减少能源消耗一直是人类梦寐以求的愿望。ZZT 金相结构生成油的使用将提高节油率 2% ~7% 。ZZT 系列产品目前主要服务于运输公司车队、公务用车、公交车、出租车、货运车和私家车等汽车领域。随着产品和技术的发展进步，市场需求的不断扩大，ZZT 金相结构生成油将形成多种类系列产品，应用范围主要是汽车、石油化工、机械、电力、农业等涉及机械摩擦的领域。ZZT 金相结构生成油能为发动机提供良好的润滑作用，降低机械摩擦磨损，保证发动机各部件运行良好，提高汽车动力性、经济性和可靠性，是节约燃油的有效途径。特别是在我国的汽车保有量近年来急剧增加的背景下尤为可观。

另一方面，大幅提高和延长机械使用效率与寿命。传统的润滑油工作原理主要依靠添加剂与金属表面形成边界润滑，具有减摩耐磨作用，并可延长机械使用寿命，但不具备修复再生功能。有摩擦就会造成机械磨损，虽然传统的润滑油能减轻摩擦造成的磨损，但磨损问题无法得到根本性解决。我国摩擦磨损每年给国家造成的损失也将超过 7000 亿人民币。ZZT 金相结构生成油可以动态制造新的摩擦副，使机械恢复到最佳工作状态，从而使机械达到节能降损、延长寿命、降低污染排放的理想状态，能使汽车可靠性达到 20 万公里。

（三）促进环境友好型社会建设

据不完全统计，目前我国汽车尾气合格率不到70%，以柴油发动机为主的卡车合格率则更低，尚不及50%。一般认为，柴油燃料汽车是空气污染的重要来源。美国一项研究结果表明，润滑油是内燃机中有毒颗粒排放的重要来源，加上因润滑油而排放的氮氧化物等污染物，已经成为影响环境空气质量和居民健康水平的主要污染源。因此，除低档次燃油大量使用外，润滑油是诱发尾气不合格的重要原因。随着生存环境的日益恶化，各行业将在节能、减排方面受到国家宏观政策的调控，面临行业调整，企业升级转型，对推进润滑油产业提出了极高的要求。相比传统润滑油，ZZT金相结构生成油可通过促进能源充分燃烧、提高机械效率等方式降低氮氧化物、挥发性有机物和有毒颗粒物等各种污染物的排放。从定量方面看，可以降低排放12%～17%，从而大幅提高汽车及其他机械的环保性能，实现对能源的绿色消耗，促进环境友好型社会建设。

（四）打造高端民族创新产业

当前我国甚至全球的润滑油产业的高端市场主要被壳牌等少数国际巨头牢牢占据。Ipsos MORI 和 Harris Interactive 的调查也显示，壳牌是中国、马来西亚、泰国、俄罗斯和美国（Pennzoil）等地区的乘用车和重型车的首选润滑油品牌。本土企业和产品竞争力、话语权和份额有限，在产业链的分工上处于低端跟随的局面。ZZT金相结构生成油正处于产业化起飞阶段，在关键技术和产品性能上具备挑战国际领先企业、重新划分市场格局和抢占产业高端市场的条件。只要措施得当，就完全可能形成具有全球影响力的ZZT金相结构生成油的龙头企业，并催生一批相关中小企业，形成具有显著自主创新能力和全球竞争力的民族创新产业。根据初步估计，ZZT金相结构生成油的广泛使用，通过有效利用摩擦学知识可能带来的经济效益可占国民经济总产值的1.1%～1.8%。

四 ZZT 技术产业化和标准建设面临的问题和挑战

综合来看，ZZT金相结构生成油产业化和标准建设面临的问题和挑战主要体现在行业治理混乱、国家对标准支持不足、资金约束较大三个方面。

（一）我国润滑油行业治理混乱

据有关部门统计，中国2011年润滑油消耗总量为620万吨，占润滑油市场总量的20%，高端市场中的80%～90%被美国、英国、德国、日本等发达国家占领和控制；中石油、中石化、中海油占润滑油总量20%，高端市场份额的8%～15%，民营企业占高端润滑油市场份额的2%～5%。主要添加剂由国际四大添加剂公司占领控制，中国在润滑油市场中没有核心技术和话语权，更谈不上占领国内国际市场。国外10年前淘汰的产品在中国仍在大量生产，亟须升级换代。我国石化企业生产的润滑油70%～80%是低端产品，且民营企业现状呈小、差、乱特点，特别是市场竞争的低端化、同质化严重。此外，相比欧美国家，国内的润滑油研发技术要落后近30年，大型企业技术创新上乏善可陈，一般企业更是少有作为，有些企业还进行虚假宣传。

（二）国家对民营自主创新技术标准支持不足

民营企业自主研发高端技术标准因投资周期长所以十分艰难。

一方面国家急需原始创新型高端技术、高端标准制定；另一方面对民营企业没有支持政策，国家没有支持协调部门，民营企业在研发的路上多数靠自生自灭。支持民营企业走向产业化、国际化，国家多个部委都有相应的政策，但针对性和可操作性不强。一定程度上，民营企业在重大技术创新过程中，往往无法像国有企业或事业单位一样获得大量的政策支持和资金支持。或者说，民营企业获取国家创新政策与资金支持的渠道过于狭窄，造成多数企业技术创新推进到一定程度就面临自有资金耗尽，创新活动或产业化无法持续，大量好的技术创新成果无法转化为社会产品。ZZT 金相结构生成油已经较早地实现了技术创新成果，标准化正在大力推进，产业化正处于关键起步阶段，需要政府从各个层面提供更大的支持。

（三）严重融资渠道缺乏制约 ZZT 金相结构生成油发展

资金是企业的血液和命脉，对创新企业更是如此。中国民营企业近 30 年来自主研发投资巨大，在某些技术领域已有重大突破，并且有制定国家“领跑者”标准的能力，但在银行却很难申请到贷款。技术研发和科研成果的产业化是民营企业创新的两个最重要环节，都需要大量资金投入，是民营企业的一大短板。政府科技投资体制很少投入企业，对民营企业的投入则更少。由于民营企业担保难、资信差、抵押难，高新技术领域的民营企业融资渠道有限，特别是从银行获取贷款相当困难。因此，民营企业开展技术研发与创新活动，只能严重依赖内源性融资方式。除此之外，中小高新技术企业从资本市场上直接融资的难度仍然较大。ZZT 金相结构生成油项目主要依靠博林高科公司自己的投入，实现了在润滑油及能源领域的开创性技术突破，包括大量基础性研究开发工作，一定意义上承担了较多公共效应的创新使命，并走到了产业化临门一脚的关键阶段，融资难成为下一步大规模推进 ZZT 金相结构生成油产业化的主要困境。

五　促进 ZZT 技术应用：标准化与产业化同步推进

综上所述，ZZT 金相结构生成油是企业经过多年努力、潜心研究的重大创新成果，推动 ZZT 金相结构生成油发展具有重要意义，其核心是要快速推动其标准化与产业化。

（一）ZZT 金相结构生成油标准建设的主体思路

坚持“技术专利化、专利标准化、标准产业化、产业市场化、市场国际化”的 ZZT 金相结构生成油发展战略，同步推进 ZZT 金相结构生成油产业化。通过 ZZT 金相结构生成油标准建设与产业化，实现“打造一项高端标准、拉动一批中小企业、打造创新产业”的发展目标。核心是，标准建设与产业化齐头并进。一方面，要把 ZZT 核心技术创新作为标准建设的重中之重。核心关键技术是标准的本质，掌握了核心关键技术，是制定先进的技术标准重要前提，自主知识产权的标准必须以自主知识产权的关键技术为基础。另一方面，要加快推动 ZZT 金相结构生成油产业化。产业化是标准的落脚点，标准能为产业的发展起到引领和规范的作用。一项技术创新成果产生后，只有尽快地、广泛地被社会采用，转化为现实生产力，才能带来经济效益。

（二）ZZT 金相结构生成油标准建设的框架

1. 标准名称的确立

由于 ZZT 产品是利用 ZZT 技术以加氢基础油、复合剂、矿石等在机动车运行的情况下生成的一种含有特定黑色金属结构的合成品。故标准名称定为《ZZT金相结构生成油》。

2. 标准的技术基础

通过细致研究美国、英国、法国、德国、日本等发达国家的能源汽车石化产品、润滑油产品、添加剂、复合添加剂和新材料标准，结合我国现状进行基础研究、商业模式研究，其中主要进行了石化基础油、添加剂、复合添加剂、新材料、台架、工况行车运行等方面的研究。对比目前国际领先的润滑油，ZZT产品能更有效地节约润滑油、燃油，降低排放、噪音，同时延长汽车各摩擦副系统使用寿命，并都得出了科学严格的对比基础量化数据。采用本标准，用户省时、安全、节约费用，可做到新物质、新材料与能源的科学利用。

3. ZZT金相结构生成油标准的特点

通过采用新的ZZT复合新材料，优选现有优质基础油、添加剂、复合添加剂合成新的功能产品，用在新型汽车机械上，利用RRT技术改变黑色金属摩擦副，使摩擦副处钢铁“生长”可控，完成从被动制造技术向新型的智能润滑动态制造技术发展的新技术标准，可达到降低燃油消耗、降低排放、延长机械使用寿命的目的，是目前已知时间短、成本低、效果好的节能减排技术标准。通过标准的广泛推广应用，可量化节能减排效果，改变能源环境的格局。

（三）ZZT金相结构生成油标准建设的内容

ZZT金相结构生成油标准主要依据美国汽车工程师协会（SAE）的汽车机油黏度分类法和国家标准GB/T内燃机油黏度分类法，对《ZZT金相结构生成油》标准中的有关内容进行编写，并着重添加了产品创新点——金相结构层的有关技术指标，以及对

ZZT 金相结构生成油的定义和术语解释，力图使该标准与国际和国内现有的汽车机油标准相一致，并在某些技术指标上实现创新和突破。ZZT 金相结构生成油标准规定了以加氢基础油加入多种添加剂而制成的 ZZT 金相结构生成油的术语和定义、范围、技术要求、试验方法、检验规则，以及标志、包装、运输和贮存，还规定了 ZZT 金相结构生成油的产品分类。标准所属产品适用于 ZZT 金相结构生成油系列产品，可改善各种运动机械摩擦副的运行状况。

在范围方面，标准的产品解决的是机件间的摩擦和磨损问题，从而实现节油、节能和降低污染问题。因此，本标准的适用范围是各种机械间摩擦的自修复和再制造工程。同时，也满足国家第 IV 阶段机动车污染物的排放要求。

在术语与定义方面，加氢基础油（Base Oil Hydrogenation）是指采用加氢工艺生产润滑油和其他产品的精制油品。ZZT（Zero Energy Zero Emission Technology）是指在相同环境条件下，可降低能耗和排放的技术。金相结构生成物（Metallographic Structure Products）是指当达到一定条件时，因物理、化学反应，在机械摩擦副生成的能修复磨损、有良好抗磨性能的黑色金属结构层。ZZT 金相结构生成油（Oil of Zzt Metallographic Structure）以加氢基础油为载体，加入多种添加剂和金相结构材料制备而成，又称为动能油。

在产品分类方面，按照内燃机油黏度分类法，ZZT 金相结构生成油牌号分为 5W－40、5W－50、10W－30、10W－40、15W－40、20W－50 和 30W－40。

（四）ZZT 金相结构生成油产业化发展战略

技术产业化是技术创新的根本，产业化能力则是技术创新成果向生产力转化的必要环节，技术只有产业化才能更好地发挥其促进经济发展和推动社会进步的作用。ZZT金相结构生成油技术创新和标准化建设始终将推动技术创新成果的产业化广泛应用作为根本目标。ZZT金相结构生成油创新产品的产业总体战略是：立足国内，面向国际，以ZZT金相结构生成油标准建设为带动，以面向客户需求的持续创新为动力，以ZZT系列产品的市场化应用为核心，强化与上下游重要主体的战略合作，引导各类创新要素向产业集聚，构建产业链的创新模式，实现产业化关键瓶颈的持续突破；以唐山曹妃甸“ZZT科技园区”为启动载体，以创新人才与创新资本为基础，通过合作开发、项目孵化、吸引集聚等方式，高起点、高标准培育具有国际竞争力的ZZT金相结构生成油战略新兴产业，重点是打造龙头企业主导拉动、配套企业广泛跟进的ZZT金相结构生成油创新企业集群。

ZZT金相结构生成油产业化过程中要特别注重借鉴壳牌、美孚等传统润滑油国际领先企业的运营模式，尽量少走弯路。同时又要根据新形势特别是新时期的消费习惯和服务需求，创新产业化过程中运营模式，推动创新成果的产业化。

第一，要把高质量建设唐山曹妃甸“ZZT科技园区”放在首要位置。打造技术研发中心和产业化基础平台，建设国际领先的集研发、检测、生产、销售、物流、金融、教育于一体的科技创新园区，形成产业化示范效应。以此为基础，向全国和国际市场迅速拓展，建立ZZT金相结构生成油的全球化生产、供应及服务体系。与此同时，要与各级政府建立新型政企协作关系，积极争取和利用好地方政府的财税、规划、土地、人才、科技方面的鼓励支持政策。

第二，要加快建立ZZT金相结构生成油全球资源保障体系。保障基础油和添加剂的资源供给能力是做大ZZT金相结构生成油的重要支撑。通过与壳牌、美孚等知名品牌合资控股等方式形成了基础油和添加剂的可靠资源供应渠道。相比于国外的壳牌、美孚及国内昆仑、长城等品牌不同的是，ZZT 金相结构生成油产业化主导力量是民营企业，资源掌控有限，需要发挥产品优势，谋求与国内外资源方的合作，灵活创新合作方式，建立稳定的资源渠道，为产业化提供基础保障。

第三，建立适应竞争的运营机制。壳牌、美孚等国际生产商，均单独组建润滑油产品部门，实行产销研一体化。专业化运营和良好的运行机制，铸就这些品牌经营的灵活性和超强的市场开拓力。ZZT 金相结构生成油是一种全新的、优于传统润滑油的产品，产业化的根本是从这些国际品牌的虎口夺食，在运营机制上也需要与之匹配的创新能力，构建有市场开拓力、战斗力的运营机制。

第四，要定位产业高端，打造高端品牌，高起点发展。在相对混乱的润滑油市场中，高端产品代表了良好的品牌形象，高端产品市场占有份额成为品牌的核心竞争力的重要体现。ZZT 金相结构生成油只有凭借良好的性能，快速突破高端市场，才能走出汽车产业等国内诸多被外资占领的产业发展怪圈。壳牌等国际品牌，近年来在高端产品市场占据了相当份额。因此，在 ZZT 金相结构生成油产业化起步阶段，就应该当前与长远并重，把塑造高质量的品牌放在突出位置。

第五，发挥独特优势做大 ZZT 金相结构生成油市场。要重点突出 ZZT 金相结构生成油产品的重要特点，突出做好客户服务，以优秀的服务赢得客户，以优质的产品满足客户，把提供综合服务作为产品价值构成的重要内容，与广大客户同创 ZZT 金相结构生成油的共赢发展格局。

六　主要政策建议

国家发展改革委、科技部、财政部、教育部等 9 部门发布的

《关于促进自主创新成果产业化的若干政策》提出，国家在信息、新材料、先进能源、先进制造、节能减排等重点领域，选择一批重大自主创新成果，给予政策、资金等支持。ZZT金相结构生成油技术创新涵盖了新材料、先进能源、节能减排等多个领域，应该对其标准建设及产业化给予大力支持。

（一）支持ZZT金相结构生成油标准建设

国家相关政策明确提出，国家标准化管理委员会要加强指导协调，重点推动自主创新成果转化为国家或行业技术标准，加大支持力度，完善转化机制。国家应在ZZT金相结构生成油标准建设上予以大力支持，建立具有自主知识产权的高端标准，特别是打破对民营企业在标准建立过程中的身份歧视，以ZZT金相结构生成油的标准建设占领润滑油及相关产业的制高点，为提高国家自主创新能力做出贡献。

（二）帮扶ZZT金相结构生成油产业化

全世界工业部门1/3～1/2的能源消耗于机件间的摩擦，并造成大量污染，ZZT产品在摩擦能的作用下与金属表面发生置换反应，生成一层金相结构，达到节油、降低排放、降低噪声、延长发动机寿命、降低发动机的温度、节约汽车使用费用，有效解决节能与环保问题，是世界重大能源环境、新经济的变革。特别是由于中国刚刚步入“汽车社会”，很多人对汽车润滑保养的重视程度也不够，缺乏正确合理的润滑知识，盲目选择润滑油，进而造成浪费和车辆损坏。数据统计显示，润滑油对汽车寿命的影响远大于10%，科学润滑、合理润滑能够降低维修成本的25%。因此，有必要以标准的形式对ZZT金相结构生成油的技术要求和指标进行规范，呼吁和推荐全国及全世界使用。与此同时，建议国家在民营企业参与制定国家重大科技标准方面出台可操作的政策，使其科技成果能更快更好地转变成生产力，为国家在世界相关能源环境领域争取话语权。

（三）协助解决融资难问题

ZZT 金相结构生成油产业化和标准化，需要大量资金投入，在产业化初期需要给予较大的信贷等融资支持，尤其是要加大科技信贷支持力度。建议国家有关部门调研解决中小型、原创型、研发型高科技企业资金难问题。建议中央财政收入、金融信贷确定一定比例支持民营企业原始创新和标准制定。中国民营企业近 30 年来自主研发投资巨大，在某些技术领域已有重大突破，并且有制定国家“领跑者”标准的能力，但在银行却较难申请到贷款。建议国家为有能力制定“领跑者”标准的民营企业出台可操作性政策，而不是“玻璃门”政策。

（四）提供土地政策支持

ZZT 金相结构生成油产业化需要一定的土地资源做支撑。建议国家对民营企业实行重大能源环境项目“飞地”政策。这样既可以解决城市交通、土地压力大问题，又可以解决高科技民营企业产业化用地的燃眉之急，为博林高科（北京）石油化工有限公司率先享受科技园区和城市的相关政策提供条件，支持创新和配套基地建设，重点是在土地政策上给予支持，如参考划拨方式供地。

（五）在税收等方面予以支持

除以上几个方面以外，还需要在产业帮扶、税收政策等方面予以支持。一方面应给予其高新技术和战略性新兴产业的各项政策支持；另一方面通过税收减免和政策试点等支持 ZZT 金相结构生成油产业化发展。此外，要促进 ZZT 金相结构生成油领域的产学研合作，鼓励和支持工程技术研究中心和有条件的大企业、科研院所、高等院校向 ZZT 金相结构生成油的主导企业及产业相关企业开放技术中心、实验室、设计中心等科技资源。

B.15 后　记

创新是国家发展的核心驱动力。中共十八大报告提出了实施创新驱动发展战略。科技创新是提高社会生产力和综合国力的战略支撑，必须摆在国家发展全局的核心位置。城市是国家战略的重要实施单元，走中国特色自主创新道路必须以推进城市创新为支撑。城市创新能力在很大程度上决定了一个国家或地区的创新能力和可持续发展能力。在新形势下，需要我们把握全球城市发展趋势，加快转变经济发展方式，更加注重科技、文化、人才的创新动力，更加注重以深化改革开放来推动创新实践，着力破除城市创新进程中的重重羁绊，增强创新要素的聚集力和资源配置力，努力形成体系健全、基础牢固、充满活力、成效突出、持续发展的城市创新大格局。

中国城市发展研究会在国家发改委、国家科技部、国家商务部、中国社会科学院、中共中央党校等单位的指导支持下，组织各部门的有关领导和专家学者展开了中国城市创新能力评价课题的相关研究工作。为提高对城市创新能力评价的科学性，课题组进一步优化和完善了评价指标体系，分别从创新基础条件与支撑能力、技术产业化能力、品牌创新能力三个方面来对城市创新能力进行评估。针对信息技术的应用对城市发展的影响不断增强，课题组将2014年度报告研究主题确立为城市信息化，整合相关研究力量，从物联网、电子商务、智能制造、电子政务等方面做了探索性研究。在今后的工作中，我们将进一步对评价体系和评价方法进行完善，以做到对我国城市自主创新能力有一个科学、公正的评测。在此基础上，我们将每年度突出一个主题，深化城市创新理论探索与研究，加强对关系城市创新的重大问题的应用研究，推动城市创新理论与实践探索，为加速国家城市创新体系贡献力量。

2014 年本书的写作框架和主要内容由周天勇和旷建伟构思，在初稿完成后组织相关人员对部分书稿进行了研讨，提出了修改意见。周天勇、朱铁臻、旷建伟、潘悦、周济对全书进行修改、补充和定稿。牛靖楠、尹晖、石英基、田少庸、任文武、刘志成、刘耀天、许碧文、孙博林、李举昌、张弥、陈礁、周文、胡锋、高金伟、郭雪剑、谭永祥对全书做了一些技术处理工作。本书写作分工为：总报告，周济、夏徐迁、张弥；测评篇，刘正山，朱俊成；专题篇，吴伟萍、刘亚娟、陆桦、刘培荣、谢谦、彭鹏、荆林波、陈曦、翟国方、陈富良、王林、吴标兵、林承亮、许为民、翟青、甄峰等；案例篇由各相关城市和企业提供。

中国城市发展研究会理事长、陕西省原省长程安东教授特为本书作序，中国社会科学院经济研究所裴长洪所长和张平副所长对本课题给予了很多指导，在该书出版和编写过程中还得到了安晓枫、梁宏、王进等同志的帮助，在此一并致谢。

中国城市创新能力科学评价课题组

2014 年 5 月

中国皮书网

www.pishu.cn

发布皮书研创资讯，传播皮书精彩内容
引领皮书出版潮流，打造皮书服务平台

栏目设置：

- ☐ 资讯：皮书动态、皮书观点、皮书数据、 皮书报道、皮书新书发布会、电子期刊
- ☐ 标准：皮书评价、皮书研究、皮书规范、皮书专家、编撰团队
- ☐ 服务：最新皮书、皮书书目、重点推荐、在线购书
- ☐ 链接：皮书数据库、皮书博客、皮书微博、出版社首页、在线书城
- ☐ 搜索：资讯、图书、研究动态
- ☐ 互动：皮书论坛

中国皮书网依托皮书系列“权威、前沿、原创”的优质内容资源，通过文字、图片、音频、视频等多种元素，在皮书研创者、使用者之间搭建了一个成果展示、资源共享的互动平台。

自2005年12月正式上线以来，中国皮书网的IP访问量、PV浏览量与日俱增，受到海内外研究者、公务人员、商务人士以及专业读者的广泛关注。

2008年、2011年中国皮书网均在全国新闻出版业网站荣誉评选中获得“最具商业价值网站”称号。

2012年，中国皮书网在全国新闻出版业网站系列荣誉评选中获得“出版业网站百强”称号。

“皮书”起源于十七、十八世纪的英国，主要指官方或社会组织正式发表的重要文件或报告，多以“白皮书”命名。在中国，“皮书”这一概念被社会广泛接受，并被成功运作、发展成为一种全新的出版形态，则源于中国社会科学院社会科学文献出版社。

皮书是对中国与世界发展状况和热点问题进行年度监测，以专业的角度、专家的视野和实证研究方法，针对某一领域或区域现状与发展态势展开分析和预测，具备权威性、前沿性、原创性、实证性、时效性等特点的连续性公开出版物，由一系列权威研究报告组成。皮书系列是社会科学文献出版社编辑出版的蓝皮书、绿皮书、黄皮书等的统称。

皮书系列的作者以中国社会科学院、著名高校、地方社会科学院的研究人员为主，多为国内一流研究机构的权威专家学者，他们的看法和观点代表了学界对中国与世界的现实和未来最高水平的解读与分析。

自 20 世纪 90 年代末推出以《经济蓝皮书》为开端的皮书系列以来，社会科学文献出版社至今已累计出版皮书千余部，内容涵盖经济、社会、政法、文化传媒、行业、地方发展、国际形势等领域。皮书系列已成为社会科学文献出版社的著名图书品牌和中国社会科学院的知名学术品牌。

皮书系列在数字出版和国际出版方面成就斐然。皮书数据库被评为“2008~2009 年度数字出版知名品牌”；《经济蓝皮书》《社会蓝皮书》等十几种皮书每年还由国外知名学术出版机构出版英文版、俄文版、韩文版和日文版，面向全球发行。

2011 年，皮书系列正式列入“十二五”国家重点出版规划项目；2012 年，部分重点皮书列入中国社会科学院承担的国家哲学社会科学创新工程项目；2014 年，35 种院外皮书使用“中国社会科学院创新工程学术出版项目”标识。